CARREFOUR DES LETTRES MODERNES

COMITÉ DE DIRECTION

Patrick Marot, Philippe Antoine, Julien Roumette,
Jean-Yves Laurichesse et Llewellyn Brown

14

Observer et Décrire

Actes du séminaire de sociopoétique « Observer et décrire »
organisé du 26 au 28 août 2021 à Charroux (Allier),
publiés avec le soutien du Centre d'études et de recherche
Éditer/Interpréter (CÉRÉdI) de l'université de Rouen Normandie
et du Centre de recherche sur les littératures et la sociopoétique
(CELIS – UPR 4280) de l'université Clermont Auvergne

Observer et Décrire

Des insectes et des hommes

Sous la direction d'Yvan Daniel
et Alain Montandon

PARIS
LETTRES MODERNES MINARD
2022

Yvan Daniel est professeur de littérature comparée à l'université Clermont Auvergne, membre du Centre de recherches sur les littératures et la sociopoétique (CELIS). Ses travaux portent sur l'histoire des échanges littéraires et culturels entre la Chine et la France, et sur l'écocritique. Il a notamment codirigé en 2021 le colloque *Poétiques et Poésie de l'insecte* avec Alain Montandon à la MSH de Clermont-Ferrand.

Alain Montandon est professeur émérite de littérature, membre honoraire de l'IUF. Il est notamment l'auteur de *Gautier. Le poète impeccable* (Paris, 2013) ; *La Plume et le Ballon* (Paris, 2014) ; *Dictionnaire du dandysme* (Ferney-Voltaire, 2016) ; *Mélusine et Barbe-Bleue* (Ferney-Voltaire, 2018) ; *Écrire les saisons* (Paris, 2018) ; *Le Souper* (Clermont-Ferrand, 2020) et *Les Voix de la nuit* (Ferney-Voltaire, 2021).

ISBN 978-2-406-13106-9
ISSN 2494-6109

PRÉSENTATION

Pour prendre en considération l'éloignement entre l'humain et l'animal, et sans doute donc *a fortiori* l'animal quand il appartient aux différents ordres des insectes, la zoopoétique a cherché à remotiver ou à « déterritorialiser » son regard sur l'Autre et l'Ailleurs. Significativement, en ce sens, le titre du livre de Catherine Kerbrat-Orecchioni[1] fait écho à l'essai de Tzvetan Todorov, *Nous et les Autres*[2], quand l'essai d'Anne Simon en revient à Victor Segalen, le théoricien d'une « esthétique du Divers », pour évoquer un « exotisme[3] » qui résume le sentiment de l'altérité face aux animaux et à leurs mondes. Il est possible d'émettre l'hypothèse que cette altérité se manifeste dans un sentiment d'étrangeté plus profond ou plus radical encore lorsqu'il surgit face aux mondes animaux de l'infime, quand la création littéraire doit investir des « microcosmos » fascinants – on songe ici à toutes les « petites bêtes » du film réalisé par Claude Nuridsany et Marie Pérennou en 1996, *Microcosmos. Le Peuple de l'herbe* –, et se confronter à l'infinie variété des morphologies et des comportements insectoïdes.

L'humain peut-il, en faisant appel à son sens de l'observation, à ses intuitions et à son imagination, dire l'insecte, le décrire avec pertinence, en faire le protagoniste ou l'élément majeur d'une fiction, ou même adopter son point de vue ?

Dans cette perspective, l'écriture scientifique semble d'abord la plus crédible, mais la zoopoétique engage constamment des échanges féconds avec les disciplines et les pratiques de l'écologie et des sciences de la nature, comme on le verra dans cet ouvrage, de sorte que pointer une forme de rivalité entre écriture scientifique et création littéraire

---

1 Catherine Kerbrat-Orecchioni, *Nous et les autres animaux*, Paris, Labyrinthes, 2021.

2 Tzvetan Todorov, *Nous et les Autres. La Réflexion française sur la diversité humaine*, Paris, Seuil, « La Couleurs des idées », 1989.

3 Anne Simon, *Une* Bête entre les lignes *: essai de zoopoétique*, Marseille, Wildproject, 2021, p. 16.

semblerait aussi inutile que stérile. D'abord parce que, dans l'histoire des littératures, comme dans celle des sciences, on reconnaît plusieurs lignées importantes qui ont étroitement associé les approches scientifiques et littéraires, ensuite parce que les démarches de l'écrivain et du scientifique peuvent avoir en commun les mêmes centres d'intérêt, les mêmes activités et les mêmes pratiques, au premier rang desquelles celles, fondatrices et fondamentales, qui consistent à *observer et décrire* le monde. Or les insectes, parce que leurs petites tailles les font facilement échapper à l'attention, ou parce qu'ils provoquent souvent instinctivement la répulsion ou même un dégoût qui en détourne l'intérêt, apparaissent comme un défi au sens de l'observation et aux capacités de description. En se présentant sous la forme du tout petit, dans l'extrême variété de sa mobilité et de ses comportements, les insectes sollicitent tout spécialement les compétences de l'observateur, l'acuité de son regard, sa patience, sa force de concentration. Et, dans un second temps, ils mettent pareillement au défi les qualités de son écriture, sa capacité à exprimer le changement d'échelle, à formuler son intérêt ou sa sympathie à l'égard de l'animal, ils requièrent sa précision et son exactitude, en même temps que sa puissance évocatoire, en le plaçant cette fois devant des enjeux proprement littéraires, stylistiques. Car finalement, qu'il s'agisse du scientifique ou de l'écrivain, il s'agit toujours de mettre en discours l'expérience d'une rencontre avec l'animal, dont les prolongements restent toutefois à distinguer, bien qu'ils s'entremêlent souvent volontiers. Observer et décrire appellent en effet toujours d'autres activités, en suscitant différentes perspectives, dans l'optique de projets différents : pour le scientifique, l'observation et la description sont un préalable à l'expérimentation, à l'interprétation et à la théorisation, alors que chez l'écrivain, elles préparent et fondent la création imaginaire, la mise en fiction ou l'évocation poétique, la symbolisation et l'allégorisation, la fabulation…

L'observation des insectes est depuis les temps les plus anciens une activité pleine d'enseignements, où le désir d'accaparement et la curiosité se mêlent également à des frustrations. « La nature a indiqué aux premiers hommes l'unique méthode des découvertes, puisqu'elle les a mis dans la nécessité d'observer » (Condillac). C'est là un domaine riche pour l'exploration de la notion d'observation (observer des insectes et observer des étoiles sont des pratiques scientifiques à la fois semblables, mais aussi très différentes). Il était donc utile de considérer les différentes expériences, possibilités et méthodes d'observation.

Dans un premier temps, Alain Montandon insiste sur les requis nécessaires aussi bien culturels, scientifiques que linguistiques à toute observation aussi bien des insectes, à l'exemple de Fabre et de Bernardin de Saint-Pierre que de la société humaine, à l'exemple de Balzac, de Zola, de Proust et de Robbe-Grillet. Deux types d'observation, celle du flâneur qui interprète les signes de la vie urbaine et celle du voyeur dans *La Jalousie*, sont également opposés, entre désir de subjectivité et désir d'objectivité.

Apprendre à voir au microscope au XVIIIe siècle est en grande partie une affaire de langage : c'est en effet en décryptant, en décrivant, en discutant de la possibilité de s'accorder sur une observation mise en mots, que l'on oriente l'œil, que l'on apprend à chercher, et progressivement à comprendre ce que l'on voit. Nathalie Vuillemin examine ici ce lien entre voir et savoir sur le plan historique et théorique, tout en s'arrêtant ensuite sur le débat entre John Ellis et Carl von Linné sur l'identification des spores des champignons. Dans l'histoire de l'observation l'émergence d'une science de l'invisible est associée à la parution en 1665 de la *Micrographia* de Robert Hooke. Caroline Dauphin montre comment ce premier livre anglais à présenter des illustrations d'insectes observés au microscope dévoile sous un jour nouveau fourmis et puces. La puissance d'évocation de l'ouvrage, sa précision et sa poétique de l'enthousiasme qui recréent la scène d'observation témoignent que la rigueur scientifique n'est pas un obstacle à l'émerveillement.

Cependant les erreurs d'observation tiennent à de multiples facteurs tant dans le texte scientifique que dans le texte littéraire comme le rappelle Yvan Daniel : « manque d'examen » chez Aristote, Virgile ou Pline, obstacles épistémologiques comme chez Fabre ou approche subjective morbide comme dans *Le Sphinx* d'Edgar Allan Poe.

La figure de l'observateur-entomologiste, constate Lucien Derainne, renvoie à deux imaginaires opposés : l'objectivité d'un côté ; la sympathie de l'autre. De 1750 à 1850, les traités méthodologiques sur l'observation demandent à l'observateur d'entrer en sympathie avec l'objet qu'il observe. L'injonction à la pitié du naturaliste tout comme l'anthropomorphisme d'un Bernardin de Saint-Pierre disparaissent après 1850, tout en persistant dans la culture, comme on peut le voir avec *L'Insecte* de Jules Michelet.

Les variations autour de la taille de l'insecte et la relativité des échelles de grandeur déterminent des images très différentes dont certains écrits de Chateaubriand ou de Hugo, mais aussi des films comme *Microcosmos* rendent compte. La question de la dimension et du repère interagit également d'après Philippe Antoine sur des questions morales et éthiques.

Concernant l'observation des insectes sociaux et des sociétés d'insectes, Bruno Corbara s'attache en scientifique à montrer à l'aide d'exemples comment on observe la division du travail social, la prise de décision collective réalisées entre autres chez l'abeille mellifère, et combien a été important le marquage individuel pour l'observation et la compréhension du fonctionnement des sociétés d'insectes.

Christiane Binet-Montandon, à la suite d'entretiens (compréhensifs et d'explicitation) sur la façon d'observer d'un entomologiste, pose les enjeux méthodologiques de telles approches. La méthode psycho-phénoménologique permet de comprendre combien observation et description sont tributaires des mots de la langue et des savoirs antérieurs, qui orientent le regard et qui parfois empêchent de voir. Cette corrélation entre observation et description est d'autant plus prégnante lorsqu'il s'agit d'une co-observation.

La question du langage de l'observateur est analysée par Frédéric Calas à l'exemple des écrits de Jean-Henri Fabre, entomologiste qui, grâce à des procédés comme la métaphore, les effets de liste, les présents syncrétiques, les présentatifs, crée une narration vivante à l'image même du vivant qu'il observe.

Cette recherche linguistique se retrouve chez ce grand écrivain plurilingue qu'était Vladimir Nabokov, lépidoptériste de renom qui se forma aux techniques de la recherche entomologique dans les grands musées d'histoire naturelle américains. En art comme en science, sa pratique et son écriture révèlent suivant Marie Bouchet son obsession pour le détail, dans la tentative de trouver des mots les plus en adéquation possible avec le monde riche et complexe des insectes et des hommes.

C'est aussi à travers le langage que Ramón Gómez de la Serna use de la « description-révélation » visant à aiguiser notre perception du réel pour aller vers plus de sens grâce aux aphorismes. Laurie-Anne Laget y dévoile comment l'observation de l'insecte au travers de ses *Greguerías* [*Brouhahas*] renouvelle les perspectives.

Un autre éclairage est celui abordé par Sylvain Ledda à propos des insectes nécrophores dont l'observation fait l'objet au XIXe siècle de nombreuses études érudites. Leurs représentations dans la littérature et les avancées scientifiques brisent un tabou concernant ces travailleurs de la mort.

C'est d'un autre point de vue, celui de l'enfance, examiné par Christiane Connan-Pintado, que la littérature de jeunesse conjugue documentaire et fiction pour approcher cet univers étrange grâce à l'intercession d'un médiateur informé recourant volontiers à l'anthropomorphisation. L'image soutient ou supplée la description en ouvrant le champ à l'interprétation artistique. L'exemple du peintre Eugène Delacroix témoigne, sous la plume de Marie-Christine Natta, du regard curieux, romantique, philosophe et mélancolique de l'artiste pour le petit monde des insectes dont la violence et la diversité n'ont cessé de le fasciner. Ce lien puissant avec la nature est partagé par Pierre Gascar, observateur exceptionnel des créatures les plus modestes, et dont l'œuvre écologiste originale est soulignée par Pierre Schoentjes.

Cet ouvrage de réflexion et d'analyse à partir des pratiques, méthodes et écrits entomologiques, d'un point de vue littéraire mais aussi épistémologique, a voulu examiner ce qu'observer et décrire veulent dire. Il s'inscrit dans le cadre d'une réflexion plus générale de sociopoétique sur les relations entre les êtres humains et les insectes et leurs représentations[4].

Nous exprimons toute notre gratitude au CELIS et à sa directrice, Bénédicte Mathios, ainsi qu'au CÉRÉdI et à son directeur Sylvain Ledda, membre du conseil scientifique du séminaire et auteur, pour l'aide apportée à l'établissement du manuscrit.

Alain MONTANDON et Yvan DANIEL
Université Clermont Auvergne,
CELIS

4 Le programme dirigé par Alain Montandon, *Des insectes et des hommes* comprend divers travaux sur les insectes dans la musique, en poésie, au théâtre, dans les arts (*L'Insecte dans tous ses états*, PUBP, 2022) et un dictionnaire culturel et littéraire de l'insecte.

OBSERVER ET DÉCRIRE

Fabre, en observant les insectes, a suffisamment montré combien l'entomologiste devait se munir de patience. Mais l'acte d'observer exige d'abord une attention, qui implique un effort, une tension. Il ne faut pas simplement regarder, il ne faut pas seulement provoquer le hasard[1], mais voir au-delà de la vision première. C'est ce que Jean Senebier, l'auteur d'un essai sur *L'art d'observer* (Genève, 1775) louait chez Spallanzani :

> [...] au lieu de s'assurer, par son œil pénétrant, de ce que la Nature peut faire voir à tous les yeux qui savent voir, il s'est chargé du devoir pénible & difficile d'interroger la Nature ; il n'est plus en tête à tête avec elle pour recevoir ses déclarations volontaires, mais il s'élance avec elle dans son obscurité ; il faut qu'il éclaire ses ténèbres, qu'il la traîne au grand jour, qu'il suspende son silence, qu'il parvienne à le traduire, qu'il interprète ses mots énigmatiques, qu'il suive ce qu'elle laisse apercevoir pour arriver à ce qu'elle cache[2].

Nathalie Vuillemin posait déjà une série de questions pertinentes dans la perspective de notre séminaire quand elle se penchait sur le développement des sciences avec l'usage des microscopes à partir du XVIIe siècle pour accéder à des structures partiellement ou totalement invisibles à l'œil nu. « Cette dimension technique est solidaire d'un renouvellement ou d'un approfondissement des questionnements sur la nature : que cherche-t-on à observer ? Pourquoi ? Elle suppose enfin une réflexion permanente sur la nature des objets observés – qu'est-ce ? – et implique de manière complexe le langage[3]. »

---

1 « Pour étudier avec quelque fruit les facultés psychiques de la bête, il ne suffit pas de savoir profiter des circonstances qu'un heureux hasard présente à l'observation ; il faut savoir en faire naître d'autres, les varier autant que possible, et les soumettre à un contrôle mutuel » (Jean-Henri Fabre, *Souvenirs entomologiques*, Paris, Delagrave, série 1, 1879, p. 293.)

2 Spallanzani, *Expériences sur la digestion de l'homme et de différentes espèces d'animaux*, Genève, Barthelemi Chirol, 1783, p. XI.

3 Nathalie Vuillemin, « Apprendre à voir, apprendre à dire », *Arts et Savoirs*, http://journals.openedition.org/aes/999 ; DOI : 10.4000/aes.999.

Il faut pouvoir en effet expliquer ce que l'on voit, décrire la chose. Tout un processus de construction linguistique est donc nécessaire. Toute observation implique la description, au moyen du langage, car la simple retranscription de l'image vue, dessin, aquarelle, photographie ne saurait suffire. Sans doute la qualité des planches entomologiques a été souvent soulignée depuis la Renaissance. On sait combien le bestiaire de Cocharelli présentait très tôt au XIVe siècle des images d'insectes d'un naturalisme stupéfiant. Vinrent de nombreux artistes comme Thomas Moffet avec le *Theatrum insectorum* (1634), Ulisse Aldrovandi avec le *De animalibus insectis* (1602), puis les ouvrages de Joris Hoefnagel, d'Anne Marie Sibylle Merian, de Caspar Stoll et bien d'autres, y compris les photographies comme celles de l'américain Christopher Marley. Mais, témoignages de l'observation, les images ne permettent qu'une partie de la classification entomologique et si l'aspect esthétique est particulièrement mis en valeur, il leur manque la parole, l'essentiel commentaire.

Mais décrire n'est pas aisé. Ainsi Fabre lorsqu'il observe la façon dont le ver luisant pour se nourrir s'attaque à l'escargot, note qu'il tapote à diverses reprises le manteau du mollusque, non pas de façon intrusive et agressive, mais avec douceur : « on dirait innocents baisers plutôt que morsures » et pour trouver le moyen de décrire l'acte de la façon la plus précise il évoque des agaceries entre jeunes camarades qui se donnent de légères pressions, un simple chatouillement, ce que nous appelions jadis pichenettes. « Servons-nous de ce mot. Dans une conversation, avec la bête, le langage n'a rien à perdre à rester enfantin ». Et il montre comment le lampyre dose ses pichenettes, les distribuant méthodiquement « sans se presser[4] ».

L'observation par Bernardin de Saint-Pierre de son fraisier est exemplaire à cet égard. Découvrant le végétal dans un pot en terre sur sa fenêtre parisienne, il découvre une multitude de mouches différentes : « J'en observai, pendant trois semaines, trente-sept espèces toutes différentes ; mais il en vint à la fin en si grand nombre, et d'une si grande variété, que je laissai là cette étude, quoique très amusante, parce que je manquais de loisir, et, pour dire la vérité, d'expressions. » Ceci ne l'empêche pas ensuite de les décrire aussi précisément que possible (« Il y en avait de dorées, d'argentées, de bronzées, de tigrées, de rayées, de

4 Jean-Henri Fabre, *Les Merveilles de l'Instinct chez les Insectes*, Paris, Delagrave, 1925, p. 225.

bleues, de vertes, de rembrunies, de chatoyantes. Les unes avaient la tête arrondie comme un turban ; d'autres, allongée en pointe de clou »). Non seulement leur aspect, mais également leurs mouvements sont notés : « Celles-ci volaient en tourbillonnant, à la manière des papillons ; celles-là s'élevaient en l'air, en se dirigeant contre le vent, par un mécanisme à peu près semblable à celui des cerfs-volants de papier, qui s'élèvent en formant, avec l'axe du vent, un angle, je crois, de vingt-deux degrés et demi[5] ». L'observateur est cependant incapable de comprendre ce qu'il voit et leurs agissements ont pour lui « des raisons tout à fait inconnues » ; il suppose que celles qui sont immobiles sont, comme lui, en train d'observer. Remarquable dans l'exercice de ce regard est la volonté délibérée d'ignorer tous les autres insectes, « tels que les limaçons qui se nichaient sous ses feuilles, les papillons qui voltigeaient autour, les scarabées qui en labouraient les racines, les petits vers qui trouvaient le moyen de vivre dans le parenchyme », mais aussi les guêpes, les pucerons, les fourmis, les araignées qui étaient attirés par son fraisier.

Georges Didi-Hubermann a pu noter que « la science, depuis Galilée, est un exercice aigu de l'observation provoquée et classificatoire[6] » soulignant le rôle du langage dans l'exercice de la catégorisation et de la taxinomie.

L'observation, à la différence de la simple vision (et encore plus de la sidération qui suspend même l'observation en l'annihilant[7]) n'est jamais naïve. On n'est pas vierge quand on observe. Nathalie Vuillemin a rappelé combien Ludwik Fleck avait attiré l'attention « à la difficulté de percevoir un objet microscopique sans être guidé par une attente, un modèle, des indications de recherche ». Il existe toujours un savoir préalable « issu de l'éducation du savant, de son milieu culturel, de ses croyances et valeurs, de la communauté scientifique dont il est issu. » Or cette éducation du regard n'est d'ailleurs pas sans paradoxes, car elle mobilise à la fois un bagage culturel que l'on doit pouvoir également mettre de côté pour ne pas être prisonnier d'une vision prédéterminée. « Pour voir, il faut

---

5 Jacques-Henri Bernardin de Saint-Pierre, *Études de la nature*, Paris, Librairie de Firmin Didot Frères, 1853, p. 2-3.

6 Georges Didi-Hubermann, Phalènes. *Essais sur l'apparition*, 2, Paris, Éditions de Minuit, « Paradoxe », 2013, p. 13.

7 Sur le phénomène, voir le chapitre « Sidérations » dans *Les Saisons*, dir. A. Montandon, Paris, Hermann, 2018, p. 385-409.

d'abord savoir, puis connaître, puis oublier une certaine partie du savoir. Il faut posséder une disponibilité dirigée vers la vision[8]. »

L'un des paradoxes est justement dans le fait que l'acuité de la vision doit parfois être accompagnée d'une attention flottante fort précieuse, qui laisse errer le regard aux alentours, sensibles aux perceptions fugaces permettant une moisson inédite et inattendue. Buffon privilégiait justement un regard moins attentif que relâché, un regard « sans dessein » :

> [...] en se familiarisant avec ces mêmes objets, en les voyant souvent, &, pour ainsi dire, sans dessein, ils forment peu à peu des impressions durables, qui bien tôt se lient dans notre esprit par des rapports fixes & invariables ; & de-là nous nous élevons à des vûes plus générales, par lesquelles nous pouvons embrasser à la fois plusieurs objets différens ; & c'est alors qu'on est en état d'étudier avec ordre, de réfléchir avec fruit, & de se frayer des routes pour arriver à des découvertes utiles[9].

Une telle démarche permet selon lui de « rassembler tous les objets, les comparer, les étudier, & tirer de leurs rapports combinez toutes les lumières qui peuvent nous aider à les apercevoir nettement & à les mieux connoître[10] ». Pour le détective comme pour le flâneur il en va aussi de cette vue englobante où chaque détail renvoie à un ensemble. Les observations fugaces du détective doué d'une mémoire eidétique lui permettant de se souvenir dans les moindres détails d'une grande quantité d'images, de sons ou d'objets participent d'un mode d'observation qui, loin de l'appréhension coutumière, sait sortir du cadre pour cerner le problème. Dans la littérature de détectives, ceux-ci apparaissent fréquemment comme des originaux, voire dotés d'un tempérament d'une grande sensibilité : nervosité chez le Sherlock Holmes de Conan Doyle que certains ont pu qualifier de « sociopathe de haut niveau », innombrables phobies et tocs chez Adrien Monk qui s'ils perturbent considérablement ses relations sociales ont développé chez lui un sens suraigu de l'observation, ainsi que des facultés de déduction hors du commun à partir d'un simple détail. Dans une autre série télévisée (*Astrid et Raphaëlle*) le personnage d'Astrid est une autiste, qui remarque tous les détails que les autres ne perçoivent pas, suivant l'énigme des

8 Nathalie Vuillemin, « Apprendre à voir, apprendre à dire », *op. cit.*
9 Buffon, *Histoire naturelle*, Paris, vol. 1, 1749, Premier discours. p. 4.
10 *Ibid.*, p. 12.

neuf points dont a parlé Paul Watzlawick de l'école de Palo Alto et qui appelle à sortir du cadre. Tout est pour cette détective dans le visuel. Elle étale photos et documents pour réfléchir. C'est une technique adoptée par de nombreux enquêteurs par ailleurs (Sherlock, Murdoch, etc). Le regard décalé, dessaisi de l'intentionnalité immédiate et dénué en cela d'a priori permet de voir un détail qui le point.

Paradoxal aussi le fait que l'observation exige une grande attention, excluant tout ce qui n'est pas l'objet observé, mais que dans le même temps il faille prendre en considération le milieu dans lequel l'objet est inscrit. Cela est valable tant pour l'observation entomologique que l'observation en littérature. Après Balzac qui « harmonise » ses personnages avec leur environnement, Zola revendique la nécessité de cette contextualisation dans son essai de la description qui voit en elle un retour à la nature dans lequel replacer l'homme[11].

Le paradoxe réside également dans le fait de trouver la bonne focale. Que faut-il examiner dans un insecte pour le connaître, entre l'œil nu et le microscope électronique ? Dans un roman russe, *La Vie des insectes*, certes sarcastique et cynique dans sa dénonciation de la société, mais plein d'humour, son auteur Victor Pelevine se livre à une parodie de l'observation[12] et de l'accommodation dans un roman déjanté qui « accommode » tantôt l'humain tantôt l'insecte, parfois un mixte des deux.

Si la description a été très tôt une méthode scientifique revendiquée, il n'en a pas été de même avec la description en littérature qui dût attendre la deuxième moitié du XVIIIe siècle pour commencer à être prise en considération. Sans doute la poésie des sciences naturelles d'un Thomson ou d'un Delille a-t-elle pu contribuer à développer un certain goût pour de tels développements. Il n'en reste pas moins que l'époque classique la rejetait comme un ornement inutile et ennuyeux. Ainsi Boileau dans son *Art poétique* :

> Je saute vingt feuillets pour en trouver la fin,
> Et je me sauve à peine au travers du jardin ;

11 Émile Zola, *Le roman expérimental*, in *Œuvres complètes*, dir. H. Mitterand, Paris, Tchou, Cercle du Livre précieux, 1968, t. 10, p. 1299.

12 Comme dans la description des « punaises de chanvre », avec un moment d'accommodation fort ironique pour l'observation de ces insectes dans le shit, qui se sauvent quand ils sentent l'arrivée de la police et qui font un petit bruit quand ils grillent. (Victor Pelevine, *La Vie des insectes*, Paris, Seuil, 1997, p. 134-136).

> Fuyez de ces auteurs l'abondance stérile,
> Et ne vous chargez point d'un détail inutile[13].

Pourtant il y a le charme de l'énumération, celui de l'amplification, de la non-clôture de cette saturation imprévisible. Mais l'énumération, les inventaires ont conduit les théoriciens à considérer la description comme une définition imparfaite :

> Définition imparfaite et peu exacte, dans laquelle on tâche de faire connaître une chose par quelques propriétés et circonstances particulières, suffisantes pour en donner une idée et la faire distinguer des autres, mais qui ne développe point sa nature et son essence [...] Une description est l'énumération des attributs d'une chose, dont plusieurs sont accidentels, comme lorsqu'on décrit une personne par ses actions, ses paroles, ses écrits, ses charges, etc. Une description au premier coup d'œil a l'air d'une définition [...] mais elle ne la fait pas connaître à fond, parce qu'elle n'en referme pas ou n'en expose pas les attributs essentiels (abbé Mallet, article Description de *l'Encyclopédie méthodique de Panckoucke*[14])

Cette conception classique envisage la description comme une définition imparfaite, incapable de donner une idée profonde de l'objet, restant dans le domaine de l'approximatif et de l'arbitraire, par opposition à la définition[15]. Avec le réalisme et le naturalisme du XIXe siècle, la description devient un élément essentiel de l'observation de la société humaine.

---

13 Boileau, *Art poétique*, chant I, v. 49-60 (*Le Lutrin et l'Art Poétique*, Paris, Larousse, s. d., p. 65).

14 *Grammaire et littérature*, tome 1, Paris & Liège, 1782.

15 Cette incertitude sera cependant féconde pour le poète qui donne à la description parfois l'allure d'un dictionnaire. Le poète, qu'il s'agisse de Ponge, d'Hellens, de Caillois, et surtout de Michaux en décrivant l'objet le crée. La description précède alors l'observation.

OBSERVER LA SOCIÉTÉ : L'ÉCRIVAIN ENTOMOLOGISTE

> En un mot, nous ne partons pas d'un dogme, nous sommes des naturalistes qui ramassons simplement des insectes, qui collectionnons des faits[16].
> Émile ZOLA

Si l'entomologiste emprunte souvent à des modèles anthropomorphes pour décrire les actions des insectes, tel Fabre qui se réfère à des scènes de mœurs très humaines, à des tragédies antiques ou à des romans de cape et d'épée, l'écrivain à l'inverse, pour décrire les individus et la société, adopte une position de recul, une distance avec son objet pour l'observer avec toute la neutralité requise.

La célèbre gravure de Gustave Doré qui date de 1855 représentant Balzac en entomologiste, le montre en train d'écrire, penché sur un pupitre en regardant à travers une grosse loupe des hommes et des femmes épinglés comme des insectes[17]. Il est entouré d'un traité de dissections, un livre sur les lépidoptères et de bocaux sur lesquels sont écrits « fœtus », « becs-de-lièvre », « anencéphale ». Cette gravure rend compte du travail d'analyse de Balzac, qui examine la société française avec la même froideur qu'un entomologiste étudie la vie et les mœurs des insectes.

Considérer l'espèce humaine du point de vue de Sirius, en ramenant les individus à des insectes peut être le fruit d'une simple expérience, comme chez celui qui, placé sur une hauteur, voit ses semblables devenus minuscules s'agiter en bas comme des fourmis et en tire toute sorte de leçons philosophiques. Mais considérer les personnes et la société volontairement ramenées à la dimension d'insectes, implique une prise de distance méthodique, un procédé qui caractérise l'écrivain entomologiste avec sa froideur, sa rigueur, l'acuité de l'observation et une impersonnalité

16 Émile Zola, *Nos auteurs dramatiques*, Paris, Charpentier, 1881, p. 77.

17 Reproduite dans l'édition des *Contes drolatiques* de 1855, illustrée de 425 dessins de Gustave Doré, l'image montre Balzac portant un costume seizième siècle.

qui par ailleurs sape toute velléité d'idéalisme, l'espèce humaine étant rabaissée à un état de nature, propre à l'observation réaliste et dans le même temps, si ce n'est une ironie et une critique dévastatrices, tout au moins à une entreprise de démystification et de dérision

> Dire d'un auteur qu'il porte sur ses semblables un regard d'entomologiste, ce n'est pas seulement suggérer qu'il les regarde comme il regarderait des insectes, mais c'est reconnaître que la manière dont il les décrit relève d'une rhétorique et de formes littéraires que Fabre et les autres entomologistes ont emprunté à la littérature, c'est dire, en quelque sorte, qu'il a une plume d'entomologiste[18].

Balzac en donnant le titre à son œuvre de *Comédie humaine* prend déjà ses distances. Il précise que l'idée lui vint « d'une comparaison entre l'Humanité et l'Animalité » tout en citant Buffon, Charles Bonnet, Cuvier et Geoffroi Saint-Hilaire. Il y a selon lui « des Espèces Sociales comme il y a des Espèces Zoologiques ».

> Quoique Leuwenhoëc, Swammerdam, Spallanzani, Réaumur, Charles Bonnet, Muller, Haller et autres patients zoographes aient démontré combien les mœurs des animaux étaient intéressantes, les habitudes de chaque animal sont, à nos yeux du moins, constamment semblables en tout temps ; tandis que les habitudes, les vêtements, les paroles, les demeures d'un prince, d'un banquier, d'un artiste, d'un bourgeois, d'un prêtre et d'un pauvre sont entièrement dissemblables et changent au gré des civilisations[19].

Autrement dit à la fixité des espèces animales, l'espèce humaine offre une extraordinaire variété due aux multiples conditions et histoires, ce qui n'empêche nullement rapprochements, comparaisons et analogies avec la gent animale, les impulsions humaines étant dictées par la nature. Ainsi :

> L'amour a son instinct, il sait trouver le chemin du cœur comme le plus faible insecte marche à sa fleur avec une irrésistible volonté qui ne s'épouvante de rien. (*La Femme de trente ans*[20])

> Que suis-je pour vous ? Un enfant attiré par l'éclat de la beauté, par les grandeurs morales comme un insecte est attiré par la lumière. (*Béatrix*[21])

18 Jean-Marc Drouin, *Philosophie de l'insecte*, Seuil, « Science ouverte », 2014, p. 69.

19 Balzac, Avant-Propos de 1842 à *La Comédie humaine* (*Écrits sur le roman. Anthologie*, LGF, Le Livre de poche, 2000, p. 282-283).

20 Balzac, *La Femme de trente ans*, *Œuvres complètes de H. de Balzac*, A. Houssiaux, 1855, p. 91.

21 Balzac, *Béatrix*, *op. cit.*, p. 420.

> Il est inutile de parler de l'activité avec laquelle fonctionnèrent Josette, Jacquelin, Mariette, Moreau et ses garçons. Ce fut un empressement de fourmis occupées à leurs œufs. Tout ce qu'un soin journalier rendait si propre fut repassé, brossé, lavé, frotté. (*La Vieille fille*[22])

> Mon âme avait volé vers sa vie comme un insecte vole à sa fleur. (*La Peau de chagrin*[23])

Balzac qui a classé les espèces sociales comme Buffon l'avait fait des espèces animales a observé les sentiments humains comme un entomologiste observe les insectes, sans les juger. Lui-même à travers son héros, Raphaël dans *La Peau de chagrin*, confesse ce regard d'observateur :

> Qui n'a pas, une fois dans sa vie, espionné les pas et démarches d'une fourmi, glissé des pailles dans l'unique orifice par lequel respire une limace blonde, étudié les fantaisies d'une demoiselle fluette, admiré les mille veines, coloriées comme une rose de cathédrale gothique, qui se détachent sur le fond rougeâtre des feuilles d'un jeune chêne ? (*La Peau de chagrin*[24])

Ainsi les portraits balzaciens, aussi frappants, terribles soient-ils, sont des tableaux naturalistes qui, en outre, font appel à la physiognomonie, comparant les hommes aux animaux. Ainsi Madame Grandet a-t-elle « une résignation d'insecte tourmenté par des enfants ». Ou encore Mademoiselle d'Aubrion, dans les *Scènes de la vie de province*, est-elle présentée comme « une demoiselle longue comme l'insecte, son homonyme ; maigre, fluette, à bouche dédaigneuse, sur laquelle descendait un nez trop long ». Quant au feuilletoniste, sa comparaison avec l'insecte le qualifie d'être sans valeur, de personne méprisable : « Voici tous ces gâte-papier, le sous-genre le plus heureux, il vit sur les feuilles comme un ver à soie, tout en s'inquiétant, comme cet insecte, de tout ce qui file[25] ». On ne s'étonne pas dans les *Scènes de la vie privée et publique des animaux*, paru en livraison de 1840 à 1842, illustrées par Granville, et auxquelles Balzac collabora, de voir toute la société transformée et représentée sous forme d'animaux dont nombre d'insectes.

22 Balzac, *La vieille fille*, *op. cit.*, p. 84.
23 Balzac, *La Peau de chagrin*, *op. cit.*, p. 92.
24 Balzac, *La Peau de chagrin*, *op. cit.*, p. 212.
25 Balzac, *Monographie de la presse parisienne*, in : Kock, Paul de, *La grande ville. Nouveau tableau de Paris. Comique, critique et philosophique*, Paris 1844, p. 182.

Si « Penser, c'est voir », comme le dit Louis Lambert, la nécessité d'observer est, pour l'écrivain qu'est Balzac, fondamentale. « L'observateur est incontestablement homme de génie au premier chef[26] ».

OBSERVATION DE L'HOMME-INSECTE

Proust présente dans son bestiaire des images d'une humanité réduite aux dimensions entomologiques. L'auteur de À la recherche du temps perdu adopte souvent la position de l'écrivain entomologiste vis-à-vis des autres comme de lui-même quand il se voit en ver à soie. Souvent par le biais de comparaisons quand il évoque par exemple son laisser aller sans défense, comme une « abeille engourdie par la fumée du tabac[27] », quand Céleste le compare à un papillon, quand il écrit que Mme Verdurin « s'abattait, avec la brusquerie des insectes appelés éphémères, sur la princesse Sherbatoff[28] », ou quand M. Verdurin s'ingéniait à « tendre des toiles où il pût passer à l'araignée sa compagne quelque mouche innocente[29] ». C'est de manière délibérée qu'il se réfère à Fabre pour asseoir la véridicité de son regard d'entomologue :

> Et comme cet hyménoptère observé par Fabre, la guêpe fouisseuse[30], qui pour que ses petits après sa mort aient de la viande fraîche à manger, appelle l'anatomie au secours de sa cruauté et, ayant capturé des charançons et des araignées, leur perce avec un savoir et une adresse merveilleux le centre nerveux d'où dépend le mouvement des pattes, mais non les autres fonctions de la vie, de façon que l'insecte paralysé près duquel elle dépose ses œufs, fournisse aux larves, quand elles écloront un gibier docile, inoffensif, incapable de fuite ou de résistance, mais nullement faisandé, Françoise trouvait pour servir sa volonté permanente de rendre la maison intenable à tout domestique, des ruses si savantes et si impitoyables que, bien des années plus tard, nous apprîmes que si cet été-là nous avions mangé presque tous les jours

26 Balzac, *Théorie de la démarche* in *La Comédie humaine*, Paris, Gallimard, « Bibliothèque de la Pléiade », t. XII, 1981, p. 276.

27 Proust, *À l'ombre des jeunes filles en fleurs*, Paris, Gallimard, 1946-1947, p. 480.

28 Proust, *Sodome et Gomorrhe*, *op. cit.*, p. 189.

29 Proust, *La Prisonnière*, *op. cit.*, p. 51.

30 Proust se compare lui-même à cette guêpe fouisseuse dans une lettre à Gaston Gallimard du 3 octobre 1922.

> des asperges, c'était parce que leur odeur donnait à la pauvre fille de cuisine chargée de les éplucher des crises d'asthme d'une telle violence qu'elle fut obligée de finir par s'en aller[31].

Cette image de l'écrivain en hyménoptère qui dépose ses œufs et les met à l'abri avant de mourir a été analysée par Aude Le Roux[32] montrant qu'il s'agit d'une obsession de Proust devant l'image de la mort, idée qui revient avec insistance, toujours associée à l'image de l'insecte, dans le *Contre Sainte-Beuve* par exemple où l'instinct du créateur à l'image de l'insecte « se dispose à la mort après avoir déposé tous ses œufs », réflexion qu'il répète à propos de Ruskin et de Gustave Moreau[33]. Le drame de l'écrivain est semblable à celui de l'insecte qui ne verra jamais les enfants pour lesquels il a fourni de quoi les nourrir après sa mort (en reprenant une idée qu'il a pu trouver chez Michelet qui exprime avec son pathos habituel le caractère éphémère de l'existence de l'insecte). Cette vision de l'art comme procréation, puissance vitale instinctive, se légitime par la lecture et les références à Fabre pour lequel il manifeste une grande admiration et dont il apprécie le talent de naturaliste observateur : « de nos jours encore les plus grandes découvertes dans les mœurs des insectes ont pu être faites par un savant qui ne disposait d'aucun laboratoire, de nul appareil[34] ».

La référence aux insectes permet de parler des hommes, mais en partant de leur observation. Proust mêle avec talent la geste des insectes à celle des hommes en les entrelaçant de telle manière qu'ils tendent à se confondre. Dans *Sodome et Gomorrhe* le point de départ est une observation entomologique.

> À défaut de la contemplation du géologue, j'avais du moins celle du botaniste et regardais par les volets de l'escalier le petit arbuste de la duchesse et la plante précieuse exposés dans la cour avec cette insistance qu'on met à faire sortir les jeunes gens à marier, et je me demandais si l'insecte improbable viendrait, par un hasard providentiel, visiter le pistil offert et délaissé[35]

31 Proust, *Du côté de chez Swann*, *op. cit.*, p. 262-263.

32 Aude Le Roux, « La Guêpe fouisseuse ou l'imaginaire entomologique de Proust », in *Bulletin d'informations proustiennes*, Éditions rue d'Ulm 2000, N°. 31 (2000), p. 123-130.

33 « L'insecte paralysé près duquel elle dépose ses œufs, fournisse aux larves, quand elles écloront un gibier docile, inoffensif, incapable de fuite ou de résistance » (Proust, *À l'ombre des jeunes filles en fleurs*, *op. cit.*, p. 263).

34 Proust, *Le Côté de Guermantes*, *op. cit.*, p. 374.

35 Proust, *Sodome et Gomorrhe*, *op. cit.*, p. 7.

L'image des jeunes gens à marier préfigure la suite de l'observation animée par une forte curiosité qui amène le narrateur à une position de voyeur aux fins de l'observation de la fécondation de la fleur par l'insecte, événement plus improbable, tenant d'un miracle, les obstacles étant nombreux pour que l'insecte (ou l'inverti) puisse arriver à ses fins.

> Je savais que cette attente n'était pas plus passive que chez la fleur mâle, dont les étamines s'étaient spontanément tournées pour que l'insecte pût plus facilement la recevoir ; de même la fleur-femme qui était ici, si l'insecte venait, arquerait coquettement ses « styles », et pour être mieux pénétrée par lui ferait imperceptiblement comme une jouvencelle hypocrite mais ardente, la moitié du chemin[36].

La figure de « l'homme-insecte » se dessine rapidement avec l'arrivée de Charlus

> Au même instant où M. de Charlus avait passé la porte en sifflant comme un gros bourdon, un autre, un vrai celui-là, entrait dans la cour. Qui sait si ce n'était pas celui attendu depuis si longtemps par l'orchidée, et qui venait lui apporter le pollen si rare sans lequel elle resterait vierge[37] ?

M. de Charlus joue le rôle de l'insecte « mâle » qui féconde la fleur, tandis que Jupien devient l'orchidée qui reçoit le « pollen » apporté par l'insecte. Proust glose sur la fécondation du vanillier et du loroglosse, ayant trouvé toute la documentation nécessaire dans les *Études sur la nature humaine* d'Ilia Metchnikoff[38], dans *L'intelligence des fleurs* de Maurice Maeterlinck (1907) et peut-être aussi Darwin[39].

L'observation de cette possibilité miraculeuse de se conjoindre a été distraite par l'arrivée de Charlus ayant détourné le regard du narrateur de la fleur à féconder (« j'étais désolé d'avoir, par attention à la conjonction Jupien-Charlus, manqué peut-être de voir la fécondation de la fleur par le bourdon »). Pourtant « les ruses les plus extraordinaires que la nature a inventées pour forcer les insectes à assurer la fécondation des fleurs » sont celles-là même que les hommes emploient.

36 *Id.*, p. 8-9.

37 *Id.*, p. 21.

38 *Études sur la nature humaine. Essai de philosophie optimiste*, Paris, Masson, 1903, chap. II, p. 24-26.

39 Charles Darwin est l'auteur de *De la fécondation des orchidées par les insectes et des bons résultats du croisement*, 1870 ; *Des effets de la fécondation croisée et de la fécondation directe dans le règne végétal*, 1877 ; *Des différentes formes de fleurs dans les plantes de la même espèce*, 1878.

> M. de Charlus m'avait distrait de regarder si le bourdon apportait à l'orchidée le pollen qu'elle attendait depuis si longtemps, qu'elle n'avait chance de recevoir que grâce à un hasard si improbable qu'on le pouvait appeler une espèce de miracle. Mais c'était un miracle aussi auquel je venais d'assister, presque du même genre, et non moins merveilleux. Dès que j'eus considéré cette rencontre de ce point de vue, tout m'y sembla empreint de beauté[40].

Comme le souligne Laurence Teyssandier, « “savoir regarder”, c'est en l'occurrence percevoir la dimension esthétique de la conjonction homosexuelle, sa poésie et sa beauté propres[41] ». Le plus remarquable est sans doute l'étroite affinité de l'insecte et de l'homme, aux identités interchangeables.

LE FLÂNEUR ET LE VOYEUR

L'un des modèles de la méthode de Balzac est celle de Lavater, qui insiste dans son approche de la physiognomonie sur les modalités de l'observation. Ce dernier note que l'esprit d'observation doit être « subtil, prompt, sûr, étendu », mais surtout qu'il requiert toute l'attention et la sélection, la focalisation sur l'objet :

> Observer c'est être attentif. L'attention est une direction de l'âme vers un objet particulier, qu'elle choisit parmi un grand nombre d'autres [...] être attentif, c'est considérer un objet séparément, à l'exclusion de tout autre ; en saisir les signes et les caractères, les analyser et par conséquent les bien distinguer. Observer, faire attention, distinguer, découvrir les ressemblances et les dissemblances, les proportions et les disproportions, est l'ouvrage du jugement[42].

Observer avec justesse, arranger, comparer, déduire. Cela demande d'abord de l'expérience et une pratique confirmée. En outre il faut « une imagination vive et forte, un esprit prompt et subtil. Il lui faut de l'imagination pour exprimer tous les traits avec netteté et sans effort, pour

---

40 Proust, *Sodome et Gomorrhe*, *op. cit.*, p. 61.

41 Laurence Teyssandier, “Des Mariages entre fleurs”, in *Traces du végétal* (éd. Isabelle Trivisani-Moreau, Aude-Nuscia Taïbi, Cristiana Oghina-Pavie), Angers, Presses universitaires de Rennes, 2015, p. 182.

42 Gaspard Lavater, *L'Art de connaître les hommes par la physionomie*, Paris, 1806, p. 231.

se les rappeler facilement et aussi souvent qu'il le veut, pour classer les images dans sa tête[43] ». Imagination et mémoire. Il s'agit de pouvoir se remémorer. Ensuite la richesse de langage nécessaire à l'observation, afin de formuler distinctement et avec toute la richesse de l'outil linguistique possible ce qu'on a observé. Enfin, ce qui caractérise aussi l'observation physionomique c'est la capacité d'aller de l'extérieur vers l'intérieur : « apercevoir par certains indices naturels ce qui ne frappe pas immédiatement les sens ». Lire, deviner ce qui se cache derrière les apparences.

On sait combien Balzac est sensible aux théories de Lavater et dès la théorie de la démarche il insiste sur la façon d'analyser, d'abstraire et de classer pour saisir « les mouvements les plus cachés de l'homme ». Il faut en effet remonter de l'effet à la cause. On peut aussi ajouter Gall et bien d'autres, les médecins comme Bianchon qui diagnostiquent à partir des symptômes. L'observateur est un « connaisseur », un savant, un « penseur », un « anatomiste » ; il se distingue des « gens habitués à tout juger sur un examen superficiel ». Balzac ajoute à la vue d'autres sens, car « il n'y a pas d'observation possible, sans une éminente perfection des sens » :

> Un moine de Prague, nommé Reuchlin, dont l'histoire a été recueillie par Marcomarci, avait un odorat si fin, si exercé, qu'il distinguait une jeune fille d'une femme ; et une mère, d'une femme inféconde. Je rapporte ces résultats entre ceux que sa faculté sensitive lui faisait obtenir, parce qu'ils sont assez curieux pour donner une idée de tous les autres.
>
> L'aveugle qui nous a valu la belle lettre de Diderot, faite, par parenthèse, en douze heures de nuit, possédait une connaissance si approfondie de la voix humaine, qu'il avait remplacé le sens de la vue, relativement à l'appréciation des caractères, par des diagnostics pris dans les intonations de la voix[44].

Dans la démarche entomologiste de l'écrivain, l'acte d'observation est analogue à l'acte d'écrire un texte. Le flâneur et l'homme des foules observant la grande ville sont des entomologistes de la vie urbaine. On décrit le flâneur comme un « philosophe sans le savoir » et d'autres lui attribuent une conscience et une réflexivité qui le caractérisent et le distinguent du badaud. On vante son coup d'œil, mais « La cruelle chose que l'observation, et le malheureux homme qu'un observateur ! » se dit

43 Gaspard Lavater, *id.*, p. 232.

44 Balzac, *Théorie de la démarche*, *op. cit.*, p. 276.

Fournel[45], car la faculté du flâneur est une arme à deux tranchants : « Là où les autres n'aperçoivent qu'une rose, l'observateur découvre le ver tapi au fond du calice ».

De fait, les écrivains ne sont pas d'accord sur la manière qu'a le flâneur d'observer ou de ne pas observer. Pour Auguste d'Aldéguier, le flâneur est quelqu'un qui s'ennuie[46]. Tandis que pour le flâneur de *Paris ou le livre des cent-et-un* tout est observation et investigation :

> Tout, autour de lui, ne paraît marcher, courir, se croiser, que pour occuper ses yeux, provoquer ses réflexions, animer son existence de ce mouvement loin duquel sa pensée languit. Rien n'échappe à son regard investigateur [...] tout est pour lui texte d'observations. Aussi, comme sa marche est lente, comme il revient sur ses pas, comme lui seul est là pour y être, tandis que les autres n'y sont que pour se rendre ailleurs[47].

L'originalité de ce type d'observation par rapport aux observations statiques est qu'elle privilégie le mouvement. Observer le mouvement, la mobilité, saisir gestes et mouvements comme le fait le naturaliste avec les insectes, quand il les observe vivants sur le terrain et non morts, enrichit considérablement l'expérience d'une humanité agitée par la diversité cinétique de ses occupations.

Distingué du badaud, le flâneur acquiert une personnalité : « Le simple flâneur observe et réfléchit ; il peut le faire du moins. Il est toujours en possession de son individualité. Celle du badaud disparaît, au contraire, absorbée par le monde extérieur qui le ravit à lui-même, qui le frappe jusqu'à l'enivrement et l'extase. Le badaud, sous l'influence du spectacle, devient un être impersonnel ; ce n'est plus un homme : il est public, il est foule[48] ». Cela ne signifie pas que le flâneur, cédant à l'ivresse de sa pratique, ne se laisse gagner par l'osmose avec l'entourage et le milieu. Ce que Baudelaire décrit admirablement dans *Le Peintre de la vie moderne* :

45 Victor Fournel, *Ce qu'on voit dans les rues de Paris*, Paris, E. Dentu, 1867, p. 280.

46 « Le flâneur n'observe rien, ne retient rien ; je me trompe, il observe la forme, la couleur des habits, des pantalons, des chapeaux, c'est la seule chose qui se case dans son esprit toujours vide d'idées [...] Vous les [les flâneurs] voyez quelquefois l'œil attaché sur un objet, vous croyez qu'ils sont extrêmement occupés ? Pas du tout, leur attitude est étudiée, ils ne font aucune réflexion, mais ils veulent passer pour des observateurs. » (J. B. Auguste d'Aldéguier, *Le Flâneur par un habitué du boulevard de Gand*, 1826, p. 186-187).

47 *Paris ou le livre des cent-et-un*. Paris, Chez Ladvocat, libraire de S.A.R. le Duc d'Orléans, 1832, Tome sixième, p. 101.

48 Victor Fournel, *Ce qu'on voit dans les rues de Paris*, *op. cit.*, p. 270.

> Pour le parfait flâneur, pour l'observateur passionné, c'est une immense jouissance que d'élire domicile dans le nombre, dans l'ondoyant, dans le mouvement, dans le fugitif et l'infini. Être hors de chez soi, et pourtant se sentir partout chez soi ; voir le monde, être au centre du monde et rester caché au monde, tels sont quelques-uns des moindres plaisirs de ces esprits indépendants, passionnés, impartiaux, que la langue ne peut que maladroitement définir. L'observateur est un *prince* qui jouit partout de son incognito. L'amateur de la vie fait du monde sa famille [...] Ainsi l'amoureux de la vie universelle entre dans la foule comme dans un immense réservoir d'électricité. On peut aussi le comparer, lui, à un miroir aussi immense que cette foule ; à un kaléidoscope doué de conscience, qui, à chacun de ses mouvements, représente la vie multiple et la grâce mouvante de tous les éléments de la vie. C'est un *moi* insatiable du *non-moi*[49].

Lacroix écrit que « Le flâneur est au badaud ce qu'est le gourmet au glouton[50] », image intéressante que celle de l'observation comme consommation[51]. Dans ce siècle industriel où dominent les notions d'utilité et de production, le flâneur apparaît certes comme l'incarnation de l'oisiveté, tout comme l'est souvent l'entomologiste au regard des badauds. Comme celle du collectionneur, son activité semble improductive et superflue. Mais comme si la passivité, l'inutilité, l'oisiveté étaient absolument insupportables comme telles et qu'il faille trouver des justifications à une démarche moins gratuite qu'il n'y paraît, le flâneur ne peut être un simple promeneur ou un badaud. Sous le couvert d'une apparente passivité, son activité est fort rentable : il accumule, il récolte[52], il moissonne[53], pense, etc. Il se livre à « une observation

49 Charles Baudelaire, *Œuvres complètes*, Gallimard, Bibliothèque de la Pléiade, Paris, 1961, p. 1160-1161.

50 Auguste de Lacroix, *Le Flâneur*, in *Les Français peints par eux-mêmes. Encyclopédie morale du dix-neuvième siècle*, Omnibus, 2004, p. 153.

51 « Il est un petit nombre d'amateurs, de gens qui ne marchent jamais en écervelés, qui *dégustent* leur Paris, qui en possèdent si bien la physionomie qu'ils y voient une verrue, un bouton, une rougeur. » (Balzac, *Ferragus*, *Œuvres complètes de H. de Balzac*, A. Houssiaux, 1855, 9, p. 6-9).

52 « Ces observations, incompréhensibles au-delà de Paris, seront sans doute saisies par ces hommes d'étude et de pensée, de poésie et de plaisir qui savent récolter, en flânant dans Paris, la masse de jouissances flottantes, à toute heure, entre ses murailles ; par ceux pour lesquels Paris est le plus délicieux des monstres. » (*Ibid.*).

53 « Il sait moissonner encore d'incroyables richesses dans ce vaste champ de l'observation où le vulgaire ne fauche qu'à la surface » (Auguste de Lacroix, *Le Flâneur*, in *Les Français peints par eux-mêmes. Encyclopédie morale du dix-neuvième siècle*, Omnibus, t. 2, 2004, p. 151).

éminemment utile et neuve[54] ». Walter Benjamin a bien vu combien le flâneur devait être mis en rapport avec la société marchande, capitaliste et industrielle de l'époque.

« Tout est pour lui un texte d'observations[55] ». Or c'est justement dans cet art de l'observation qu'apparaît « l'utilité » du flâneur. « Qu'est-ce que le flâneur, sinon l'observateur en action, l'observateur dans son expression la plus élevée et la plus éminemment utile[56] ? ». Déjà Hoffmann avec la *Fenêtre d'angle de mon cousin*, et toutes les observations physiognomoniques de l'époque témoignaient de l'intérêt de l'art et de la science de l'observateur. De ce travail attentif témoigne Balzac par exemple dans le *Cousin Pons* quand il écrit : « Pour les observateurs, cette finesse rend ces sortes d'évocations extrêmement précieuses. Mais cet ensemble de petites choses voulait l'attention analytique dont sont doués les connaisseurs en flânerie[57] ».

La flânerie est sacrée science de l'observation[58], qui « change souvent la rue en cabinet d'étude[59] ». Le cousin d'Hoffmann tisse à partir d'un détail une aventure, le narrateur de Poe esquisse une typologie sociale, le flâneur de Victor Fournel à partir d'un mot entendu refait toute une conversation, toute une vie[60]. Il est inutile de rappeler ici combien le type du flâneur préfigure celui du détective. Tout flâneur est un Dupin en puissance, car il n'est pas d'observation innocente et le labyrinthe de toute ville cache un Minotaure. Mais le flâneur ne dénonce pas, il se tient à distance, préservant sa liberté et son anonymat[61]. « La flânerie

54 Balzac, *Ferragus*, *op. cit.*, p. 6-9.

55 Richard Sieburth, « Une idéologie du lisible : le phénomène des Physiologies » in *Romantisme*, 1985, n° 47. p. 39-60.

56 Auguste de Lacroix, *op. cit.*

57 Balzac, *Le Cousin Pons*, A. Houssiaux, 1874, 17, p. 384.

58 « La flânerie, science aimable qui se révèle d'instinct aux initiés, vit d'imprévu et de libre arbitre ; elle porte gravée sur son drapeau la magique inscription de l'abbaye de Thélème : "Fais ce que veux." » (Victor Fournel, *Ce qu'on voit dans les rues de Paris*, Paris, E. Dentu, 1867, p. 270).

59 Barthélemy, *Paris. Revue satirique à M G. Delessert, Préfet de Police*, Paris, 1838, p. 8.

60 « L'accent d'une voix me suffit pour accoler le nom d'un péché capital à l'homme que je viens de coudoyer et dont j'ai entrevu le profil. » (Victor Fournel, *Ce qu'on voit dans les rues de Paris*, Paris 1858, p. 270).

61 « Ne croyez pas cependant que le flâneur abuse toujours ainsi de la supériorité de ses observations. Ses jours s'écoulent trop doucement pour qu'il veuille empoisonner ceux des autres par la malignité » (*Le Flâneur à Paris* in *Paris ou le livre des cent-et-un*. Tome sixième. Paris, Chez Ladvocat, libraire de S.A.R. le Duc d'Orléans, MDCCCXXXII).

repose, entre autres, sur l'idée que le fruit de l'observation est plus précieux que celui du travail. Il est bien connu que le flâneur fait des "études". [...] La plupart des génies ont été de grands flâneurs, mais des flâneurs laborieux et féconds... Souvent c'est l'heure où l'artiste et le poète semblent le moins occupés de leur œuvre qu'ils y sont plongés le plus profondément[62] ».

Le flâneur réhabilite la vue proche et l'observation minutieuse. Autrement dit il incarne non seulement l'altérité indispensable, mais il se donne comme le double inverse du bourgeois, son autre face, toute aussi indispensable que la première. Sa quête du singulier, d'un regard sur l'original, le neuf, le « jamais-vu » entre en opposition avec l'infernale répétition du même et « le retour angoissant de l'identique, comme si plus rien ne saurait échapper à la reproduction en série des êtres et des choses[63] ».

Auguste de Lacroix fait du flâneur, parce qu'observateur, le type même de l'écrivain, de Chateaubriand à Balzac, de Mercier à Étienne de Jouy, de La Fontaine à Bernardin de Saint-Pierre, etc., car la flânerie est "le caractère distinctif de l'homme de lettres", « sollicité par un secret penchant à observer, à comparer, à analyser, à voir par ses yeux, à surprendre, comme on dit, la nature sur le fait[64] ».

Que ce soit Balzac ou Robbe-Grillet, le bagage culturel et scientifique légitime et détermine l'orientation. Pour l'un les sciences de l'époque (Lavater, Gall, etc.), pour l'autre, fils d'ingénieur, une formation d'ingénieur agronome, chargé de mission à l'institut national de la statistique.

Avec Robbe-Grillet et le nouveau roman, c'est un autre type d'observation proposé qui s'oppose à ses prédécesseurs et à la tradition bien établie d'une description chronologiquement ordonnée et subjectivement investie. Loin de l'observation balzacienne et zolienne, où le rôle de l'écrivain consistait traditionnellement à creuser dans la Nature, à l'approfondir, pour atteindre des couches de plus en plus intimes et finir par mettre au jour quelque secret troublant[65], le nouveau roman

62 Walter Benjamin, *Paris, Capitale du XIXe siècle*, Paris, Éditions du Cerf, 1989, p. 470.

63 Catherine Nesci, *Le flâneur et la flâneuse. Les femmes et la ville à l'époque romantique*, Grenoble, Ellug, 2007.

64 Auguste de Lacroix, *op. cit.*, p. 158.

65 Alain Robbe-Grillet, *Pour un nouveau roman*, Paris, Idées/Gallimard, 1972, p. 26.

a l'ambition de mettre fin à l'anthropocentrisme, au psychologisme de la description : « L'objet n'est plus ici un foyer de correspondances, un foisonnement de sensations et de symboles : il est seulement une résistance optique[66] », l'objet n'existant pas au-delà de son phénomène.

Les insectes dans *La Jalousie* sont décrits dans la plus grande indifférence. Les criquets émettent "un bruit continu, sans variations, étourdissant, où il n'y a rien à entendre[67]". Le paradoxe de ce bruit *où il n'y a rien à entendre* caractérise la morne platitude de l'univers entomologique envers lequel l'être humain reste sourd devant l'assourdissante vie des criquets. Dans ce roman ils fonctionnent comme un interrupteur avec du son ou du silence.

Les moustiques sont eux-aussi indifférenciés, dans ce monde où les personnages ont à peine des noms. Le narrateur a un regard d'entomologiste pour observer et décrire de la manière la plus arithmétique et géométrique le comportement des personnages, comme des objets et des insectes.

> Ils tournent tous autour du verre accompagnant de leurs vols cycliques le sifflement uniforme du gaz d'essence. Leur modeste taille, leur éloignement relatif, leur vitesse – d'autant plus grande qu'ils passent plus près de la source lumineuse – empêchent de reconnaître la configuration du corps et des ailes. Il n'est même pas possible de distinguer entre elles les différentes espèces, à plus forte raison de les nommer. Ce ne sont que de simples particules en mouvement qui décrivent des ellipses plus ou moins aplaties dans des plans horizontaux ou d'inclinaison très faible, coupant à divers niveaux le manchon allongé de la lampe[68].

L'indifférenciation de l'observation et du voyeurisme sont patents, car ils sont solidairement liés l'un à l'autre. Observer, c'est visualiser. L'effet fantastique de la précision comble le voyeur. Pour Robbe-Grillet la conscience observatrice est concomitante d'une approche existentialiste de l'être-là des objets. « Les choses *sont là*. Leur surface est nette et lisse, sans éclat louche ni transparence[69] ». L'écrivain recherche la « présence stupéfiante du monde à travers la parole d'un narrateur absent de soi[70] » grâce ce qu'il nomme un délire d'arpenteur.

---

66 Roland Barthes, « La littérature objective » in *Essais critiques*, Paris, Éditions du Seuil, 1964, p. 30.

67 Alain Robbe-Grillet, *La Jalousie*, Paris, Les Éditions de Minuit, 1957, p. 17.

68 *Id.*, p. 148-149 et p. 150-151.

69 Alain Robbe-Grillet, *Pour un nouveau roman*, *op. cit.*, p. 21.

70 Alain Robbe-Grillet, *Le Miroir qui revient*, Paris, Les Éditions de Minuit, 1984, p. 168.

Le dispositif le plus efficace est bien sûr celui des objets-supports, à commencer par le mille-pattes, métonymie des pulsions de Franck et de leurs effets sur A.... Sartre rappelle que « la pensée de l'obsédé ne peut pas, comme dirait Lacan, s'articuler[71] ». Aussi pour le narrateur pathologique dans son délire de la jalousie, l'objet est-il là, présent, entêtant, décrit avec une froideur apparente, mais caractéristique du caractère démentiel de la jalousie[72], avec ses ruminations, ses énumérations, vérifications et obsessions névrotiques.

L'observation du mille-pattes qui est un des objets essentiels du roman est « absolument contraire à toute idée d'objectivité » selon l'écrivain lui-même qui assume l'insecte comme un « objet [...] perturbé par le fantasme[73] ». L'objectivité requise et revendiquée est de plus en plus mise à mal au fur et à mesure des observations. Pourtant au départ l'observation et la description sont les plus scientifiques et techniques possibles. Le narrateur "zoome[74]" sur la scutigère dans la volonté de préciser au maximum les détails les plus minuscules de l'insecte.

> Pour voir le détail de cette tache avec netteté, afin d'en distinguer l'origine, il faut s'approcher tout près du mur et se tourner vers la porte de l'office. L'image du mille-pattes écrasé se dessine alors, non pas intégrale, mais composée de fragments assez précis pour ne laisser aucun doute[75].

De la tache noirâtre du début l'insecte se fait de plus en plus net et précis comme dans une planche anatomique : « Plusieurs des articles du corps ou des appendices ont imprimé là leurs contours, sans bavure, et demeurent reproduits avec une fidélité de planche anatomique[76] ».

Mais l'observation se fait contradictoire, perd de son assurance[77]. L'isotopie du regard voyeuriste amène des transformations dans la perception

71 Sartre, « Les écrivains en personne », *Situations IX*, Gallimard, 1972, p. 18-20.

72 « Jamais peut-être le caractère démentiel de la jalousie n'a été rendu sensible avec cette acuité » (Claude Mauriac, *L'Alittérature contemporaine*, A. Michel, 1958, p. 280).

73 *Préface à une vie d'écrivain*, Seuil/France Culture. Fiction & Cie, 2005, p. 85.

74 Je reprends ce terme à l'étude magistrale de Stéphane Gallon, « Mille lignes pour mille pattes : dissection et décortication d'une scutigère » *in Questions de style*, n° 8, 2011, p. 85-152.

75 Alain Robbe-Grillet, *La Jalousie*, *op. cit.*, p. 56.

76 *Ibid.*

77 « Ses articulations ne sont pas faciles à localiser avec certitude. La patte originale pouvait être sensiblement plus longue encore. L'antenne, non plus, ne s'est sans doute pas imprimée jusqu'au bout sur le mur. » (p. 145).

visuelle. Au début, l'insecte est « de taille moyenne (longue à peu près comme un doigt)[78] », avant le constat du « développement considérable des pattes[79] » et plus loin d'une grandeur inaccoutumée : « Il est gigantesque : un des plus gros qui puissent se rencontrer sous ces climats[80] ».

L'écriture romanesque avec ses comptages, mensurations, repères géométriques, répétitions, séries et variations ne peut échapper à la résurgence de significations, déjà par l'effet de contiguïté qui met en parallèle la scutigère et la femme A...[81]. La scutigère "mille-pattes araignée" et le peigne dans la chevelure d'A... mis côte à côte[82] matérialisent l'érotisme du regard du narrateur, hypersexualisation de l'insecte dont la scène de son écrasement ne cesse de signifier la violence[83].

Roman déceptif, *La Jalousie* est la construction de l'observation de l'insecte, qui se gomme progressivement par inflation de la description, déconstruisant l'objectivité de l'observation et ses échafaudages.

En conclusion, l'observation est tributaire des représentations du chercheur comme de l'écrivain. Le premier oscille entre une focalisation statique et classifiante et une appréhension en mouvement (la « cueillette » d'un Fabre par exemple), entre photographie et vidéo. Cultures scientifiques, épistémés, expériences sont déterminants. Pour le second la sociopoétique permet l'analyse des arrière-plans historiques et culturels conditionnant les représentations de l'insecte dans ses rapports aux hommes et à la société et sa mise en forme littéraire.

Alain MONTANDON
Université Clermont Auvergne,
CELIS

78 Alain Robbe-Grillet, *La Jalousie*, *op. cit.*, p. 62.
79 *Ibid.*, p. 128.
80 *Ibid.*, p. 163.
81 « A... ne bouge pas plus que la scutigère » (*Ibid.*, p. 97).
82 *Ibid.*, p. 165.
83 « Franck, sans dire un mot, se relève, prend sa serviette ; il la roule en bouchon, tout en s'approchant à pas feutrés, écrase la bête contre le mur. Puis, avec le pied, il écrase la bête sur le plancher de la chambre. » (*Ibid.*, p. 165-166).

COMMENT PARTAGER UNE OBSERVATION ?

Conflits d'interprétation de la vision microscopique au XVIIIe siècle

MICROSCOPIE ET SAVOIR AU XVIIIe SIÈCLE

L'émergence d'une science de l'invisible est en général associée à deux dates centrales dans l'histoire de l'observation à la fin du XVIIe siècle : la parution en 1665 de la *Micrographia* de Robert Hooke[1], d'une part, et les premières observations d'Antoni van Leeuwenhoek relatives aux animalcules en 1676, d'autre part[2]. Entre ces publications inaugurales, représentatives de l'émulation savante autour de l'émergence des premiers microscopes au XVIIe siècle, et le dépassement des limites de ces premiers instruments qu'incarne, au XIXe, l'invention du microscope achromatique, on a souvent envisagé le XVIIIe siècle comme une période creuse[3] : dompter progressivement les problèmes techniques posés par des instruments très artisanaux, aménager les méthodes d'observation et de préparation, le XVIIIe siècle aurait surtout permis, en bref, de pratiquer un exercice qui devait favoriser l'émergence ultérieure d'innovations en matière d'optique[4]. Or il y a de bonnes raisons de contester ce parti

1 Robert Hooke, *Micrographia : or Some Physiological Descriptions of Minute Bodies made by Magnifying Glasses*, Londres, John Martyn and James Allestry, 1665.

2 Antoni van Leeuwenhoek, « Observations, Communicated to the Publisher by Mr. Antony van Leewenhoeck, in a Dutch Letter of the 9th of Octob. 1676 [...] concerning Little Animals by Him Observed in Rain-Well-Sea. and Snow Water [...] », *Philosophical Transactions*, vol. 12, 1677, p. 821831.

3 Voir à ce propos Maria Rosseboom, *Microscopium*, Leiden, Rijksmuseum, 1956, p. 7 ; Edward G. Ruestow, *The Microscope in the Dutch Republic : The Shaping of Discovery*, Cambridge, University Press, 1996, p. 2.

4 Il existe de nombreuses publications sur l'histoire du microscope, dont voici les principales : Reginald S. Clay and Thomas H. Court, *The History of the Microscope*, Londres, Charles Griffin and Co., 1932 ; Maria Rooseboom, *Microscopium*, *op. cit.* ; *id.*, « The History of the

pris historiographique. Sur la base d'une vaste étude statistique, Marc Ratcliff a montré que la recherche microscopique a connu un renouveau déterminant dans les années 1740, suite à la découverte des polypes d'eau douce par Abraham Trembley[5]. La recherche microscopique s'est en outre avérée centrale dans le cadre des débats sur la génération spontanée, dont Georges-Louis Leclerc de Buffon, John Tuberville Needham, Lazzaro Spallanzani ou Charles Bonnet furent quelques-uns des acteurs les plus prestigieux. On sait combien la philosophie et la littérature de l'époque s'en inspirèrent – Diderot, notamment, dans son *Rêve de d'Alembert*. Très présente encore dans les sciences expérimentales de toute la première moitié du XIXe siècle, la question de la génération spontanée aura conduit à explorer systématiquement l'infiniment petit et à mettre en évidence qu'il s'agissait là d'un espace de savoir nouveau. Les premières classifications des « animalcules », comme on les appelait alors, voient ainsi le jour à la fin du XVIIIe siècle. Elles adoptent une forme désormais attendue : celle du système linnéen, en latin[6]. Elles permettent de stabiliser le système de référence et la communication relative aux corps microscopiques : classer et nommer, en effet, c'est s'accorder sur ce dont on parle. Si le XIXe siècle peut poser les bases de la microbiologie, c'est donc avant tout parce que les problèmes de communication (description, nomenclature et classification) ont été thématisés et partiellement résolus au XVIIIe siècle.

En ce sens, l'histoire de la microscopie peut être envisagée comme une histoire de la communication savante, étroitement liée à une histoire de la vision ou, plus précisément encore, une histoire d'un apprentissage de la vision. Dans un travail publié en 1996, Marian Fournier avait en effet montré, en se basant sur des comptes rendus d'observation parus dans des

---

Microscope », *Proceedings of the Royal Microscopical Society*, vol. 2, 1967, p. 266-293 ; Brian J. Ford, *Single Lens : The Story of the Simple Microscope*, New York, Harpercollins, 1985 ; Ann F. La Berge, « The History of Science and the History of Microscopy », *Perspectives on Science, vol.* 7, n° 1, p. 111-142 ; Christof Lüthy, « Atomism, Lynceus, and the Fate of Seventeenth-Century Microscopy », *Early Science and Medicine*, vol. 1, 1996, p. 1-27.

5 Marc Ratcliff, *The Quest for the Invisible : Microscopy in the Enlightenment*, Aldershot, Ashgate, 2009. Pour Ratcliff, on peut même parler d'un « effet Trembley » qui marquerait le déplacement radical de l'attention des naturalistes vers les micro-organismes aquatiques. Voir également, du même auteur, *L'effet Trembley ou la naissance de la zoologie marine*, Genève, La Baconnière, « Arts », 2009.

6 La première classification des insectes microscopiques est celle d'Otto-Friedrich Müller en 1773. Otto-Friedrich Müller, *Vermium terrestrium et fluviatilium, seu animalium infusoriorum [...] succincta historia*, Copenhague et Leipzig, Haneck et Faber 1773-1774, 2 vol.

périodiques tels que le *Journal des sçavans* et les *Philosophical Transactions*, que les périodes d'innovations techniques dans le champ de la première microscopie étaient en général suivies de moments creux, en termes de résultats scientifiques[7]. Chaque nouveau microscope, s'il permet de voir plus loin, plus petit, exige également des savants qu'ils réapprennent à voir et qu'ils réadaptent en conséquence leur manière de communiquer. Car la vision microscopique et les discours qui l'accompagnent ne vont pas de soi. Ils sont le résultat d'un apprentissage textuel et sémantique ainsi que d'une codification susceptible d'être modifiée par de nouvelles manières de voir. Quelles stratégies concrètes emploie-t-on pour construire et figurer des objets échappant à la vue ? Comment fait-on de ces derniers une réalité cognitive acceptable pour une communauté scientifique ? Avant cela, comment le savant produit-il pour soi-même, dans l'espace du laboratoire, une compréhension satisfaisante d'objets opaques et problématiques ? Afin de répondre à ces questions, je mettrai en premier lieu en évidence les conditions d'émergence d'un champ du savoir microscopique et ses conséquences épistémologiques. J'envisagerai par la suite le regard microscopique dans les termes d'un apprentissage, situé entre l'acte d'observation en tant que tel et les pratiques discursives, en me basant sur un cas concret de « négociation de l'invisible » dans une correspondance entre Carl von Linné et John Ellis.

« MAGNIFIER LE VISIBLE[8] » *VS* ACCÉDER À L'INVISIBLE

Mettre l'œil au microscope, observer la manière dont la réalité se trouve transformée par les verres grossissants ne suffit pas à la définition claire d'un champ de recherche. Ce n'est que progressivement que les savants cerneront les conséquences épistémologiques de leurs premiers émerveillements – et notamment l'ouverture d'un monde parfaitement nouveau, perceptible uniquement à l'œil outillé : l'espace de l'invisible.

7 Marian Fournier, *The Fabric of Life. Microscopy in the Seventeeth Century*, Baltimore and London, Johns Hopkins University Press, 1996.

8 Je me réfère ici aux « verres magnifiants » de Robert Hooke (*Micrographia : or Some Physiological Descriptions of Minute Bodies made by Magnifying Glasses*).

Marc Ratcliff, dans *The Quest for the Invisible*, envisage trois étapes principales dans la construction de ce qu'il appelle le « véritable invisible[9] » :

1. La première s'étend des années 1680 jusqu'à 1740 environ ; les objets microscopiques ne sont pas systématiquement invisibles à l'œil nu, cette catégorie de corps étant beaucoup trop controversée et dépendante, pour être perçue, de la qualité des microscopes. Les insectes, vers, graines et autres petits organismes sont les objets privilégiés des investigations. Les seuls véritables invisibles (animalcules de Leeuwenhoek, notamment) sont engagés durant cette période dans ce qu'Alexandre Métraux définit comme un processus de « normalisation sociale[10] », qui conduira à la reconnaissance de leur existence.
2. En 1740 débute la seconde époque, avec la découverte du polype par Abraham Trembley. La nature révèle alors des potentialités insoupçonnées ; les limites entre les règnes semblent s'effacer, et le milieu aquatique s'affirme comme espace de l'observation inédite par excellence. De nouvelles conditions sont ainsi créées pour déplacer le regard vers l'invisible, commencer progressivement à rechercher des organismes particuliers, échappant à la vision commune. Leur statut, cependant, reste flou : molécules organiques, animalcules, plantanimales, zoophytes, sont autant de termes sous lesquels se manifeste la fascination pour cet espace du savoir en gestation. Cette période donne lieu à de nombreux questionnements interprétatifs, conduisant à un renouveau de la controverse sur la génération spontanée, autour des observations de John Tuberville Needham notamment[11]. Parallèlement, les

9 M. Ratcliff, *The Quest…*, *op. cit.*, p. 6 et 147.

10 Alexandre Métraux, « Über virtuelle Details in den Lebenswissenchaften vor 1820 », in Thomas Macho, Wolfgang Schäffner, Sigrid Weigel (Hg.), *Der liebe Gott steckt im Detail*, München, Fink, 2003, p. 219-240, p. 226*sq* pour le développement de cette idée de « normalisation sociale ».

11 À ce sujet voir Shirley Roe, « John Turberville Needham and the Generation of Living Organisms », *Isis*, vol. 74, 1983, p. 159-184 ; Marc Ratcliff, « Maîtriser l'expérience du texte : John Turberville Needham face à la tradition expérimentale, 1745-1780 », in Maria Teresa Monti (dir.), *La tradizione galileiana e lo sperimentalismo naturalistico d'età moderna*, Firenze, Olschki 2011, p. 103-122 ; Marc Ratcliff, *Genèse d'une découverte : les cahiers d'expériences d'Horace-Bénédict de Saussure (1765-1766)*, Paris, Muséum National d'Histoire Naturelle, 2016.

classifications se mettent en place jusqu'à la première véritable systématique des animalcules[12].

3. À partir de là, le rapport aux *infusoires* – le nom s'impose – se modifie radicalement : on travaille désormais sur la base d'un cadre de détermination, la classification et la nomenclature devant permettre à chaque naturaliste appliquant les canons linnéens d'identifier de la même manière les organismes. La solution apportée par la systématique au problème de comment « répéter » l'organisme, c'est-à-dire en donner une détermination à validité généralisable, apparaît alors comme un des facteurs importants pour la création du véritable invisible, et la constitution progressive d'une communauté naturaliste autour des infusoires, entre 1780 et 1830.

Dans le contexte de la pensée scientifique du XVIIIe siècle, saturée par la notion de visibilité, cette émergence, à partir des années 40, d'un champ d'exploration de la nature reposant sur des êtres extrêmement ténus, invisibles à l'œil nu dans leur intégralité ou dans leurs propriétés essentielles, conduit donc à un bouleversement majeur de la représentation générale de la nature, d'une part, qui s'étend soudain à des mondes insoupçonnés – sans doute, comme le note Lamarck, bien plus peuplés que l'espace du visible[13], et soulevant des questions fondamentales quant à l'économie de la vie[14] ; d'autre part, une grande interrogation épistémologique émerge sur le lien entre visible et connaissance[15]. L'invisible devient ainsi une catégorie épistémique à part entière, un *problème*[16],

12 O.-F. Müller, *Vermium terrestrium…*, *op. cit.*

13 Jean-Baptiste Lamarck, *Recherches sur l'organisation des corps vivans*, Paris, Maillard, 1802, p. 88.

14 Alexandre Métraux, « Der Todesreige in der belebten Materie. Xavier Bichat über das vielfache Sterben des Organismus », in Thomas Schlich und Claudia Wiesemann, *Hirntod. Zur Kulturgeschichte der Todesfestellung*, Frankfurt a/M, Suhrkamp, p. 167-186. Pour une approche historique globale de l'évolution de la « biologie » aux XVIIIe et XIXe siècles, voir les ouvrages classiques suivants : François Jacob, *La logique du vivant*, Paris, Gallimard, 1970 ; François Duchesneau, *Genèse de la théorie cellulaire*, Paris, Vrin, 1987 ; André Pichot, *Expliquer la vie. De l'âme à la molécule*, Paris, Quae, 2011.

15 Voir par exemple Walter Bernardi, *Le metafisiche dell'embrione. Scienze della vita e filosofia da Malpighi a Spallanzani*, Firenze, Olschki, 1986 ; A. Métraux, « Über virtuelle Details… », art. cité.

16 Hans-Jörg Rheinberger, « Invisible Architectures », *Science in Context*, vol. 13, n° 1, 2000, p. 121-136, p. 121 pour la présente citation.

et ce d'autant que cette catégorie ne s'applique pas uniquement aux infusoires et animalcules, mais s'ouvre soudain à toute une exploration de structures et de corpuscules inaccessibles à l'œil nu. Or selon qu'on l'envisage sous l'angle classificatoire ou expérimental, le nouveau champ de l'invisible conduit à des types de discours et de problèmes fort différents.

D'un point de vue linguistique, la nomenclature d'inspiration linnéenne, basée sur une restriction drastique des énoncés, vise l'efficacité de la communication : l'être est exprimé par le biais d'une définition minimale lui permettant d'intégrer un système de connaissances normé[17]. Les impressions de l'observateur sont neutralisées par ce langage. Les expérimentateurs participent bien évidemment à cette grande entreprise de nomination et de classification ; mais avant cela, pour reprendre les termes de Buffon dans son « Premier discours » il faudra « voir beaucoup et revoir souvent[18] » les objets qui apparaissent dans le champ du microscope ; s'assurer que, d'une fois à l'autre, il s'agit bien des mêmes ; saisir et interroger leurs spécificités, inventer un langage susceptible de les apprivoiser, de rendre crédibles les phénomènes souvent inhabituels, parfois incompréhensibles auxquels ils assistent (reproductions extraordinaires, notamment, ou phénomènes de résurrection[19]). Sur le plan discursif, le processus engendré est ici extrêmement complexe : la notation peut d'abord être envisagée comme une mise en forme « personnelle » de la part du savant, un acte de compréhension ; elle sera ensuite retravaillée dans la perspective de divers types de diffusion et d'échanges : correspondances, communications

17 Le principe de la détermination linnéenne est d'éliminer autant que possible toute dimension connotative au langage scientifique. Aux mentions du genre et de l'espèce succède une définition extrêmement brève qui cible quelques aspects permettant d'identifier plus particulièrement l'objet, en excluant tous les critères susceptibles de varier ou d'impliquer la subjectivité de l'observateur. Sur cette question de la nomenclature, voir William T. Stearn, « The background of Linnaeus's contributions to the nomenclature and methods of systematic biology », *Systematic Zoology*, vol. 8, n 1, 1959, p. 4-22 ; Nathalie Vuillemin, *Les beautés de la nature à l'épreuve de l'analyse*, Paris, Presses de la Sorbonne Nouvelle, 2009, p. 57-72.

18 Georges-Louis Leclerc de Buffon, « Premier discours : de la manière d'étudier et de traiter l'histoire naturelle », *Histoire naturelle, générale et particulière*, t. 1, Paris, Imprimerie Royale, 1749, p. 6.

19 A. Métraux, « Über virtuelle Details… », art. cité ; M. Ratcliff, « Wonders, Logic, and Microscopy in the Eighteenth Century : A History of the Rotifer », *Science in Context*, vol. 13, n° 1, 2000, p. 93-120.

aux académies, publications. Le discours devient l'outil d'un long processus de « mise en visibilité[20] ».

L'opération classificatoire, comme la démarche expérimentale, sont sujettes au débat, à la discussion, à des échanges conduisant progressivement à la production d'un discours « acceptable » du point de vue de la communauté. Mais là où l'expérimentation se distingue de la taxonomie, c'est évidemment dans les conséquences épistémologiques, philosophiques et métaphysiques qu'ouvrent certaines observations. Au début de la microscopie, les hypothèses sur la génération spontanée, par exemple, se substituent à des observations superficielles ou techniquement limitées[21] : faute de comprendre réellement ce que l'on a sous les yeux, on philosophe ! Dès les années 1740, ces hypothèses sont relancées, mais cette fois-ci sur la base de la nouvelle capacité des savants à pénétrer les structures, à observer des comportements, à focaliser leur regard sur le véritable invisible. Ainsi, alors même que l'opération classificatoire se perfectionne, que les tableaux se remplissent et que le système des connaissances semble aller vers la définition d'un savoir spécialisé des êtres invisibles, les *problèmes* relatifs aux propriétés de ces derniers et à leur *signification* se creusent dans l'espace expérimental. À titre d'exemple, on peut citer la manière dont Linné crée dans la douzième édition de son *Systema naturae*[22] un genre spécifiquement consacré aux micro-organismes, qu'il nomme CHAOS. Au sein de celui-ci, il crée une espèce, les « Redivivum », dont la propriété distinctive est la capacité de ses représentants à ressusciter. On peut y voir une tentative de normaliser et de neutraliser un phénomène que la science expérimentale contemporaine ne cesse de problématiser[23] ; ou la désignation d'un espace où les questionnements à affronter sont vertigineux…

20 Ohad Parnes parle d'*envisioning* : « to envision indicates not simply to visualize, but also to envisage, to apply scientific mental frames and epistemological categories. » Ohad Parnes, « The Envisioning of Cells », *Science in Context*, vol. 13, n° 1, 2000, p. 71-79 ; p. 73 pour la présente citation.

21 M. Racliff, *The Quest…*, *op. cit.*, p. 33 *sq.*

22 Carl von Linné, *Systema naturae*, Stockholm, Laurentius Salvus, 1767.

23 M. Ratcliff, « Wonders, logic… », art. cité, p. 115. Sur ce nouveau genre du CHAOS, voir Nathalie Vuillemin, « Aux confins de la nature : l'idée de chaos dans la pensée scientifique du XVIIIe siècle », *Dix-huitième siècle*, 45, 2013, p. 435-449.

APPRENDRE À DIRE L'INVISIBLE

Le terme de *signification*, convoqué à dessein ci-dessus, renvoie à l'idée que l'observation de nouvelles entités ne peut se faire hors d'un espace sémantique conditionné, qu'on l'envisage avec Kuhn sous le point de vue d'une « théorie » guidant le regard[24] ou, dans une perspective plus nuancée et complexe, comme l'ensemble des données qui, sur le plan social, conditionnent et formatent le point de vue d'un individu. Ludwik Fleck évoque les traditions, les proto-idées, la forme du savoir acquis, enfin le « style de pensée » imposés à l'observateur par sa communauté[25]. Mais que se passe-t-il lorsqu'un savant du milieu du XVIIIe siècle observe pour la première fois un corps qu'il ne peut partager qu'avec un nombre très restreint d'observateurs ? En matière de vision et de compréhension de l'invisible, le savoir de l'époque peut être considéré comme un non-savoir. Il manque un cadre spécifique, dont l'absence ne peut être comblée que par le recours à des images susceptibles de structurer ce nouvel imaginaire, élaborées intuitivement, sur la base de rapprochements logiques et analogiques, qui elles-mêmes guident l'investigation à venir. C'est ce langage spécifique, cette expression qui ne peut échapper à la subjectivité de l'observateur[26], qui m'intéressent plus particulièrement : car si les normes théoriques, méthodologiques et communicationnelles de la communauté savante relativement à l'observation naturaliste sont déjà partiellement établies[27], elles semblent inadéquates lorsqu'il s'agit de prendre en charge efficacement l'invisible : comment mettre en place une connaissance sur des objets difficilement partageables ? Comment

24 Thomas Kuhn, « Les révolutions comme transformation dans la vision du monde », *La structure des révolutions scientifiques* [1962, trad. 1970], Paris, Flammarion, 2008, p. 158-188.

25 Ludwik Fleck, *Genèse et développement d'un fait scientifique*, Paris, Flammarion, 2008 (1935).

26 Bettina Heintz, Jörg Huber, « Der verführerische Blick », in *id.* (Hg.), *Mit dem Auge denken. Strategien der Sichtbarmachung in wissenschaftlichen und virtuellen Welten*, Zürich, Voldemeer, 2001, p. 9-37.

27 Sur cette question vastement débattue, voir par exemple Christian Licoppe, *La formation de la pratique scientifique. Le discours de l'expérience en France et en Angleterre (1630-1820)*, Paris, La Découverte, 1996 ; Lorraine Daston, « The Empire of Observation, 1600-1800 », in Lorraine Daston and Elisabeth Lunbeck (éd.), *Histories of Scientific Observation*, Chicago and London, University of Chicago Press, p. 81-113 ; Gianna Pomata, « Observation Rising : Birth of an Epistemic Genre, 1500-1650 », in *id.*, p. 45-80.

créer une communauté de compréhension et d'opinion autour de ceux-ci ? Comment répondre aux questions philosophiques qu'ils engagent, en l'absence de représentations et d'observations communes validées par la communauté ?

Ces questions continuent de se poser jusqu'en 1840 environ, après qu'a été mise en place la structure théorique de la science. Or elles n'engagent pas que des problèmes rhétoriques et discursifs mais bien, également, des problèmes concrets sur le plan de la perception. Autrement dit, face aux mondes nouveaux qui s'offrent à eux, les naturalistes voient, physiologiquement parlant, mais ce *voir* ne peut devenir pertinent sur le plan du *savoir* qu'une fois mis en place les moyens d'apprendre à voir et à dire : il faudra construire, par la pratique de l'observation et les échanges auxquels elle donne lieu, un espace conceptuel et discursif adéquat pour saisir et exprimer la réalité à laquelle on se confronte. Concrètement, il s'agit en premier lieu de rapprocher l'objet nouveau ou problématique d'un espace connu et maîtrisable : ce que fait par exemple Trembley face au polype[28]. En retour, une fois admise l'identité de l'objet, le regard sera soudain ouvert aux propriétés d'autres productions jusque-là ignorées ou erronément perçues.

Durant tout ce processus, le lien entre le langage servant à prendre en charge l'observation et la signification réelle de cette dernière est évidemment crucial : le choix des termes inscrit l'être dans un espace sémantique et pragmatique qui agit par la suite comme filtre lors de l'acte d'observation. La relation entre vision et savoir repose sur les catégories logiques que l'observateur convoque pour rendre compte de ce qu'il voit[29]. Les catégories actives dans le contexte immédiat du savant – idéologies, communauté savante, etc. – n'influent donc pas seulement sur la perception individuelle en dirigeant le regard sur les caractères saillants de la nature, mais impliquent également la possibilité d'en rendre compte dans un langage partagé. Différentes phases sont à distinguer ici :

1. Une phase d'élaboration qu'attestent de nombreuses notes de savants et carnets de laboratoires, où l'on procède à une première formalisation

28 N. Vuillemin, *Les beautés...*, *op. cit.*, p. 131 *sq.*
29 Voir ce propos Norwood R. Hanson, *Patterns of Discovery*, Cambridge, University Press, 1958.

de l'observation. Tendues ou non vers une communication à venir[30], ces notes témoignent des tentatives de comprendre l'objet, des hésitations terminologiques, de la mise en place dans le langage d'un premier « réseau de significations[31] », et d'une modification progressive de la compréhension du savant face à son objet.

2. Une phase de communication qui concerne d'abord, en général, des échanges d'individu à individu. Des aménagements ont lieu ici tant au niveau de l'observateur, qui refond ses notes vers un discours plus cohérent, que dans l'échange même.
3. Une phase de publication à proprement parler, soit par le biais des correspondances publiques et de mémoires académiques, soit sous la forme du traité. Là encore, la réélaboration témoigne d'une adaptation du discours et, surtout, d'une volonté de fixer la représentation. S'ouvre alors un espace de controverse qui conduira à de nouvelles observations, reformulations, représentations, etc.

Ces différentes phases ne s'articulent évidemment pas dans une logique purement linéaire. Un jeu complexe d'allers et retours se met en place entre le savoir en élaboration, le savoir partagé et les nouveaux éléments révélés par l'observation et les hypothèses auxquelles celle-ci donne lieu[32]. À tous les niveaux – individuel, interpersonnel, de réception communautaire et publique –, se joue un long processus de négociations multiples qui vont progressivement donner à l'invisible une existence et un sens.

30 Il faut évidemment éviter d'envisager naïvement le manuscrit comme un témoignage vierge de toute intentionnalité de diffusion. Les publications sur la question sont nombreuses, on se référera par exemple à Frederic L. Holmes, Jürgen Renn & Hans-Jörg Rheinberger (dir.), *Reworking the Bench : Research Notes in the History of Science*, Dordrecht/Boston, Kluwer, 2003 ; Maria Teresa Monti (dir.), *Écriture et mémoire. Les carnets médico-biologiques de Vallisneri à E. Wolff*, Milano, Francoangeli, 2006.

31 Marianne Hänseler, *Metaphern unter dem Mikroskop : die epidemische Rolle von Metaphorik in den Wissenschaften und in Robert Kochs Bakteriologie*, Zürich, Chronos, 2009, p. 67 *sq.*

32 On consultera à ce propos la théorie élaborée par Marc Ratcliff dans *Genèse d'une découverte*, *op. cit.*

« JE NE SUIS PAS SÛR DE COMPRENDRE… »

J'ai choisi, pour illustrer cette idée de négociation, de me concentrer sur un échange entre deux grands savants européens de l'époque, John Ellis[33] et Carl von Linné, à propos de la nature de certains corpuscules qu'ils observent dans des infusions de champignons. Nous sommes entre 1767 et 1768. La douzième édition du *Systema naturae* paraît en 1767. Dans le genre du CHAOS, dont nous avons déjà parlé, Linné désigne sous l'espèce *fungorum*, soit « [provenant] de champignons », des corpuscules dont il prétend qu'ils entrent en vie au contact de l'eau, puis se transforment en champignons en mourant. Plus tard, on parlera de « spores ». Pour Linné ce sont des « semences », et le pendant des zoophytes : si ceux-ci témoignent de la métamorphose de la plante en animal, les *fungorum* sont des animalcules voués à devenir plante[34]. L'idée de ce « transmutationnisme » n'est pas neuve. Elle est notamment soutenue par Needham, sur la base d'infusions de substances végétales prétendument stériles qui donnaient lieu à l'apparition de filaments végétaux, puis d'animalcules[35]. Elle témoigne de l'aporie d'une science expérimentale qui, en matière de microscopie, ne parvient jamais à toucher aux causes des phénomènes : observer les mécanismes de l'émergence de la vie dans leur enchaînement précis reste en effet impossible.

Linné soumet donc à John Ellis ses observations et lui demande de les répéter[36]. Toute la tractation portera sur cette hypothèse d'un passage entre les règnes, réfutée par Ellis, mais à laquelle Linné s'accroche fermement.

---

33 Grand voyageur et observateur remarquable, Ellis est l'auteur de *An Essay towards a Natural History of the Corallines*, London, Millar, 1765 et, avec Daniel Solander, *The Natural History of Many Curious and Uncommon Zoophytes*, London, Benjamin White & Son, 1786.

34 Carl von Linné, *Systema naturae*, *op. cit.*, p. 1326 : « Fungorum seminum. […] *Habitat, uti Semen* Lycoperdi, Agarici, Boleti, Mucoris *reliquorumque* Fungorum, *in sua matre, usque dum dispergatur & in aqua exclusum vivit & moritur, demum figitur & in Fungos excrescit* […]. *Zoophytorum metamorphosis e Vegetabili in Animale. Fungorum itaque contrario ex Animali in Vegetabile.* » (Italiques originaux, je souligne la dernière phrase.)

35 Voir Shirley A. Roe, art. cité et Nathalie Vuillemin, « La fabrique d'une évidence : transmutation et végétation dans les *Nouvelles observations microscopiques* de John Tuberville Needham (1750) », dans Laurence Dahan-Gaida (dir.), *Eurêka ! Le récit savant de découverte et d'invention*, Paris, Hermann, 2022, p. 221-239.

36 Pour une vision plus détaillée de l'histoire de cette controverse et de son importance dans l'espace germanique notamment, voir M. Ratcliff, *The Quest…*, *op. cit.*, p. 230-232.

Certes, les deux correspondants n'utilisent pas la même langue : Linné écrit en latin, Ellis en anglais. Mais les désaccords vont bien au-delà de simples approximations linguistiques. D'emblée, dans la première réponse qu'Ellis adresse à Linné à propos de ses observations, la focalisation est mise sur des questions de compétences techniques et méthodologiques :

> J'ai dernièrement tenté des expériences sur les graines du *Fungus*[37] appelé par vous *Agaricus campestris* ; ainsi que sur ceux appelés les *Agaricus fimetarius*. La taille minuscule de ces corps m'a obligé à faire usage des premiers verres grossissants dans le microscope double. Cela m'a clairement montré que ces graines, bien que mises dans l'eau selon vos directives, ne possèdent pas de vie animale en elles-mêmes, et ne sont animées que par les *animalcula infusoria*, qui leur donnent une telle variété de directions, tant circulaires que vers l'avant ou l'arrière, qu'elles apparaissent comme vivantes. Les *animalcula* sont si nombreux et en même temps si transparents, que sans de bons verres l'observateur le plus rigoureux peut être induit en erreur[38].

Sans le soutien d'aucune image, parce que son correspondant peut potentiellement assister à la même scène, Ellis donne quelques conseils purement techniques, apparemment, qui sont en réalité une manière de guider le regard de Linné : il faut avoir un matériel précis (« de bons verres »), et savoir focaliser son regard sur des êtres qui, par leur petitesse et leur transparence, peuvent se confondre avec l'agitation de l'eau.

Le savant suédois est parfaitement conscient des compétences supérieures de son interlocuteur en termes d'observation[39]. Ce n'est donc pas

---

37 « Champignon », mais s'agissant ici de la terminologie scientifique, je garde le terme en latin.

38 Lettre de John Ellis à Carl von Linné, de Londres, le 8 septembre 1767, dans James Edward Smith, *A Selection of the Correspondence of Linnaeus, and Other Naturalists*, London, 1821, p. 213 : « I have lately been trying experiments on the seeds of the Fungus, called by you *Agaricus campestris*; and also on those called the *Agaricus fimetarius*. The minuteness of these bodies, obliged me to make use of the first magnifying glasses in the microscope. This plainly shewed to me, that these seeds, though put into water according to your directions, have no animal life of their own, and are only moved about by the *animalcula infusoria*, which give them such a variety of directions, both circular, as well as backward and forward that they appear as if alive. The *animalcula* are so numerous, and at the same time so pellucid, that without good glasses the most accurate observer may be mistaken ». Traduction en collaboration avec Nadia Vuilleumier. Pour les extraits suivants de cette correspondance, j'indique uniquement la date et le lieu de la lettre, et donne le numéro de page entre parenthèses.

39 Sur les compétences de microscopiste de Linné, voir Brian J. Ford, « The Microscope of Linnaeus and His Blind Spot », *The Microscope*, vol. 57, n° 2, 2009, p. 65-72.

sur ce point précis qu'il tentera de le prendre en faux pour défendre sa perspective, mais sur le maniement du langage :

> J'ai reçu la vôtre, dans laquelle vous parlez des graines vivantes de *Fungi*, en affirmant que vous n'avez vu que les *animalcula infusoria* faisant bouger la poudre de ces végétaux. Je ne parviens pas à bien comprendre si vous avez vraiment vu les *animalcula* ou pas[40].

Pour Linné, ces *animalcula*, si l'on parle bien des mêmes, doivent se fixer progressivement au fond du verre puis se transformer en *fungi*. Il croit pouvoir les identifier comme étant « les graines vivantes de la moisissure, *Mucor*[41] ». Postulant donc à la fois un passage entre les règnes et entre les genres, le naturaliste clôt sa réflexion sur une formule habile : tout en reconnaissant implicitement combien l'hypothèse soutenue est sujette à controverse, il incite vivement son correspondant à la confirmer, en flattant ce dernier quant à ses capacités perceptives exceptionnelles : « avant de me hasarder à soutenir une telle opinion, je vous supplie de me prêter vos yeux de lynx ; et vous verrez dans le récipient ou le verre [...] si ces corps ne se changent pas en plantes de *Mucor*[42]. »

L'implication métaphysique d'une telle affirmation ne laisse pas Ellis indifférent. Reprenant la technique rhétorique même de Linné, il va d'abord se plaire à souligner une incertitude relative à la clarté du message même : « [d]ans votre lettre, vous semblez penser que les graines des *Fungi* sont animées, ou ont une vie animale, et s'agitent[43] ». L'incertitude quant au sens du message est soulignée à la fois par la modalisation du verbe, et par la disjonction (« sont animés, *ou ont une vie animale* »). Ellis joue d'ailleurs de la formule : lorsqu'il cite Linné, il utilise en effet ce « ou » comme le signal d'une imprécision du message même (l'expression être animé ne doit pas nécessairement être entendue

40 Lettre de Linné à Ellis, d'Upsalla, octobre 1767 (sans précision du jour) : « I received yours, in which you speak of the living seeds of *Fungi*, asserting that you have only seen the *animalcula infusoria* moving the powder of these vegetables. I am not able rightly to understand whether you have actually seen the animalcula or not. » (p. 214)

41 *Ibid.* : « I think I have seen these to be the living Seeds of Mould, *Mucor.* »

42 *Id.*, p. 214-215 : « before I venture to put forth such an opinion, I beg of you to lend me your lynx-like eyes ; and you will see in the vessel or glass [...] whether these bodies do not change to plants of *Mucor.* »

43 Lettre d'Ellis à Linné, de Londres, le 30 octobre 1767 : « By your letter, you seem to think, that the seeds of the *Fungi* are animated, or have animal life, and move about » (p. 216).

au sens actif du terme). Plus loin dans sa lettre, alors même qu'il admet faire face à des phénomènes difficiles à analyser, il montrera combien il est important d'utiliser le langage avec précision, et de bien marquer le lieu des problèmes :

> [...] j'ai maintenant un *Lycoperdon Bovista*, que j'ai reçu de notre bon ami P. Collinson il y a quatre jours. J'en ai mis une partie dans de l'eau courante, et en deux jours j'en ai distingué les graines ou *farina* se mouvoir clairement ici et là. Le quatrième jour j'ai perçu la forme des *animalcula* qui les faisaient bouger. Sont-ce ces graines, ou ces *animalcules* (puisqu'il s'agit évidemment de corps différents), qui deviendront des *Fungi, Mucores* ou *Lycoperda* ? [...] S'il s'agissait des *animalcula*, qui meuvent les graines du *Lycoperdon*, cela serait extraordinaire ; mais cela serait tout aussi surprenant que les graines d'un genre en produisent un autre. Quoiqu'il en soit, j'ai décidé de mener ces expériences avec précision, et de recourir à des témoins pour juger de ces nombreuses manifestations[44].

L'expert ne se laisse pas confondre par les apparences : il met en lumière tout ce qui peut paraître incompréhensible et opère une interrogation systématique basée sur la confrontation de plusieurs regards. En l'absence de témoignages plus précis, l'idée d'animalcules pouvant « croître en *Fungi* » ne signifie rien[45]. Pour Ellis, il ne peut vraisemblablement s'agir que d'animalcules préexistant initialement dans l'eau sous forme d'œufs ou de germes, éveillés par la présence des poussières de champignon, puis alimentant la moisissure de leur dépouille après leur mort[46].

---

44 « I have now a *Lycoperdon Bovista*, which I received from our good friend P. Collinson four days ago. I put part of it into river water, and in two day's time, I perceived the seeds or *farina* of it moving about distinctly. The fourth day I perceived the figure of the *animalcula* that moved them. Are these seeds, or these *animalcula*, (for they are evidently distinct bodies) to turn into *Fungi, Mucores* or *Lycoperda* ? [...] If the *animalcula* that moved the seeds of the *Lycoperdon*, it would be amazing ; and again, it would be as surprising that the seeds of one genus should produce another ; for instance, that the seeds of *Lycoperda* should produce *Mucores*. However I have determined to go through these experiments with precision, and to call in witnesses of the several appearances. » (*Id.*, p. 217, je souligne.)

45 « [I] will endeavour to find out what you mean by their 'growing into *Fungi*' » (*id.*, p. 216-217).

46 « Si vous voulez dire que les *animalcula infusoria*, quand ils sont morts, constituent un véritable aliment (*pabulum*) pour *Mucor*, je suis d'accord avec vous ; parce que j'ai beaucoup de substances animales couvertes de *Mucor*. » (« If you mean that *animalia infusoria*, when they are dead, are a proper *pabulum* for *Mucor*, I agree with you ; for I have many animal substances that are covered with *Mucor*. », *id.*, p. 217)

Linné lira ces interrogations expérimentales sans réellement tenir compte de toutes les précautions d'Ellis. Au contraire, il ne retient de la relation citée plus haut que la fabuleuse apparition des animalcules apparemment issus des spores[47]. Irrité, Ellis répondra en copiant le brouillon de sa lettre précédente « pour faire valoir [s]on opinion réelle[48] ». Il cite son journal de laboratoire, les témoignages de Daniel Solander, botaniste de renom, et de « nombreux autres gentlemen » : tous ont « vu mes expériences, [et] que le mouvement provenait des *animalia infusioria* eux-mêmes, dont nous avons vu très précisément la forme et le mouvement particulier que ces petites créatures avaient lorsqu'elles étaient en train de manger les graines du Fungi, [mouvement] qu'elles communiquaient aux graines, de telle manière que ces dernières paraissaient vivantes[49]. »

Cet exemple est représentatif de la manière dont la vision microscopique s'engage, au XVIIIe siècle, dans un processus de définition qui dépasse largement les enjeux techniques. Apprendre à voir, apprendre à faire voir, relèvent autant – sinon plus – du discours que du regard. Systématiquement thématisés, les problèmes relatifs aux implications de la vision spécialisée sont au centre d'une prise de conscience quant à l'importance de l'observateur dans le processus d'observation. Certaines productions semblent ne pouvoir être approchées sans engager, au moment

47 Lettre de Linné à Ellis, d'Upsalla, le 8 décembre 1767 : « Je suis enchanté au-delà de toute expression de vos observations sur le *Lycoperdon* dans l'eau de rivière ; que sa poudre se meuve, et se transforme dans cette espèce de *Mucor* que j'ai nommé *Mucedo*. Je suspecte depuis longtemps que ce *Mucedo* provient du *Lycoperdon* ; mais cette suspicion n'avait encore jamais été confirmée. » (« I am beyond measure delighted with your observations upon the *Lycoperdon* in river water ; that its powder moved about, and was transformed into that species of *Mucor*, which I have named *Mucedo*. I have long suspected this *Mucedo* to belong to *Lycoperdon* ; but my suspicion has never before been confirmed. ») (p. 220)

48 Lettre d'Ellis à Linné, de Londres, le 15 janvier 1768 : « I thought it necessary to quote from my former letter of 30th October, *as my real opinion*. » (p. 223, je souligne.)

49 « it appeared evendently to him [Solander], and many more gentlemen who saw my experiments, that the motion which they had, proceeded from *animalia infusoria*, whose shape we plainly saw and observed distinctly the particular motion, with some attention, which these little creatures had while they were eating the seeds of the *Fungi*, and which they communicated to the seeds of the *Fungi*, so as to make them appear alive. » (*id.*, p. 224)

même de la perception, de nombreux présupposés qui contribueront à en imposer une signification. La longue période de négociation autour des êtres invisibles participe de manière centrale non seulement à l'émergence d'une « microbiologie », mais également à une redéfinition globale des conditions de production du savoir, à l'articulation entre empirisme et théorie.

Nathalie VUILLEMIN
Université de Neuchâtel

LA *MICROGRAPHIA* DE ROBERT HOOKE

Une révolution scientifique… et poétique ?

Lors de la Grande Peste de Londres en 1665, certains Anglais fortunés aimaient tromper l'ennui d'un long confinement par une activité alors nouvelle : l'observation au microscope. C'était un moyen alors fort commode de voyager, découvrir des territoires inaccessibles et des créatures inconnues, tout en restant confortablement installé dans son fauteuil sans se risquer à aller respirer l'air méphitique des rues de la capitale.

Un livre paru en janvier 1665 contribua grandement à rendre cette activité populaire : la *Micrographia* de Robert Hooke, curateur des instruments de la Royal Society. La *Micrographia* n'est pas le premier ouvrage sur la vie microscopique qui ait été publié en Angleterre : il s'agit d'*Experimental Philosophy*, de Henry Power, publié quelques mois plus tôt, en 1664. Cependant, à la différence de l'ouvrage de Power, celui de Hooke fut le premier à être illustré. Les dessins d'observation de l'auteur, très nombreux, y étaient en effet fidèlement reproduits sous forme de gravures : un mystérieux « insecte aux pinces de crabes », un pou agrippé à un cheveu, une élégante mite aux ailes duveteuses…

Un de ses premiers lecteurs, Samuel Pepys, le dévora jusqu'à deux heures du matin à la lueur de la chandelle. Il le décrivit dans son journal comme « l'ouvrage le plus ingénieux que j'aie lu de ma vie[1] ». Cette réaction enthousiaste donne une idée de l'effet produit par la *Micrographia* sur le grand public.

Ce qui fascina les lecteurs comme Samuel Pepys n'était pas simplement le caractère novateur des observations de Hooke : c'était aussi la façon dont il les présentait à ses lecteurs. Les gravures, esthétiquement

---

1 Samuel Pepys, *The Diary of Samuel Pepys, M.A., F.R.S.*, Londres, George Bell and Sons, 1894 [1665], vol. IV, p. 338, entrée du 21 janvier 1665. « Before I went to bed I sat up till two o'clock in my chamber reading of Mr. Hooke's Microscopical Observations, the most ingenious book that ever I read in my life ».

remarquables, sont la raison pour laquelle c'est l'ouvrage de Hooke dont on se souvient aujourd'hui, et non celui de Power qui reste pourtant le premier paru sur ce sujet en Angleterre, même si certains biographes de Hooke déplorent le relatif oubli dans lequel le nom du savant a longtemps sombré[2].

Or, si les images sont certes d'un attrait incontestable, le texte qui les accompagne n'est pas moins capital. Ce texte ne fut cependant pas toujours tenu en très haute estime. Dans un des tout premiers articles consacrés à Hooke et l'entomologie, Harry B. Weiss et G. M. Ziegler affirment qu'elles ont un intérêt limité et qu'elles ne sont pas comparables aux observations entomologiques modernes, conformes aux normes de description scientifique établies au XXe siècle[3]. Il est vrai que l'entomologie ne constitue pas encore un champ de recherche propre.

Toutefois, on peut sans doute voir dans ce texte plus qu'une simple description formelle des images. En se livrant à un exercice de méta-observation, Hooke pose son narrateur en observateur et construit un champ d'expérimentation à la fois scientifique et littéraire. Aux descriptions froides, se mêlent les exclamations enthousiastes parfois lyriques de l'auteur, ses projections anthropomorphiques et ses jeux littéraires. Entre protocole et mise en scène, observation et recréation, Hooke joue avec les codes de la description pour inviter son lecteur à se faire à son tour observateur.

On verra comment ce texte permet à Hooke de poser les fondements d'une méthode d'observation empiriste. Il est en effet essentiel à la compréhension du protocole expérimental indissociable du modèle d'observation de Hooke, comme dans le cas de la fourmi. On pourra voir par d'autres exemples, comme celui de la puce et de la mouche, dans quelle mesure le pouvoir métaphorique du texte et sa puissance d'évocation poétique guident l'imagination du lecteur et lui permettent

2 Dans sa préface, Stephen Inwood souligne que le nom de Hooke tend à être oublié du grand public, car le savant tend à rester dans l'ombre d'Isaac Newton. Il demeure toutefois connu et très étudié au sein de la communauté académique. Henry Power est, quant à lui, plus en retrait dans la mémoire collective. (Stephen Inwood, *The Man Who Knew Too Much : The Strange and Inventive Life of Robert Hooke, 1635-1703*, Londres, Pan Macmillan, 2002, préface, p. XI.)

3 Harry B. Weiss et G. M. Ziegler, « The Entomology of Hooke and Leeuwenhoek », *Journals of the New York Entomological Society*, vol. 36, n° 1, mars 1928, p. 95-104, voir à ce sujet p. 99.

de donner un sens à des images nouvelles ou difficilement interprétables. Enfin, on tentera de comprendre comment le texte de Hooke reproduit l'acte même d'observer dans ses errances et parfois ses erreurs, par d'heureuses contradictions qui révèlent que l'observation n'est pas strictement visuelle mais qu'elle est toujours en train de se construire et se déconstruire au fil de la plume.

LE NEWTON DE L'ENTOMOLOGIE ?

Dans sa préface, Robert Hooke prétend que son texte n'a rien de scientifiquement révolutionnaire : l'observation de fourmis ou de puces n'est pas destinée à établir de nouveaux « axiomes » ni de nouvelles « théories », mais plus modestement à fournir de nouveaux moyens de connaissance [*materials*], pour compléter l'observation de la nature et suppléer à l'étroitesse de nos sens par de nouveaux instruments[4]. Hooke fait preuve de beaucoup d'humilité, sans doute est-ce cette attitude qui a conduit Pepys a dire de lui : « Mr. Hooke est le meilleur des hommes que j'aie connus, bien qu'il soit aussi qui paraît le moins l'être[5] ».

Toutefois, ne nous y trompons pas : ce que Hooke décrit comme de modestes observations d'insectes demeure étroitement corrélé à de hautes ambitions de progrès scientifique fondé sur l'empirisme. L'auteur rend hommage à la méthode scientifique baconienne : dans la préface, « Lord Verulam » (Francis Bacon), le père de la science expérimentale, est considéré comme « le plus sage de nos concitoyens » [*the wisest of our Statesmen*]. Le texte est ainsi au service d'une méthode expérimentale baconienne fondée sur une logique stricte d'observation et de déduction. Hooke fait l'apologie de ses préceptes dans son épître dédicatoire à la Royal Society, qui les impose à ses membres :

4 Robert Hooke, *Micrographia : or some Physiological Descriptions of Minute Bodies Made by Magnifying Glasses, with Observations and Equiries Thereupon*, Londres, édité par John Martyn pour la Royal Society, 1665, p. VIII. Les citations de la *Micrographia* seront signalées dans le présent chapitre par la lettre M suivie de la pagination après le texte original en note.

5 Samuel Pepys, *The Diary of Samuel Pepys, M.A., F.R.S.*, *op. cit.*, p. 354-355, 15 février 1665. « Mr. Hooke, who is the most, and promises the least, of any man in the world that ever I saw ».

> Les règles que vous avez prescrites vous-mêmes dans votre progrès philosophique semblent véritablement les meilleures que j'aie jamais mises en pratique. En particulier, celle qui proscrit le dogmatisme, et qui défend d'embrasser des hypothèses qui n'ont pas été suffisamment éprouvées et confirmées par des expériences[6].

La méthode que Robert Hooke se propose d'appliquer à l'entomologie dans sa *Micrographia* est la même que celle que Newton allait proposer dans ses *Principia Mathematica* quelques décennies plus tard. Newton ne formulerait, lui non plus, aucune idée qui ne puisse être déduite de l'observation des phénomènes : « je ne formule pas d'hypothèse. Car tout ce qui n'est pas déduit des phénomènes doit être appelé une hypothèse, et les hypothèses [...] n'ont pas leur place en philosophie expérimentale[7] ». Les mêmes principes régissent l'étude de l'infiniment petit et de l'infiniment grand, du microscope et du télescope.

Ce primat de l'observation ne va pas de soi. De l'autre côté de la Manche, le rationalisme de Descartes privilégie la raison. L'entomologie moderne en Angleterre voit donc le jour sur le fond d'une déclaration de guerre au rationalisme français, celui des *Méditations Métaphysiques* parues un peu plus de vingt ans plus tôt. Le rationalisme, selon Hooke, fait courir à la science le risque de se perdre en spéculations et en hypothèses hasardeuses, et de devenir dogmatique. Hooke voit même dans l'observation entomologique un des « remèdes[8] » [*remedies*] à ce mal français ! Cette défense de l'empirisme prend même l'aspect d'une réflexion politique :

> À la vérité, la science de la nature fut pendant trop longtemps l'œuvre du Cerveau et de l'Imagination : il est désormais grand temps qu'elle en revienne à la simplicité et à la solidité de jugement de l'Observation des choses évidentes

6 « The Rules you have prescrib'd yourselves in your Philosophical Progress do seem the best that have ever yet been practis'd. And particularly that of avoiding Dogmatizing, and the espousal of any Hypothesis not sufficiently grounded and confirm'd by Experiments. » (*M*, Adresse à la Royal Society en début d'ouvrage, n. p.)

7 Isaac Newton, *Philosophiae Naturalis Principia Mathematica*, Cambridge, édité par Roger Cotes, 1713 [seconde édition], p. 484 : « Hypotheses non fingo. Quicquid enim non deducitur, Hypothesis vocanda est, et Hypotheses [...] in Philosophia Experimentalis non habent. »

8 « Les remèdes [aux maux du rationalisme] ne peuvent venir que de la vraie philosophie : la philosophie mécanique, expérimentale, qui a l'avantage sur la philosophie du discours et du débat ». « The remedies of them all can only proceed from the real, the mechanical, the experimental Philosophy, which has this advantage over the Philosophy of discourse and disputation ». (*M*, préface, p. XI).

> et matérielles. On dit des empires que le meilleur moyen de les préserver de la chute est de les ramener aux premiers Principes et aux premiers Arts sur lesquels ils ont établi leur fondation. Il en est assurément de même pour la Philosophie[9].

Hooke propose donc de revenir à l'observation comme fondement d'une nouvelle épistémologie que l'auteur estime salvatrice. Or, son texte participe, au moins autant que les images, à l'acte d'observation, par lequel l'auteur ne veut pas autant donner à voir qu'à comprendre. Ainsi, en observant les antennes de certains insectes vibrer lorsqu'ils sont au contact de la nourriture, il suppose qu'elles serviraient à « une sorte d'odorat » [*a kind of smelling*] (*M*, p. 204). Hooke ne formule pas d'hypothèse *ex nihilo*, mais il observe, il compare, il déduit, il suppose. L'ajout de « *kind of* » n'est pas une simple précaution rhétorique : il traduit sa fascination pour un univers sensoriel qui échappe à l'espèce humaine.

Le texte invite ainsi le lecteur à glisser insensiblement vers d'autres modes de perception et participe à la découverte de l'altérité radicale de l'insecte, par l'imagination de sens inconnus à l'espèce humaine et de sensations nouvelles. La reproduction détaillée de l'œil d'une mouche, orné de ses multiples facettes reproduites avec la plus grande finesse, au-delà de son caractère éminemment esthétique, doit amener à s'interroger sur la vision animale, voire remettre en question la valeur de nos propres perceptions, sans pour autant sombrer dans le scepticisme qui réduirait à néant l'essence même de l'observation empirique.

Hooke aime en tout cas laisser son imagination vagabonder pour explorer l'univers au-delà des limites des sens humains, comme Newton l'a fait avec son télescope. Sa préface, par l'audace de ses propositions innovantes, où il propose d'élargir la portée des sens humains au moyen de dispositifs de son invention, fait partager au lecteur sa curiosité scientifique insatiable, tout en proposant des moyens concrets pour la satisfaire[10]. C'est

---

9 « The truth is, the Science of Nature has been already too long made only a work of the Brain and the Fancy : It is now high time that it should return to the plainness and soundness of Observations on material and obvious things. It is said of great Empires, That the best way to preserve them from decay, is to bring them back to the first Principles, and Arts, on which they did begin. The same is undoubtedly true in Philosophy. » (*M*, préface, p. XIII).

10 Il suggère, pour l'ouïe, la création d'un « otocousticon », dispositif original d'amplification sonore. Il imagine également un « hygroscope » qui affinerait la perception des odeurs ; pour le goût, la dissolution de métaux dans des solutions acides permettrait de mieux analyser les composantes des aliments et développer un « goût secondaire » [secondary tasting] (*M*, p. XVII).

précisément pour cette raison que Hooke choisit un format d'édition aussi inhabituel, avec des triples planches illustrées : pour faire du lecteur un observateur.

Cette expérience visuelle, sensible, participe pleinement à l'idéal d'une éducation scientifique fondée sur l'empirisme. Le format est en effet peu commun, avec ses pages grand format repliées, qui ont représenté un défi pour l'imprimeur. On devine aisément l'étonnement de Samuel Pepys en dépliant la triple page sur laquelle est imprimée une puce de la taille d'un chat. Le lecteur peut lui-même scruter les moindres détails reproduits sur la gravure avec minutie, partageant ainsi l'émotion et la curiosité de l'observateur scientifique. Quant au texte, il participe pleinement à la reconstitution des conditions d'observation originales inventées par Hooke, dont la fourmi est sans doute un des exemples les plus remarquables.

LA FOURMI IVRE
Réinventer la description scientifique

Dans ce champ nouveau de l'observation au microscope, tout est encore à inventer. Hooke ne dissimule pas ses difficultés. La plus grande consiste à trouver le moyen d'observer l'insecte vivant, pour étudier son anatomie en mouvement, discerner les différentes articulations, la force des mandibules, l'usage des griffes ou des poils, mais aussi pour pouvoir dessiner l'insecte et en donner à son lecteur une image fidèle. Or, le corps de l'insecte, une fois mort, se racornit et se dessèche très vite, et ne se prête plus guère à l'observation. Comment donc pouvoir observer un insecte vivant, dans une posture fixe et naturelle ?

Le cas de la fourmi est particulièrement intéressant, car Hooke livre en toute sincérité le détail de ses tentatives infructueuses pour immobiliser un insecte réticent. La fourmi est toujours en activité, et il est très difficile au savant de la maintenir à la même place pour l'observer. Il commence par tenter de coller ses pattes dans de la cire, mais l'insecte continue de bouger pour tenter de se libérer. Il n'ose pas le tuer par crainte d'écraser sa structure fragile. Il a alors une idée singulière :

> Je lui donnai une goutte de brandy ou d'eau-de-vie, ce qui, après quelques instants, la rendit complètement saoule, au point qu'elle se figea complètement, bien qu'elle offrît d'abord beaucoup de résistance pendant un long moment. Enfin, quelques bulles sortirent de sa bouche, et elle s'immobilisa[11]...

L'expérience est finalement concluante. Hooke peut enfin observer l'animal et en réaliser un croquis minutieux, qui est ensuite reproduit sous forme de gravure pour les besoins de l'ouvrage. Le dessin est d'une grande minutie : on voit que les yeux sont « perlés », on peut compter les articulations des pattes, le nombre d'anneaux sur le funicule de l'antenne, la finesse du pétiole, la forme des mandibules... Tous ces détails, impossibles à voir à l'œil nu, n'ont pu qu'enchanter les lecteurs de *Micrographia* comme Samuel Pepys, qui avait eu toutes les peines du monde à réaliser ses premières observations... et qui n'avait sans doute pas eu l'idée de saouler une fourmi au brandy.

Le dessin est accompagné d'une description extrêmement précise de l'animal, avec sa légende. La description est précise et directe :

> Elle avait une large tête [AA] à l'extrémité de laquelle se trouvaient deux yeux protubérants, perlés comme ceux d'une mouche, mais plus petits [BB] ; devant son nez, ou disons la partie de sa tête la plus en avant, s'élançaient deux cornes [CC], d'une forme différente de celle de la mouche [...] ; en-deçà se trouvent deux mâchoires dentées [DD] s'ouvrant latéralement[12]...

Hooke va cependant un peu plus loin qu'un simple portrait-robot : il compare les insectes entre eux et en tire des déductions. Il compare ainsi la forme des pattes des fourmis à celles des mouches :

> Elle n'avait que six pattes, de la même forme que celles d'une mouche, ce qui, comme je l'ai montré, est le signe qu'il s'agit d'un insecte muni d'ailes, bien que je n'en voie nul signe sur la partie médiane de son corps[13].

11 « I gave it a Gill of Brandy, or Spirit of Wine, which after a while e'en knock'd him down dead drunk, so that he became moveless, though at first putting in he struggled for a pretty while very much, till at last, certain bubbles issuing out of its mouth, it ceased to move... » (*M*, p. 204).

12 « It had a large head [AA], at the upper end of which were two protuberant eyes, pearl'd like those of a Fly, but smaller [BB] ; out of the Nose, or foremost part, issued two horns [CC], of a shape sufficiently differing from those of a blew Fly [...] ; beyond these were two indented jaws [DD], which he open'd side-wayes... » (*Ibid.*)

13 « It had only six legs, shap'd like those of a Fly, which, as I shewed before, is an Argument that it is a winged Insect, and though I could not perceive any sign of them in the middle part of its body ». (*Ibid.*)

On sait aujourd'hui que certaines fourmis sont ailées, sans former une espèce à part : ce sont les reines et les mâles qu'on peut apercevoir évoluer en un gracieux ballet aérien pendant la saison de reproduction. Or Robert Hooke, par la seule déduction, et des remarques qui relèvent de l'anatomie comparée deux siècles avant Cuvier, s'était déjà interrogé sur le fait que certaines fourmis devaient être ailées au sein de l'espèce qu'il avait observée : on a ici un exemple frappant de cette nouvelle méthode scientifique baconienne, fondée sur l'observation, la comparaison et la déduction.

On mesure mieux le caractère révolutionnaire de cette méthode scientifique en le comparant avec l'autre grand traité microscopique de l'époque, *Experimental Philosophy* de Henry Power, paru un an auparavant. Les observations de Power sont très différentes de celles de Hooke : tout d'abord, Power ne décrit pas son protocole expérimental, ni les difficultés qu'il a rencontrées. Il ne précise pas dans quel état il a observé les insectes (morts ou vivants). Ses descriptions demeurent assez floues, et on est parfois en droit de se demander s'il a réellement pu observer au microscope toutes les espèces décrites avec autant de précision que Hooke. Sa propre description de la fourmi est bien différente de celle de Hooke :

> Ce petit animal est le grand modèle de l'industrie et de la frugalité : c'est à ce maître que Salomon envoya son fils paresseux, ce maître qui dépasse par ses vertus tous les insectes, mais aussi bien des hommes. Ce si petit corps recèle bien d'autres qualités remarquables, comme sa force herculéenne, capable de porter trois fois son poids. [...] Sa tête est large et globulaire, avec un museau proéminent ; son œil est d'une très belle couleur noire ; il est rond, globulaire et proéminent, de la grosseur d'un pois ; il est également foraminuleux et percé de nombreux trous, comme celui d'autres insectes[14].

Power n'a pas publié d'illustrations, mais compte sur sa plume pour stimuler l'imagination du lecteur. Il dresse un portrait de l'insecte assez général, avec des remarques de morale tirées de l'enseignement biblique (ici, une

14 Henry Power, *Experimental Philosophy*, Londres, John Martin, 1664, p. 25. « This little Animal is that great Pattern of Industry and Frugality : To this Schoolmaster did Solomon send his Sluggard, who in those virtues not onely excels all Insects, but most men. Other excellent Observables there are in so small a fabrick : As the Herculean strength of its body, that it is able to carry its triple weight and bulk [...] Her head is large and globular, with a prominent Snout : her eye is of a very fair black colour, round, globular, and prominent, of the bigness of a Pea, foraminulous and latticed like that of other Insects : her mouth (in which you may see something to move) is arm'd with a pair of pincers, which move laterally, and are indented on the inside like a Saw... »

référence aux *Proverbes* 6 : 6) ou des comparaisons mythologiques un peu éculées (ici, avec Hercule). La description est sommaire, mais l'impression d'ensemble est rehaussée par la prose de Power, alerte et colorée, émaillée de néologismes : l'œil est dit « foraminuleux » [*foraminulous*] ou percé de trous, comme de la dentelle. L'auteur se livre plus volontiers aux digressions et n'a pas la rigueur scientifique que Hooke s'efforce de déployer.

Cependant, Hooke lui-même cède parfois à la digression, à la personnification, à la projection anthropomorphe. Il compose une poétique de l'observation qui n'est pas sans rappeler celle de son contemporain, et qui est particulièrement visible dans le cas de la puce.

LE CHEVALIER-PUCE
L'imaginaire métaphorique de l'insecte

Si Robert Hooke fait preuve d'une grande rigueur scientifique, il s'inscrit aussi dans une tradition littéraire et poétique de l'observation. La puce apparaissant sur une triple page pourrait paraître grotesque, baroque, monstrueuse… mais dans son texte, Hooke nous dit tout le contraire : il ne fait que s'émerveiller de la beauté de l'animal. Le fait que la puce ait été imprimée sur une triple page contraint d'ailleurs le lecteur à ne pas découvrir tout de suite l'image, et à lire le texte avant.

> Quant à sa beauté, elle est manifeste au microscope : l'animal est tout entier paré d'un ensemble curieusement poli, une armure sable dont les pièces sont remarquablement agencées, et couvert d'une multitude de pointes aiguisées qui ressemblent presque à des épines de porc-épic ou à des dagues d'acier coniques luisantes ; la tête est magnifiée de chaque côté par un œil vif, rond et noir[15]…

Les champs lexicaux du beau (« beauté », « orné », « magnifié »), du brillant et du chatoyant (« poli », « brillant », œil vif) conduisent le lecteur à voir l'insecte sous une lumière favorable. En outre, Hooke joue discrètement

15 « As for the beauty of it, the *Microscope* manifests it to be all over adorn'd with a curiously polish'd suit of sable Armour, neatly jointed, and beset with multitudes of sharp pinns, shap'd almost like Porcupine's Quills, or bright conical Steel-bodkins ; the head is on either side beautify'd with a quick and round black eye… » (*M*, 210)

sur l'imaginaire métaphorique pour dresser l'image d'un chevalier miniature : la puce est représentée en armure polie, et la couleur noire est désignée par un terme héraldique (« sable ») ; elle est armée de dagues d'acier. Henry Power, dans sa propre description de la puce, décrit un chevalier croisé prêt à partir en guerre, « palissadé » de pied en cap :

> Sa tête, son corps et ses membres semblent être faits d'une seule pièce d'armure noirâtre [...]. La nature l'avait armé de pied en cap comme un Croisé prêt à partir en guerre [...] son cou, son corps et ses membres sont aussi pares de poils et de vibrisses, comme autant de poignards, comme si son armure en était toute palissadée[16].

Hooke joue donc sur l'imaginaire pour faire partager à son lecteur l'enthousiasme de sa découverte, pour piquer son intérêt et sa curiosité. Sa gravure, qui pourrait rebuter un lecteur naïf, est ainsi parée de nouvelles couleurs : le texte lui donne une personnalité, donne à lecteur des points de repère culturels qui peuvent créer une fausse sensation de familiarité qui va l'aider à s'approprier le sujet, et même à l'aimer.

La description de la puce est relativement courte par rapport aux autres. Hooke, après cette mise en place poétique et stratégique, veut laisser le lecteur faire ses propres observations sur la gravure :

> Il y a à ce sujet bien d'autres particularités dont je ne dirai mot, soit parce qu'elles sont par trop évidentes, soit parce qu'elles ne sont guère utiles : j'en réfère le lecteur à la gravure[17].

Le lecteur est invité à se faire à son tour observateur : bien que dépourvu de microscope, il peut laisser son regard errer sur la gravure qui reproduit les moindres détails des observations de Hooke, mais seulement après avoir été guidé par le texte. La gravure seule ne suffit pas : c'est la description qui va guider le regard et qui va véritablement l'amener à voir et à formuler ses propres déductions. C'est également le texte qui va lui communiquer une autre qualité de l'observateur qui n'est pas absente de la prose scientifique de Hooke : l'enthousiasme.

---

16 Henry Power, *Experimental Philosophy*, *op. cit.*, p. 2. « His head, body, and limbs also, be all of blackish armour-work, [...] nature having armed him thus Cap-a-pe like a Curiazier in war [...] His neck, body, and limbs are also all beset with hairs and bristles, like so many Turnpikes, as if his armour was palysado'd about by them ».

17 « There are many other particulars, which, being more obvious, and affording no great matter of information, I shall pass by, and refer the Reader to the Figure. » (*M*, 211)

LA MOUCHE ARC-EN-CIEL
Enthousiasme et poétique de l'observation

Hooke n'hésite pas à témoigner de son admiration pour les œuvres de la nature, tout comme Pline l'Ancien le faisait déjà dans l'Antiquité, au livre XI de son *Histoire Naturelle* où il traitait des insectes :

> Nulle part la nature n'a déployé plus d'habileté. [...] dans ces animaux si petits, si voisins du néant, quelle sagesse, quelle puissance, quelle perfection ineffable ! Où a-t-elle pu mettre un aussi grand nombre de sens dans le cousin ? Et il y a des animaux encore plus petits[18] !

Hooke semble prendre le relais de Pline : il admire les animaux « encore plus petits » pour lesquels il ne cache rien de son admiration. Il s'émerveille ainsi devant les ailes des mouches aux reflets irisés qui composent des motifs colorés plus somptueux que les plus beaux tapis d'orient, dont la vision défie l'imagination :

> En lieu et place de ces petits poils, dans bien d'autres mouches, il y a un nombre infini de petites plumes [...] et toutes ces petites parties [d'ailes] ne sont pas seulement formées tout comme les plumes des oiseaux, mais comme celles des spécimens au plumage coloré de toute la variété des couleurs les plus curieuses, les plus brillantes et les plus vives qu'il est possible d'imaginer ; de même, ces plumes sont disposées si admirablement et si délicatement qu'elles composent de très beaux motifs et des peintures ornementales, comme des tapis turcs et persans, mais d'une beauté qui les surpasse de loin, comme on le voit à l'œil nu sur les ailes colorées des papillons, mais plus encore à travers la lentille d'un microscope ordinaire[19].

Hyperboles audacieuses, comparaisons chatoyantes, questions oratoires : Hooke sait aussi capter l'attention de son lecteur par la rhétorique de

---

18 Pline l'Ancien, *Histoire naturelle*, trad. d'Émile Littré, Paris, Firmin-Didot, 1877, Livre XI, I.2, p. 428.

19 « In steed of these small hairs, in several other Flies, there are infinite of small Feathers [...] and those small parts are not onely shap'd very much like the feathers of Birds, but like those variegated with all the variety of curious bright and vivid colours imaginable ; and those feathers are likewise so admirably and delicately rang'd, as to compose very fine flourishings and ornamental paintings, like Turkie and Persian Carpets, but of far more surpassing beauty, as is evident enough to the naked eye, in the painted wings of Butterflies, but much more through an ordinary Microscope. » (*M*, 174)

l'émerveillement. Pourquoi une telle débauche d'hypotyposes ? Il est rare que Hooke mette tant d'emphase dans ses descriptions. Au-delà de la filiation à la rhétorique de l'émerveillement naturaliste, une raison toute simple peut expliquer le choix de Hooke ici : les gravures qui reproduisent les insectes ne sont pas en couleurs. Hooke ne peut donc compter que sur l'imagination de son lecteur pour compléter ses dessins et ajouter les mille et une nuances d'ombre et de lumière qui dansent sous ses yeux. Ce qu'il ne peut, exceptionnellement, pas donner à voir par la gravure, il faut qu'il puisse le communiquer par les mots.

Ainsi l'imagination du lecteur se fait à son tour *camera obscura*, chambre noire de projection où naissent les plus belles couleurs. L'accumulation d'adjectifs visuels (« curieuses », « brillantes », « vives »), l'hyperbole (« si admirablement », « si délicatement », « une beauté qui surpasse de très loin »...), les comparaisons (« tapis turcs et persans ») concourent toutes à rehausser le caractère puissamment visuel de la description. L'hypotypose, qui caractérise une description vive et animée, qui apparaît comme un tableau aux yeux du lecteur, est ici l'artifice rhétorique privilégié de Hooke pour transmettre au lecteur ce surcroît de sensation qui frappe l'imagination visuelle. La poétique du texte participe ainsi pleinement à l'expérience d'observation. Tout comme le microscope est un instrument qui donne à voir ce que notre vue est trop faible pour discerner, Hooke utilise la rhétorique pour donner à imaginer ce que nos sens ne nous permettent pas de voir ou de sentir. La description minutieuse et colorée se fait à son tour instrument de vue et même de vision.

Plusieurs fois, Hooke interroge son lecteur : est-il possible de ne pas croire en la perfection des œuvres du Créateur devant de tels prodiges ? Ses exclamations sont faites pour partager l'enthousiasme, au sens étymologique : le fait de porter Dieu en soi.

> Quelqu'un peut-il être stupide au point de penser que toutes ces choses ne sont que les productions du hasard ? Il est certain que soit leur pensée est dépravée à l'extrême, soit ils n'ont jamais observé avec assez d'attention les Œuvres du Tout-Puissant[20].

20 « And can any be so sottish, as to think all those things the productions of chance ? Certainly, either their Ratiocination must be extremely depraved, or they did never attentively consider and contemplate the Works of the Almighty. » (*M*, 172)

L'auteur prend ici le parti d'une observation qui ne remet pas en question l'ordre de la Création, mais le confirme. Ce faisant, il met de côté tous les débats théologiques liés à l'entomologie balbutiante pour se concentrer exclusivement sur l'observation.

Il n'en est pas de même pour Henry Power, qui soulève plusieurs problèmes, dont celui de la place de tels insectes dans les épisodes bibliques-clés : si Adam a nommé tous les animaux, a-t-il aussi pu nommer les créatures que nous ne pouvons pas voir ? Cela signifie-t-il que la vue d'Adam était supérieure à la nôtre et, rêve de tout entomologiste, qu'il était capable d'observer les créatures microscopiques à l'œil nu ? La préface d'*Experimental Philosophy* de Henry Power se fait l'écho de certains de ces débats. Certains théologiens supposaient qu'avant la chute, Adam était doué de facultés supérieures. Power, à l'inverse, suppose que non :

> La constitution des organes d'Adam n'était pas différente de la nôtre, ni de celle qui accompagna sa Chute : il ne put ainsi jamais discerner ces objets minuscules par la Vision Naturelle, de même que nous ne pouvons le faire qu'avec les avantages artificiels du Télescope et du Microscope[21].

Robert Hooke préfère ne pas s'aventurer dans ce débat et rester fidèle à ses principes baconiens : pas d'hypothèse hasardeuse !

L'exemple de la puce comme de la mouche nous montrent tout le soin que Hooke prenait à ses descriptions, et l'importance de celles-ci pour guider le regard du lecteur. Les descriptions qui évoquent celles de Henry Power réaffirment la place de Hooke dans une communauté de pensée, empruntant les mêmes réseaux de métaphores scientifiques. Or, Hooke va parfois plus loin encore, faisant du procédé d'écriture non seulement un compte-rendu d'observation, mais une observation vivante, en train de se faire : l'exemple de l'insecte-crabe est particulièrement intéressant à cet égard.

---

21 « Certainly the Constitution of Adam's Organs was not divers from ours, nor different from those of his Fallen Self, so that he could never discern those distant, or minute objects by Natural Vision, as we do by the Artificial advantages of the Telescope and Microscope. » (Henry Power, *Experimental Philosophy*, *op. cit.*, préface non paginée).

L'INSECTE-CRABE
Construire et déconstruire l'observation

La créature mystérieuse que Hooke nomme « insecte-crabe » est un spécimen qui n'a jamais fait l'objet d'une description auparavant. Hooke veut souligner le caractère novateur de ses observations en attirant l'attention du lecteur et en stimulant sa curiosité. Il s'agit d'un habile artifice rhétorique par lequel il nous invite une nouvelle fois à nous faire observateurs :

> Par une journée de septembre, alors que j'étais occupé à lire, j'ai remarqué par hasard une créature minuscule qui se déplaçait très lentement sur le livre que j'étais en train de parcourir. Ayant un microscope près de moi, je l'observai : c'était une créature d'une forme très inhabituelle, qui n'en était pas moins remarquable[22].

Hooke met ici l'acte d'observation en scène avec ce qui ressemble à une fausse aisance : un spécimen remarqué au hasard sur les pages d'un livre, avec un subtil effet de mise en abyme jouant sur l'imagination du lecteur, un microscope à portée de main par lequel il l'observe immédiatement… L'exemple de la fourmi nous a pourtant montré toutes les difficultés du protocole expérimental, qui ne fait pas l'objet de commentaire ici. Qu'importe, car l'effet recherché est de planter un décor et poser un personnage d'observateur.

Hooke, fasciné, compare l'insecte à des crabes et des homards, éprouve la force de ses pinces en lui faisant agripper un cheveu, compare ses mouvements à celui d'un homme aux yeux bandés… Quel est donc cet insecte ? En fait, il ne s'agit pas exactement d'un insecte, mais plus vraisemblablement d'un pseudo-scorpion, de l'ordre des arachnides. Leurs « pinces » sont de longs pédipalpes. Hooke hésite sur la nature de l'animal à qui il donne d'abord dix pattes : « Elle avait dix pattes, dont huit étaient munies d'une large griffe[23]… »

---

22 « Reading one day in *Septemb.* I chanced to observe a very small creature creep over the Book I was reading, very slowly ; having a *Microscope* by me, I observ'd it to be a creature of a very unusual form, and that not less notable. » (*M*, 207)

23 « It had ten legs, eight of which, A A A A, were topt with very sharp claws. » (*M*, 207)

Or, à la fin de la section, Hooke a changé d'avis : l'animal n'a que huit pattes, et non dix. Il établit également des comparaisons avec d'autres insectes pour faire une ébauche de classification : « Je ne pus établir avec certitude s'il avait des ailes sous cette dernière carapace, mais je soupçonne le contraire, car je n'ai jamais trouvé d'insecte volant avec huit pattes [...] et la plupart de ceux qui n'ont que six pattes ont des ailes[24]. »

On voit ici la réflexion de Hooke se former au fil de la plume, le processus de reconstruction et d'analyse à l'œuvre, avec la comparaison avec les crabes d'abord, puis avec les insectes volants : en effet, par des remarques d'anatomie comparée, il suppose que l'insecte ne vole pas, même s'il affirme ne pas avoir vu si l'insecte a des ailes ou pas. Loin d'être une copie servile, la gravure reconstruit l'animal à partir de ce que Hooke voit... et de ce que Hooke, à défaut de pouvoir observer de ses propres yeux, déduit (absence d'ailes). Le travail d'observation n'est pas seulement visuel : il s'agit de reconstruire l'insecte par la déduction scientifique, de lui donner une place dans la taxonomie. Le travail patient d'écriture n'est pas un simple accompagnement qui décrirait un protocole expérimental : il est ce protocole, il fait partie intégrante de l'expérimentation, par ses reconstructions, ses tâtonnements, ses revirements qui semblent à la limite de la contradiction. C'est ce travail qui permet à Hooke de mener ses enquêtes entomologiques.

Est-il juste toutefois de parler de révolution entomologique ? Dans leur article pionnier consacré à Hooke et l'entomologie, Harry B. Weiss et G. Ziegler affirment que l'étude des insectes manque de complexité et que la terminologie de la *Micrographia* est encore tâtonnante[25]. Il est vrai que le vocabulaire de Hooke n'a pas la précision de celui de ses successeurs : sous sa plume, les mandibules sont encore des « mâchoires » [*jaws*] et les antennes, des « cornes » [*horns*] (*M*, 204). L'insecte-crabe, par son nom même, révèle les failles de la taxonomie.

Il convient cependant de rappeler que le terme d'entomologie n'existe pas encore, et n'apparaîtrait pas avant 1766 dans la langue anglaise, avec

24 « I could not certainly find whether it had under these last shells any wings, but I suspect the contrary; for I have not found any wing'd Insect with eight legs, two of those leggs being always converted into wings, and, for the most part, those that have but six, have wings. » (*M*, 208)

25 Harry B. Weiss et G. M. Ziegler, « The Entomology of Hooke and Leeuwenhoek », *op. cit.*, « The complexity and relationship of parts had not yet been studied and the terminology was meager » (p. 99).

la traduction d'un ouvrage de Charles Bonnet qui préfère les termes simples et accessibles au public plutôt que les néologismes savants : « j'ai donné le nom d'insectologie à cette partie de l'histoire naturelle qui a les insectes pour objets : celui d'entomologie aurait été sans doute plus approprié […] mais sa sonorité barbare me terrifiait[26] ». Notons que Hooke, comme Bonnet plus tard, refuse le jargon des savants, comme il se refuse à écrire sa *Micrographia* en latin : le nom simple d'« insecte-crabe » suffit à fournir à son lecteur des informations essentielles sur l'anatomie de cette créature alors singulière.

En outre, la *Micrographia* n'est pas un ouvrage consacré à l'étude exclusive des insectes. Les observations de l'insecte-crabe au microscope côtoient celles de l'écorce de liège, de plumes, d'un épi de blé, d'un tapis de mousse, mais aussi les observations au télescope. Toutefois, les observations entomologiques sont parmi les plus nombreuses : sur soixante observations, un tiers est consacré aux insectes et aux animaux microscopiques. Hooke, en bon polymathe, s'intéresse à tous les objets de la philosophie naturelle, mais ne cache pas sa fascination marquée pour l'observation du vivant. La porosité des classifications, comme l'absence de cloisonnement entre les champs de recherche scientifique, ne sont paradoxalement pas un obstacle, mais une invitation à pousser toujours plus loin les limites du savoir.

On voit ainsi comment, même si le terme d'entomologie n'est pas encore en usage, Hooke lui donne ses premières bases scientifiques, en joignant l'étude des insectes à un protocole expérimental rigoureux. C'est en cela peut-être que Hooke est véritablement révolutionnaire : non seulement par l'observation d'insectes au microscope, mais par le statut privilégié accordé au protocole d'expérimentation scientifique, le primat des sens sur la raison et l'imagination.

C'est ce protocole qui lui permet une observation minutieuse de l'insecte vivant, comme dans le cas de la fourmi. La description est précise et détaillée, et Hooke évite de recourir à l'imagerie mythologique ou moralisatrice qui prévaut encore chez d'autres auteurs comme

---

26 Charles Bonnet, *The Contemplation of Nature*, Londres, Longman, 1766, I.IX.IX., p. 240. « I have given the name insectology to that part of natural history which has insects for its object : that of entomology […] would undoubtedly have been more suitable […] but its barbarous sound terrify'd me ». C'est la première occurrence du terme « entomology » en langue anglaise selon l'*Oxford English Dictionary*.

Henry Power où la fourmi forte comme Hercule est aussi un modèle de frugalité.

Néanmoins, on a vu également que Hooke recourait lui aussi à l'imaginaire métaphorique pour attirer l'attention de son lecteur et lui donner peut-être ne impression de familiarité avec le sujet, comme dans le cas de la puce, qui peut paraître grotesque et baroque au premier abord, mais que Hooke présente comme un fier chevalier en armure qui force l'admiration.

L'admiration est, de fait, une des stratégies rhétoriques auxquelles Hooke a souvent recours : par son enthousiasme, au sens étymologique du terme (porter Dieu en soi), il tente de communiquer à son lecteur son émerveillement (la plus vulgaire mouche dévoile de superbes couleurs irisées dont la beauté témoigne de la grandeur du Créateur), mais il évince également les éventuels questionnements théologiques liés à la vie microscopique pour se concentrer exclusivement sur la physiologie des insectes. Son observation est, en cela, très baconienne.

Enfin, l'écriture elle-même montre l'observation en train de se faire, en constante mutation : Hooke construit et déconstruit ses observations au fil de la plume, par une série de déductions et de comparaisons, posant les bases de nouvelles méthodes comparatives et ouvrant de nouvelles perspectives, avec la description de spécimens encore inconnus, comme l'« insecte-crabe ».

Pour Hooke, la science (ou philosophie naturelle) se doit de revenir à ses origines pour progresser : elle doit s'appuyer sur l'observation rigoureuse et non sur la spéculation métaphysique. C'est ce genre d'extrapolation hasardeuse qui mène la science à sa perte ! La primauté des sens sur l'imagination n'est pas sans évoquer les tensions entre empiristes et rationalistes. L'observation est la clé de voûte du progrès scientifique pour Hooke : c'est par elle que le savant se garde des spéculations hasardeuses et des vaines hypothèses. Elle est également indispensable à la définition de la science moderne telle qu'elle est rêvée par Robert Hooke : une science s'appuyant sur un protocole expérimental rigoureux, dont les résultats sont directement visibles. Une science dont la rigueur n'est pas un obstacle à l'émerveillement, et qui, encore aujourd'hui, suscite l'enthousiasme.

Caroline DAUPHIN
Université de la Sorbonne Nouvelle

QUELQUES RÉFLEXIONS SUR L'ERREUR D'OBSERVATION

Il m'a semblé que ces échanges consacrés à une réflexion sur « Observer et décrire » ne pouvaient ignorer la question de l'erreur. L'expérience de l'enseignement m'a montré à quel point l'observation – d'une œuvre visuelle, par exemple, une toile, un dessin ou une photographie – et la tentative d'une première description qui soit « objective » ou « neutre » nécessitaient un effort presqu'insupportable de la part des participants, immédiatement portés à interpréter à partir d'une sélection directe et personnelle des éléments qui avaient particulièrement attiré leur attention. La description de l'observable apparaît pourtant comme le fondement d'une approche rationnelle et scientifique, telle du moins que la décrivait, à l'époque triomphante du positivisme, Auguste Comte. Le philosophe rappelle, dans son premier cours à l'École polytechnique, en 1826, qu'« il n'y a de connaissance réelles que celles qui reposent sur des faits observés », en revenant à Bacon selon lequel « toute proposition qui n'est pas strictement réductible à la simple énonciation d'un fait ne peut offrir aucun sens réel et intelligible[1]. » On reconnaît aujourd'hui que la notion d'« objectivité » est particulièrement incertaine et problématique, elle a été remise en question par la psychologie et les sciences de la cognition, qui ont catégorisé les nombreux biais cognitifs non-conscients intervenant dans l'observation, aussi bien que par la philosophie des sciences, qui a analysé au XXe siècle d'autres biais, intellectuels cette fois, en jetant quelque trouble sur les certitudes positivistes. Gaston Bachelard, dans son essai sur *La Formation de l'esprit scientifique* (1938), qui aurait aussi bien pu s'intituler « Traité de l'erreur », a examiné sous forme de liste raisonnée ce qu'il appelle les « obstacles épistémologiques » à la démarche scientifique, parmi lesquels

1 Auguste Comte, *Cours de Philosophie positive, Première et deuxième leçons*, Paris, Classiques Larousse, 1936, p. 23-24.

la généralisation, la substantialisation, l'animisme, l'argument d'autorité – qu'elle soit religieuse ou scientifique –, ou encore par exemple la tendance à l'approche symbolique et anthropomorphique du réel. Mais le premier obstacle qu'il pointe dans son essai est celui de « l'expérience première », c'est-à-dire l'observation de ce qu'il désigne comme le « fait primitif ». Selon lui, il est impossible de « se cantonner à la simple affirmation des faits », puisqu'un mot ou une image mentale suffisent à détourner l'observateur vers ce qu'il appelle une « rêverie savante », qui l'égare. Et, même s'il y parvient tout de même, cette affirmation première, simple observation neutre, « saine platitude[2] », est toujours insuffisante, car elle requiert ensuite la rationalisation, le questionnement par hypothèses, l'expérience réitérée et partagée, et la suite des erreurs à rectifier avec patience… Hélas, écrit Gaston Bachelard, « on pense comme on voit[3]. »

Dans tous les domaines, le couple « observer et décrire », malgré son apparente simplicité, désigne une activité qui relève donc de l'exploit intellectuel, tant les obstacles et les erreurs qui le menacent sont nombreux et puissants, souvent non conscients, quand l'erreur n'est pas (partiellement ou complètement) volontaire, couverte par le déni, la mauvaise foi, le mensonge, la fraude intéressée ou simplement l'envie de susciter l'attention ou la surprise. « Observer et décrire » appellent donc toujours, dans ces perspectives, un troisième terme au moins : expérimenter, interpréter, théoriser, pour les sciences de la nature, interpréter, fictionnaliser, symboliser ou fabuler, dans la création et les études littéraires. Ces démarches dépendent aussi des types de texte et des contextes concernés, c'est pourquoi il serait nécessaire de distinguer l'observation et la description dans le discours scientifique, dans la création littéraire de fiction ou d'imagination, et dans les textes hybrides qui prétendent relever de ces deux catégories – la prose ou la poésie scientifique, l'écriture « naturaliste » ou « réaliste », dans lesquelles la valeur référentielle du texte est censée dominer, ou encore d'une autre façon les textes rangés dans la « science-fiction ». On connaît par exemple dans ce dernier cas l'exemple des imaginaires littéraires concernant l'habitation de la planète Mars, fabulés à partir des observations astronomiques erronées de

2 Gaston Bachelard, *La Formation de l'esprit scientifique*, Paris, Vrin, « Bibliothèque des textes philosophiques », 1999, p. 44.

3 Gaston Bachelard, *id.*, p. 103.

Giovanni Schiaperelli en 1877. Ces observations, pourtant confirmées par plusieurs autres astronomes, notamment Percival Lowell encore vers 1900, avaient cru pouvoir révéler la présence de « canaux » artificiels sur Mars, qui n'étaient en fait qu'une illusion optique due à des défauts de leurs appareils. Cette erreur d'observation célèbre inspira d'abord à Guy de Maupassant une étonnante nouvelle, *L'Homme de Mars*[4] (1889), et un peu plus tard à Herbert George Wells *The War of The Worlds* [*La Guerre des mondes*] (1898)[5].

On constate que, dans le texte scientifique, l'erreur est potentiellement explicable et corrigible, de même que dans les fictions reposant plus ou moins sur les données de la science, mais dans la création littéraire d'imagination, l'erreur d'observation, si tant est qu'elle soit repérable, reste ininterprétable et incorrigible. Le plus souvent, quand il ne s'agit pas d'une erreur propre à un état historique de la connaissance, le lecteur ne peut savoir si elle est intentionnelle, comme une déformation voulue de la réalité, ou si elle est due à l'ignorance ou à l'inattention de l'auteur. Les ressources littéraires, dans tous ces domaines, sont bien maigres : l'erreur d'observation intéresse certes de nombreuses disciplines, à commencer par les philosophies de la connaissance et de la perception, et aussi bien la médecine, l'enquête judiciaire, les sciences de l'éducation, l'accidentologie, la métrologie, etc., mais on lit bien peu de travaux sur l'erreur d'observation dans le texte littéraire. On trouve des études sur l'erreur historique ou l'anachronisme – y compris créateur[6] –, sur l'erreur de traduction, l'erreur de jugement, l'erreur morale ou le péché, ou bien sûr l'erreur judiciaire, alors que l'erreur d'observation à proprement parler semble ignorée. Est-ce une lacune, ou l'« erreur d'observation » est-elle en définitive impossible en littérature, au moins dans la fiction et la poésie ? Après avoir proféré, dans son recueil *L'Amour la poésie* (1929), cette énormité souvent citée : « La terre est bleue comme une orange », Paul Éluard ajoutait

4 Cette nouvelle, d'abord publiée dans la revue *Paris-Noël*, illustrée par Georges Rochegrosse, 1887-1888, fut ensuite reprise dans les *Contes divers* en 1889. Voir aussi *Contes et nouvelles*, éd. Louis Forestier, Paris, Gallimard, « Bibliothèque de La Pléiade », 1977.

5 Voir à ce sujet Stephen Baxter, « H. G. Wells, Enduring Mythos of Mars », *in* Glenn Yeffeth (éd.), *War of The Worlds, Fresh Perspectives on the H. G. Wells Classics*, Dallas, BenBalla Books, 2005.

6 Voir Alain Montandon (dir.), *L'Anachronisme créateur*, Clermont-Ferrand, Presses universitaires Blaise-Pascal, 2018.

au vers suivant, bien moins souvent cité : « Jamais une erreur les mots ne mentent pas[7] »…

Si l'on se limite, comme c'est mon intention ici, à l'erreur quand elle concerne l'observation de l'insecte, il faut sans doute d'abord distinguer différents champs propres à différentes approches entomologiques : tout d'abord, l'entomologie scientifique, comme partie de la zoologie, ensuite l'entomologie culturelle, qui propose une approche anthropologique de l'insecte comme représentation symbolique, sociale, politique ou religieuse, par exemple, enfin l'entomologie littéraire, qui examine les représentations et les mises en scène de l'insecte dans la création littéraire. Longtemps – au moins jusqu'au XVIIIe siècle –, ces trois domaines ont été liés, pour ne pas dire indiscernables, et ils le restèrent encore assez largement par la suite chez de nombreux savants et auteurs. Pour illustrer ces quelques réflexions préalables, on se propose d'examiner dans les pages qui suivent trois exemples d'erreur, premièrement en contexte pré-scientifique, à partir de quelques textes célèbres de l'Antiquité, deuxièmement en contexte scientifique, à partir des écrits de Jean-Henri Fabre au tournant des XIXe et XXe siècles, troisièmement en contexte littéraire, à partir d'une nouvelle d'Edgar Allan Poe qui a la particularité intéressante d'articuler de façon très problématique observation directe et connaissance scientifique.

ERREUR D'OBSERVATION ET REGARD MYTHOLOGIQUE

Comme les autres sciences, l'entomologie scientifique peut se lire comme une succession d'erreurs, patiemment rectifiées au moins jusqu'aux travaux de Pierre-André Latreille qui, en 1822, dans son premier cours au Muséum d'Histoire naturelle, intitulé *De l'origine et des progrès de l'entomologie*, revient sur les écrits d'Aristote et d'autres auteurs comme Pline, pour reconnaître leurs talents de précurseurs et en même temps signaler que, selon lui, les erreurs des Anciens « proviennent d'un

7 Paul Éluard, *Capitale de la douleur, suivi de L'Amour la poésie*, Paris, Gallimard, « Poésie », 1966, VII, p. 153.

manque d'examen ». Il remarque aussi qu'on peut sans doute attribuer ces erreurs à ces auteurs, ou qu'ils les ont reprises à partir d'ouvrages qui ne nous sont pas parvenus, de sorte qu'on ne peut plus démêler « quelles sont les observations qui leur sont propres[8] » de celles qu'ils ont empruntées. Dans l'approche d'Aristote, l'erreur d'observation majeure – outre quelques problèmes dans la description morphologique de certains insectes – est celle de la génération spontanée, qui ne sera progressivement infirmée qu'à partir du XVIIe siècle. Dans le livre V de son *Histoire des Animaux*, Aristote affirme en effet que de nombreux insectes naissent de la rosée ou des gouttes de pluie, ou que les taons sont générés spontanément à la surface des rivières. L'hypothèse de la génération spontanée des insectes repose alors sur des observations insuffisantes, trop succinctes, qui se fondent sur des déductions liées à des effets de proximité spatiale entre le lieu de vie habituel de ces insectes et leur supposée génération. L'abeille, quant à elle, devient un symbole de virginité à partir de Virgile, parce qu'on ne parvient pas à observer et à analyser son mode de reproduction. De là le mythe de la bougonie, selon lequel l'essaim d'abeilles naît de la décomposition du cadavre d'un bœuf – *a fortiori* s'il a été sacrifié religieusement[9]. Une évocation très célèbre de cette bougonie apparaît dans le chant IV des *Géorgiques* de Virgile, consacré aux abeilles, qui met en scène la réussite d'Aristée, figure du berger apiculteur :

> Alors, prodige soudain et merveilleux à dire, on voit, parmi les viscères liquéfiés des bœufs, des abeilles bourdonner qui en remplissent les flancs et s'échapper des côtes rompues, et se répandre en des nuées immenses, puis convoler au sommet d'un arbre et laisser pendre leur grappe à ses flexibles rameaux[10].

Ce mythe aurait pour origine l'observation d'une charogne couverte d'asticots puis de mouches, mais Virgile évoque aussi dans le même texte la naissance plus courante des individus : les abeilles alors « recueillent avec leur trompe les nouveaux nés issus des feuilles et des herbes

8 Le mémoire de Pierre-André Latreille, *De l'origine et des progrès de l'entomologie* (1822), peut être lu en ligne : https://fr.wikisource.org/wiki/De_l'origine_et_des_progrès_de_l'Entomologie [consulté en juin 2021].

9 Voir Renaud Pasquier, « Le Mythe de la bougonie : Aristée, Orphée, Virgile », *in Labyrinthe*, n° 40, 2013, p. 135-139.

10 Virgile, *Géorgiques*, trad. d'E. de Saint-Denis, Paris, Les Belles Lettres, Collection des Universités de France, 1926, livre IV, 548-558.

suaves[11] ». Mélange d'observation superficielle et d'imagination mythologique, la bougonie apparaît comme une rêverie zoologico-mythique dont la lecture finale est moralisatrice, elle consacre la victoire d'Aristée, le paysan apiculteur, homme pratique et pieux – il sacrifie ses bœufs –, victoire sur Orphée, le chanteur, le poète, le rêveur – celui peut-être qui veut croire que l'orange est bleue…

Ces erreurs concernant la génération spontanée de la vie animale, directes ou rapportées, deviennent arguments d'autorité, et seront reprises jusqu'au XVIIIe siècle. On constate alors la supériorité étonnante de l'argument d'autorité, y compris sur l'observation directe, argument contre lequel Bachelard met encore en garde au début du XXe siècle. L'erreur d'observation s'explique dans tous ces cas par des intentions ou des croyances mythico-religieuses et moralisatrices, chez Virgile pour magnifier le mythe d'Aristée et sa vision mythologique de la nature, bien plus tard encore et d'une tout autre façon chez Buffon et certains encyclopédistes, pour lesquels les théories de la génération spontanée servent à défendre l'idée d'une autonomie de la nature par rapport à la divinité et au concept de Création. Un débat assez proche, mais enrichi par les avancées des travaux de Darwin, apparaît sous-jacent à partir de la deuxième moitié du XIXe siècle, dans les observations et les expérimentations du très célèbre entomologiste Jean-Henri Fabre.

ERREUR D'OBSERVATION ET REGARD THÉOLOGIQUE

Les œuvres de Jean-Henri Fabre, et en particulier ses *Souvenirs entomologiques*, dont le premier volume est publié en 1879, ont été lues avec intérêt et même fascination par de nombreux lecteurs, de sorte que son approche de l'entomologie et de l'écriture entomologique, mêlant le style de l'observation et de la description scientifiques à une rhétorique littéraire très travaillée que je propose de considérer comme une rhétorique de l'émerveillement, marque une étape majeure dans la reconnaissance de l'entomologie et même de l'éthologie, d'un point

11 Virgile, *op. cit.*, livre IV, 200.

de vue français aussi bien que mondial. On peut considérer que cette œuvre a davantage ou au moins autant marqué les milieux littéraires que scientifiques. Chez de nombreux écrivains, en effet, elle fait l'objet d'une reconnaissance toute particulière, et souvent d'admiration, non sans raison. J'ai eu l'occasion de montrer ailleurs, par exemple, de quelle façon Paul Claudel, qui avait lu les *Souvenirs entomologiques* pendant son premier séjour en Chine, dans les premières années du XXe siècle, avait été profondément influencé par cet écrivain et sa vision harmonieuse de la nature, en particulier lorsqu'il travaillait à la rédaction de certains textes majeurs de son œuvre, les poèmes de *Connaissance de l'Est* et les essais du *Traité de la Co-naissance au monde et de soi-même*[12]. Plusieurs raisons intéressantes expliquent l'intérêt de Paul Claudel pour les travaux de Jean-Henri Fabre, mais on ne retiendra ici que la principale, c'est-à-dire que l'entomologiste s'oppose nettement aux théories darwiniennes de l'évolutionnisme[13], en particulier lorsqu'il examine la question de l'« instinct » qu'il considère comme la faille la plus attaquable dans ces théories. Jean-Henri Fabre cherche alors le plus souvent à démontrer la stabilité et la fixité des comportements des insectes, pour remettre en question la possibilité de leur évolution. Ce qu'il appelle la « science de l'instinct[14] » ou encore son « inspiration inconsciente[15] », notions assez floues aujourd'hui évidemment abandonnées par l'éthologie et l'entomologie, est de son point de vue une forme d'intelligence procédurale, sans raison, bien sûr sans conscience réflexive, et surtout sans possibilité d'adaptation face à une situation ou un événement inattendu, donc incapable d'évoluer, ni à l'échelle d'un individu, ni à l'échelle de plusieurs générations d'individu. Dans la première série des *Souvenirs entomologiques*, c'est l'étude des comportements du Sphex qui permet le développement de ces analyses, et leur argumentaire sous-jacent. Le

12 Voir Yvan Daniel, *Littérature française et Culture chinoise*, Paris, Les indes savantes, 2011, p. 131 et suiv.

13 Cet antidarwinisme est exprimé avec beaucoup courtoisie par Jean-Henri Fabre au début du chap. VII, *op. cit.*, vol. 1, p. 372. On sait que les théories de Charles Darwin n'apparaîtront dans les publications destinées à la jeunesse, en particulier les manuels d'enseignement de la biologie, qu'à partir des années 1880 en France, et encore très timidement ; voir à ce sujet Cédric Grimoult, *Évolutionnisme et fixisme en France. Histoire d'un combat 1800-1882*, Paris, CNRS Éditions, 1998.

14 C'est le titre du chap. I, XI des *Souvenirs entomologiques*, vol. I, p. 212. Nous nous reportons ici à l'édition établie par Yves Delange, Paris, Robert Laffont, « Bouquins », 2 vol., 1989.

15 Jean-Henri Fabre, *op. cit.*, vol. 1, XII, p. 222.

Sphex à ailes jaunes, lorsqu'il rapporte une proie vers son nid, laisse cette proie à proximité de l'entrée, pour effectuer une visite de vérification à l'intérieur et s'assurer qu'aucun hôte indésirable ne s'y est installé en attendant paresseusement son repas. L'entomologiste, pour les besoins de son expérimentation, éloigne la proie de peu de distance du nid du Sphex pendant cette visite. Lorsqu'il ressort, l'insecte rapproche de nouveau sa proie de l'entrée, et recommence sa visite, jusqu'à une quarantaine de fois sans changer de procédure[16], démontrant ainsi selon Fabre l'obstination de l'acte commencé, c'est-à-dire la fixité du comportement dans une perspective anti-acquisitive. Un peu plus tard, le comportement d'un autre Sphex est différent, puisqu'il change d'attitude au bout de deux ou trois répétitions, abandonnant sa visite préalable pour introduire directement sa proie dans le nid, mais cette observation contrariante est ensuite négligée par l'observateur, qui lui donne sans autre preuve une explication métaphorique et bien humaine, reposant sur l'idée que chez cet insecte, « l'esprit change avec la province[17]. » L'insecte est donc montré incapable d'acquisition, et Jean-Henri Fabre réserve toujours cette qualité à l'espèce humaine, ce qui le ramène à des positions dans l'ensemble plus datées et peut-être plus théologiques que scientifiques. De la même façon, il refuse de reconnaître la possibilité de la parthénogenèse avant la huitième série des *Souvenirs entomologiques*, c'est-à-dire 1903, et même les travaux antérieurs à ce sujet, comme ceux de René-Antoine de Réaumur ou même de Jan Dierzon, ne le convainquent pas, ni ses propres observations sur la reine abeille et ses possibilités facultatives de parthénogenèse. Jean-Henri Fabre préfère longtemps affirmer une loi de la génération gonochorique (nécessitant un mâle et une femelle) plus conforme à sa conception d'une harmonie universelle de la nature[18].

Cette conception emporte l'observation et la description à travers une rhétorique de l'émerveillement face à cette harmonie, dans une lignée et une perspective qui peut sans doute rappeler celle de l'abbé Noël-Antoine Pluche dans son *Spectacle de la Nature* (1732-1750), bien que l'ouvrage du XVIIIe siècle prenne des allures très différentes, sous forme de pastorale

16 Jean-Henri Fabre, *op. cit.*, vol. 1, VI, p. 179.

17 Jean-Henri Fabre, *op. cit.*, vol. 1, VI, p. 180.

18 Sur l'antidarwinisme de Jean-Henri Fabre, et sur les autres difficultés scientifiques posées par les spécificités de son approche, on pourra aussi lire Patrick Tort, *Fabre, Le Miroir aux insectes*, Paris, Vuibert, 2002.

chrétienne dialoguée imaginée à partir des connaissances naturalistes de l'époque[19]. Alors que les observations de Jean-Henri Fabre ne cessent de mettre en scène les conséquences d'une lutte sans merci pour la survie et la reproduction parmi les insectes, dont il décrit extrêmement minutieusement toutes les procédures et les outils (souvent en utilisant le lexique de l'agression et de la guerre : armes, pièges, ruses, « meurtrier », « ravisseur » et « coups de poignard[20] »), les évocations qu'ils élaborent, au lieu de convenir de l'omniprésence de cette « lutte pour la vie » (ou *struggle for life*, pour reprendre le sous-titre de l'essai de Darwin en 1859), tournent à l'émerveillement, en favorisant l'expression d'une satisfaction et d'une admiration totales face à une « harmonie transcendante[21] » qu'il s'emploie avec talent à décrire et à mettre en scène. Cette rhétorique de l'émerveillement prend d'ailleurs facilement une tonalité religieuse, même s'il est établi que l'entomologiste ne pris jamais clairement de position dans ce domaine. Reste que, sous le Second Empire, les allusions religieuses qui parcourent ses textes pouvaient difficilement être comprises autrement qu'à travers le prisme de la religion catholique. Dans le dernier exemple que nous citerons ici, l'acte d'observer est considéré à la façon d'un « rosaire », dans une longue métaphore filée qui rapproche le monde naturel au printemps d'une « chapelle » :

> Je suis un des fidèles à la chapelle des lilas. Mon oraison, non traduisible en vocables, est un émoi intime qui doucement remue. Dévotement je fais mes stations d'un pilier de verdure à l'autre, j'égrène pas à pas mon rosaire d'observateur[22].

Qu'elles soient une nouvelle manière de « religion naturelle », ou l'expression plus ou moins implicite de convictions chrétiennes, ou les deux ensemble comme chez Paul Claudel, les observations et les descriptions des *Souvenirs entomologiques* n'en restent pas moins conçues comme un argumentaire antidarwinien, position qui se révéla par la suite comme un obstacle majeur à l'influence de ses travaux chez ses successeurs scientifiques, entomologistes ou biologistes.

19 Voir Guilhem Armand, « Le Spectacle de la Nature ou l'esthétique de la Révélation », *in Dix-huitième siècle*, vol. 45, n° 1, 2013, p. 329-345.

20 Voir par exemple Jean-Henri Fabre, *op. cit.*, vol. 1, VII, p. 180 et suiv.

21 Jean-Henri Fabre, *op. cit.*, vol. 1, XVI, p. 489.

22 Jean-Henri Fabre, *op. cit.*, vol. 2, voir toute la p. 457.

UN SPHINX ENTRE DEUX ERREURS

La situation et l'analyse de l'erreur est sans doute plus complexe encore dans la création littéraire, et surtout plus incertaine. C'est pourquoi, plutôt que de chercher à savoir si l'erreur est possible dans la fiction, on s'interrogera, moins courageusement, sur les spécificités de la mise en scène de l'erreur dans le texte littéraire, à travers un dernier exemple, tiré de l'œuvre d'Edgar Allan Poe. *Le Sphinx* est une nouvelle brève, qui n'a pas eu les honneurs d'une traduction de Charles Baudelaire. Publiée pour la première fois en 1846, elle figure dans les *Contes inédits*[23], et fut traduite en français d'abord par William L. Hughes en 1855.

Il nous faut d'abord résumer brièvement son contenu, en nous limitant aux points essentiels dans notre perspective. Pendant une des épidémies de choléra qui dévasta New York au début du XIXe siècle, le narrateur et son hôte s'isolent dans une maison située sur les rives de l'Hudson. Tous les jours, de tristes nouvelles leur arrivent, et les protagonistes apprennent la maladie ou la mort de proches et d'amis restés en ville. De sorte que le narrateur, dans son isolement et ses inquiétudes, sombre dans une profonde dépression. Un soir qu'il lit face à la fenêtre, il aperçoit distinctement sur la rive opposée du fleuve un monstre effrayant qui descend la colline. Un détail le frappe : sur le poitrail de l'animal semble dessiné un emblème funeste en forme de tête de mort. Lorsque ce monstre se met en plus à hurler, cette vision plonge son observateur dans la terreur, et il s'évanouit. Par la suite, le narrateur n'ose pas raconter cette aventure à son ami, mais le lendemain, au même moment de la journée, la même apparition terrible se reproduit. Se pensant alors sujet à des crises de démence, le protagoniste décide d'en parler à son hôte. En entendant cette histoire, cet ami fait preuve du plus grand sang froid. Il considère placidement l'événement, et l'explique en tirant de sa bibliothèque un manuel de science naturel à l'usage des classes du collège. Puis il lit à son hôte cette description, qui correspond au Sphinx à tête de mort :

23 On citera la traduction de William L. Hughes, mais on signale aussi une édition récente, qui a la particularité de porter en couverture une représentation du Sphinx, dans une nouvelle traduction de Pierre Bondil et Johanne Le Ray, *Le Sphinx et autres nouvelles*, Paris, Gallmeister, 2020.

> Quatre ailes membraneuses superposées, recouvertes de petites écailles colorées d'un aspect métallique ; bouche en forme de trompe roulée, provenant d'une élongation des mâchoires, de chaque côté de laquelle se trouve des rudiments de mandibules et de palpes hérissées [*sic*] de poils ; les ailes inférieures rattachées à celles de dessus par une soie roide ; antennes formant une massue prismatique allongée ; abdomen en pointe. Le Sphinx à tête de mort a occasionné beaucoup de terreur parmi les ignorants, par l'espèce de cri lugubre qu'il pousse, et les insignes de mort tracés sur son corselet[24].

Ainsi la frayeur du narrateur se trouve-t-elle expliquée scientifiquement par son ami, qui voit lui aussi le même insecte en se plaçant dans la même position, devant la fenêtre. Cet insecte, explique-t-il alors, parce qu'il se déplace à un seizième de pouce de la pupille de son observateur, et est lui-même de la taille d'un seizième de pouce, lui avait semblé, par illusion d'optique, apparaître au loin de taille gigantesque. Cette explication donnée, la nouvelle prend fin sans autre développement.

On lit le plus souvent deux commentaires à propos de ce texte : soit *Le Sphinx* est considéré comme une mise en garde de nature morale, contre les excès de la peur et la pusillanimité, car le narrateur semble en effet avoir peur de tout, il craint l'épidémie, les mauvaises nouvelles, un monstre imaginaire, le fait de parler de son expérience à son hôte… sans jamais parvenir à hiérarchiser les dangers rencontrés et les angoisses qu'ils provoquent ; soit elle est considérée, dans une perspective postcoloniale plus récente, comme une nouvelle allégorique, qui mettrait en scène une manière de prémonition de la guerre de Sécession, le monstre symbolisant alors le Sud des États-Unis esclavagiste et sa culture de mort.

Pour ce qui nous concerne ici, on relève d'abord l'importance de la mise en scène de l'illusion d'optique, qui constitue l'événement central de la nouvelle, et repose sur un problème d'appréciation des échelles et des distances. Cette erreur d'observation est favorisée, de manière vraisemblable, par l'état mental de l'observateur et l'atmosphère morbide de la nouvelle. Le Sphinx à tête de mort, que Carl von Linné, particulièrement inspiré ce jour-là, a nommé *Acherontia atropos* (1758), en référence au fleuve des Enfers de la mythologie et au nom de la dernière des trois Parques qui coupe le fil de la vie, a toujours été associé à la mort, on l'a longtemps même considéré comme un présage funeste annonçant un

24 Edgar Allan Poe, *Le Sphinx, in Contes inédits*, trad. de William Little Hughes, Paris, Hetzel, 1862, p. 163.

décès imminent dans les foyers où il apparaissait, raison pour laquelle il a souvent été éliminé.

L'illusion d'optique du narrateur serait donc explicable psychologiquement, en même temps qu'elle fait écho à d'anciennes représentations symbolico-mythiques propres à cet insecte. L'ami rationnel, à l'aide de son manuel de zoologie, l'explique par le truchement de connaissances entomologiques, puis d'un raisonnement logique fondé sur les données de l'optique. Il fait ainsi soudainement retomber la pression fantastique, dans une configuration finalement assez ordinaire dont on trouverait de nombreux exemples : après une expérience visuelle angoissante ou même terrifiante, l'explication rationnelle qui suit rétablit une interprétation physique et logique, provoquant une relecture rétroactivement rassurante des événements narrés dans un premier temps.

Mais l'approche écocritique de cette nouvelle permet de constater que les éclaircissements (pseudo)scientifiques du narrateur ne sont qu'un tissu d'erreurs. D'abord parce que les populations de Sphinx à tête de mort se trouvent en Afrique et en Europe, mais pas en Amérique du Nord, où cet insecte est inconnu. Ensuite parce qu'une lecture attentive prouve que la description livrée par le premier observateur ne correspond pas exactement à la morphologie du Sphinx, puisque l'emblème en forme de tête de mort apparaît sur le ventre de l'insecte, qu'il voit de face, et non sur son dos. Enfin, parce que l'explication optique ne peut pas convaincre, elle non plus : le Sphinx à tête de mort est en effet un des plus grands insectes connus, sa taille – entre huit et douze centimètres d'envergure à l'âge adulte – ne peut correspondre à un seizième de pouce (c'est-à-dire approximativement deux centimètres et demi). L'illusion d'optique fondée sur l'appréciation des échelles et des distances est donc impossible, la morphologie de l'insecte évoqué est erronée, les chances de rencontrer un Sphinx à tête de mort aux États-Unis au début du XIXe siècle sont nulles. La mise en scène de la référence à la lecture d'un manuel de zoologie, particulièrement intéressante pour nous, tourne donc court et remet en question les explications de l'hôte, comme indirectement les rapports des lecteurs aux connaissances scientifiques, en l'occurrence entomologiques, même d'un niveau élémentaire comme celui de collégiens. Le manuel américain cité a été identifié par la critique étasunienne. On peut ici de plus préciser que ce document est une publication traduite du français, à partir des travaux pédagogiques de Louis-Céran Lemmonier. Louis-Céran Lemmonier, qui se réclamait d'Henri Milne-Edwards, membre de l'Académie des Sciences élu en 1838 et figure marquante de l'histoire de la zoologie au XIXe siècle, est l'auteur de l'ouvrage original, intitulé *Programme de l'enseignement de l'histoire naturelle dans les collèges disposés en tableaux méthodiques d'après les cahiers de MM. Milne-Edwards et Achille Comte*[25]. Il s'agissait donc en fait d'un programme d'enseignement officiel[26], à destination des professeurs de collèges, et pas exactement d'un « manuel ». C'est pourquoi les informations qu'il contient sont particulièrement succinctes, elles se présentent comme une liste de points à étudier, classée scientifiquement sous forme de planches très bien illustrées, plutôt que comme une somme de connaissance de nature encyclopédique ou même un synopsis détaillé. Repris pourtant avec cet intitulé dans sa version américaine, l'ouvrage est signé par Thomas Wyatt, mais très certainement révisé et réécrit par Edgar Allan Poe lui-même, sous le titre *A Synopsis of Natural History*[27]. On ne s'étonnera pas, dès lors, que la description du Sphinx à tête de mort que lut Edgar Allan Poe soit dans ce document spécialement brève et incomplète. L'insecte, rangé dans les lépidoptères crépusculaires, y est ainsi décrit :

> *GENUS SPHINX. Antenae prismatic and terminating in hairs; wings long and horizontal; abdomen pointed. The Death's-headed Sphinx has occasioned much terror in certain countries by the kind of cry wich it utters, and the insignia of death upon his corselet*[28].

On constate d'une part qu'Edgar Allan Poe a considérablement développé la partie descriptive concernant la morphologie de cet insecte, d'autre part que sa source ne contient aucune information ni sur les zones géographiques fréquentées par le Sphinx, ni sur sa taille

25 Louis-Céran Lemonnier, *Programme de l'enseignement de l'histoire naturelle dans les collèges disposés en tableaux méthodiques d'après les cahiers de MM. Milne-Edwards et Achille Comte*, Paris, Chez Trinquart, 1835.

26 Voir Yves Cambefort, « L'Enseignement de la zoologie entre philosophie et leçons de choses. Les manuels pour l'enseignement secondaire de 1794 à 1914 », Paris, Institut national de la Recherche pédagogique, 2001, n° 45, p. 47.

27 Thomas Wyatt, *A Synopsis of Natural History, embracing The Natural History of Animals, with Human and General Animals physiology, Botany, Vegetable Physiology and Geology*, Philadelphia, Th. Wardle, 1839, 191 p., identifié *in Collected Works of Edgar Allan Poe*, éd. de Thomas Olive Mabbott, Cambridge, Harvard University Press, 1978, t. III, p. 1250.

28 Thomas Wyatt, *A Synopsis of Natural History*, *op. cit.*, p. 139.

exceptionnelle. Même la localisation de la figure de tête de mort n'est pas claire dans ce bref exposé, la position du « *corselet* » pouvant être considérée comme ambiguë.

La nouvelle *Le Sphinx* est donc empreinte d'une double défaillance, habilement mise en scène par la narration, celle de l'observation directe, apparemment soumise à l'illusion, et celle du recours aux savoirs livresques scientifiques, ou au moins scolaires. Edgar Allan Poe ne pouvait en effet trouver sans son *Synopsis of Natural History* aucune des informations qui manquent précisément dans son récit, et on ignore s'il avait complété ailleurs ses connaissances sur le Sphinx, de sorte que ces omissions ou erreurs seraient à considérer comme volontaires, ou s'il en est resté à ces éléments incomplets et ambigus, auquel cas les explications données par son personnage lui ont semblé probantes. La fin abrupte de la nouvelle, à l'issue de ces fausses explications, laisse alors nécessairement le lecteur perplexe, dans une situation extrêmement incertaine, puisqu'il passe, dans cette double mise en scène de l'erreur – mise en scène de l'observation directe et de la lecture savante –, d'une illusion d'optique supposée à un éclaircissement scientifique à plusieurs titres faussement rassurant : aucune des deux ne peut expliquer l'autre, ou s'expliquer par elle-même…

L'erreur d'observation reste présente dans l'écriture scientifique, au moins jusqu'au XIXe siècle, soit du fait de l'insuffisante ou de l'inattention de l'observateur, soit parce qu'il se réfère à une autorité incertaine, soit parce que des considérations de l'ordre de la croyance interfèrent dans le compte rendu de ses observations. L'erreur d'observation est alors prolongée et confortée par des interprétations douteuses, et parfois même ce sont ces interprétations qui viennent effacer des constatations pourtant justes, mais qui sont déformées, négligées ou niées. Dans tous les cas, ainsi que l'affirmait Gaston Bachelard, le réalisme direct n'apparaît pas comme une assurance pour parvenir à la vérité scientifique. Dans la fiction littéraire, l'erreur d'observation est plus difficile encore à repérer, à analyser et à interpréter, avant tout parce qu'on ne sait s'il faut l'imputer à l'ignorance de l'auteur, ou à une mise en scène intentionnelle de sa part. Ensuite parce que l'auteur peut finalement en tirer parti de façon spécialement ambiguë, comme le fait Edgar Allan

Poe dans l'exemple que nous avons examiné, et dont le pauvre lecteur est laissé sans ressource interprétative, entre deux erreurs, l'une directe, l'autre indirecte. Hélas, disait Gaston Bachelard, « on pense comme on voit », on pense aussi comme on lit, ou par ce qu'on a lu.

Yvan DANIEL
Université Clermont Auvergne,
CELIS

OBSERVATION ET SYMPATHIE

De l'entomologie du XVIIIe siècle à *L'Insecte* de Michelet

« Entomologiste de la société » : cette métaphore, souvent appliquée à des écrivains, des peintres ou des cinéastes qui s'intéressent aux mœurs de leurs concitoyens, renvoie à deux imaginaires opposés. Le premier, bien illustré par la caricature « Balzac entomologiste » de Gustave Doré, présente l'observateur des insectes comme un être froid, distant, cruel[1]. L'écrivain épingle puis dissèque les êtres humains sans tenir compte de leurs souffrances. Mais à côté de ces représentations, il existe un second imaginaire, dans lequel l'entomologie est associée à un regard chaleureux et sympathique. On a ainsi pu dire du cinéaste Jacques Becker qu'il était à la fois « entomologiste » et « humaniste[2] », et lui-même glosait le premier de ces adjectifs par ces mots : « Je m'intéresse aux personnages par un certain nombre de côtés qui ne sont pas seulement ceux qui sont indispensables à la compréhension de l'action[3]. »

Comment comprendre cette conception chaleureuse de l'entomologie ? On pourrait invoquer des raisons psychologiques ou poétiques : à propos de la botanique, Gaston Bachelard montre de la sorte que la petitesse des objets favorise un imaginaire de la tendresse ou de l'intimité[4]. Néanmoins, on défendra plutôt ici une explication historique. L'image de l'entomologiste chaleureux vient de la persistance, dans notre culture, d'un état de la science où la *sympathie* était valorisée.

Penchant chaleureux pour un être, la sympathie était, aux XVIIIe et XIXe siècles, un véritable concept de philosophie morale, désignant

1 Gustave Doré, « Balzac entomologiste », illustration dans Honoré de Balzac, *Les Contes drolatiques*, Paris, Société générale de librairie, 1855, p. 221.

2 Jean-Louis Vey, *Jacques Becker ou la fausse évidence*, Aléas, 1995, p. 132.

3 Jacques Rivette, François Truffaut, « Entretien avec Jacques Becker », *Cahiers du cinéma*, n° 32, février 1954.

4 Gaston Bachelard, *La Poétique de l'espace*, Paris, PUF, coll. « Quadrige », 2004 [1957], p. 144-151.

plus précisément « la disposition que nous avons à sentir d'une manière semblable à celle d'autrui[5] », selon les mots de Sophie de Grouchy dans ses *Lettres sur la sympathie.* Comme le remarquent les auteurs de l'ouvrage collectif *Les Discours de la sympathie*, la notion atteint son apogée à la fin du XVIIIe siècle, avant de connaître un lent déclin, durant lequel « le fantasme de se mettre à la place d'autrui et d'envisager la situation dans laquelle il se trouve selon ses propres valeurs » apparaît de plus en plus illusoire[6]. Pourtant, la lecture d'un texte comme *L'Insecte* (1858) de Jules Michelet montre comment l'observation sympathique du siècle précédent s'est maintenue dans la culture, même après l'avènement de l'objectivité.

ENTOMOLOGIE ET SYMPATHIE DANS LA PENSÉE DE L'OBSERVATION ENTRE 1750-1850

L'observateur-entomologiste est une figure qui a traversé les âges en prenant des significations diverses voire opposées. Le risque d'anachronisme est donc grand si on ne lui restitue pas son contexte intellectuel.

De nos jours, on attend de l'observateur scientifique qu'il garde une certaine distance critique vis-à-vis de son objet d'étude, et qu'il fasse preuve de sang-froid et d'objectivité. La sympathie, ce sentiment qui fusionne l'observateur et l'observé en faisant intervenir la subjectivité, apparaît alors comme un obstacle à l'investigation scientifique. Si l'entomologie a pris un caractère exemplaire dans ce contexte, c'est parce qu'elle est l'une des sciences dans laquelle il est le plus aisé d'obéir à ces injonctions méthodologiques. La caricature de Balzac en entomologiste le montre ainsi en train de traiter des humains comme des insectes, c'est-à-dire avec un sang-froid sans compassion. Néanmoins, il ne faudrait pas oublier, comme le rappelle utilement Patrick Singy dans un

---

5 Sophie de Grouchy, « Lettres sur la sympathie », *in* Adam Smith, *Théorie des sentiments moraux*, Sophie de Grouchy (trad.), Paris, F. Buisson, an VI [1798], t. II, p. 357.

6 Jean-Pierre Cléro, Thierry Belleguic, « Postface. La sympathie, chose au monde la plus folle et la plus rationnelle qui soit », *in Les Discours de la sympathie. Enjeux philosophiques et migrations conceptuelles*, Paris, Hermann, coll. « La République des Lettres », 2014, p. 288.

article sur l'entomologiste François Huber, que « l'observation [...] est soumise à l'histoire[7] ». S'il caractérise le contexte intellectuel qui s'est imposé à nous depuis les années 1850, le dogme de l'objectivité n'avait pas de sens dans la période allant des années 1750 à 1850.

Durant ce long tournant des Lumières, l'entomologie (ou « l'insectologie » comme on l'appelait parfois) se trouvait à l'avant-garde des réflexions théoriques sur l'observation. Ainsi, le traité de référence sur cette méthode, *L'Art d'observer* (1775) de Jean Senebier[8], aborde toutes les sciences et même des arts ; cependant, l'entomologie y occupe une telle place qu'un journaliste malveillant peut ainsi recenser l'ouvrage dans le *Journal des débats et des décrets* de 1803 : « Quand on a lu les deux premières parties qui composent le volume, [...] on se croit du moins autorisé à penser que ces deux parties auraient été convenablement intitulées : *Essai sur l'art d'observer des pucerons, des polypes, des limaçons, des teignes, des trompes de cousins, des chenilles*[9]. » De la même façon, de Charles Bonnet à Jacques Draparnaud en passant par Philippe Guéneau de Montbeillard, les méthodologues importants de la période se sont souvent intéressés aux insectes.

À cette époque, l'observation était conçue comme un talent intellectuel (« l'esprit » ou « le génie » de l'observation), commun aux arts et aux sciences[10]. Et l'une des manifestations de ce talent était justement la capacité d'entrer en *sympathie* avec l'objet observé. Témoin de cette épistémologie, les mêmes formules reviennent de traité en traité : le bon observateur doit *s'identifier* à son objet d'étude. Ainsi, l'observateur qui observe le fou, selon Esquirol, « devient son confident, son ami[11] ». Joseph-Marie de Gérando donne ce conseil aux anthropologues : « Le premier moyen pour bien connaître les sauvages, est de devenir en quelque sorte comme l'un d'entre eux[12] ». Philarète Chasles, étudiant la littérature

7 « Observation, in other words, is historical. » Patrick Singy, « Huber's Eyes. The Art of Scientific Observation before the Emergence of Positivism », *Representations*, n° 1, 2006, p. 55.

8 Jean Senebier, *L'Art d'observer*, Genève, Cl. Philibert et Bart. Chirol., 1775, 2 vol.

9 *Journal des débats et des décrets*, 29 août 1803, p. 2.

10 Lucien Derainne, « Qu'il naisse l'observateur » : pensée et figures de l'observation, 1750-1850, thèse de l'Université de Lyon, soutenue le 23 novembre 2020.

11 Étienne Esquirol, *Des Passions, considérées comme causes, symptômes et moyens curatifs de l'aliénation mentale*, Paris, Didot Jeune, an XIV (1805).

12 Joseph-Marie de Gérando, *Considérations sur les diverses méthodes à suivre dans l'observation des peuples sauvages*, Paris, Société des Observateurs de l'Homme, 1800, p. 13.

comparée, explique qu'il « faut devenir le contemporain, le concitoyen, le frère de ceux qu'on étudie[13]. » L'auteur d'un traité méthodologique sur l'observation affirme lui aussi que l'observateur des animaux « devient en quelque façon leur citoyen[14] ». Enfin, ce vocabulaire s'étend même à l'étude des insectes et des êtres microscopiques comme dans ce commentaire de Senebier sur le travail de Trembley : « Il pénètre dans la société des polypes, dont il semble devenir l'ami et le confident[15]. »

Dans ce contexte, si l'entomologiste a pu devenir une incarnation de l'observateur en général, ce n'est pas, comme aujourd'hui, parce qu'on est spontanément objectif face à un insecte. Tout au contraire, c'est bien parce qu'il est dur de s'identifier à ces êtres minuscules que l'entomologie illustre la méthodologie des années 1750 et 1850. Aujourd'hui exemplaire d'une certaine facilité (l'objectivité tout acquise), l'entomologie était autrefois le modèle d'une difficulté vaincue (la réussite du génie observateur, capable de s'identifier *même* aux insectes). C'est cette double histoire qui explique la coexistence, dans notre imaginaire, de deux figures aux connotations opposées : l'entomologiste cruel et l'entomologiste chaleureux.

L'HÉRITAGE DE FRANCIS BACON : VAINCRE SES RÉPUGNANCES

Le premier indice qui atteste cette proximité entre observation et sympathie pendant le tournant des Lumières est le dialogue complexe que la méthodologie empirique entretient avec l'œuvre de Francis Bacon. Les réflexions sur l'observation parues durant cette période tiennent compte des découvertes scientifiques récentes pour effectuer un tri dans la pensée du philosophe. Ainsi, alors que l'induction est un mot central dans le *Novum Organum*, il est pratiquement absent des traités du tournant des Lumières. Critiquant la connaissance spéculative, Bacon voulait

13 Philarète Chasles, « L'Hôtesse de Virgile », *Revue de Paris*, 1829, t. VIII, p. 77.

14 Benjamin Carrard, *Essai qui a remporté le prix de l'Académie Hollandaise des sciences de Haarlem en 1770 sur cette question : Qu'est-ce qui est requis dans l'art d'observer, et jusqu'où cet art contribue-t-il à perfectionner l'entendement ?* Amsterdam, Marc-Michel Rey, 1777, p. 68.

15 Jean Senebier, *Histoire littéraire de Genève*, Genève, Bardes, Manget & Compagnie, 1786, t. III, p. 184.

qu'on commence par rassembler des faits puis qu'on trouve des lois par induction. Au contraire, les *Arts d'observer*, s'ils s'accordent tous pour critiquer la connaissance spéculative, mettent en garde contre l'usage de l'induction. Presque tous citent en effet la découverte récente, par Charles Bonnet, d'un mode de reproduction asexué chez les pucerons. Ce nouveau fait met à mal le principe même de l'induction : alors qu'il semblait acquis, par des siècles d'expérience, que la reproduction animale passait par l'accouplement d'un mâle et d'une femelle, une simple observation sur un insecte vient réfuter cette idée. Rien ne garantit donc qu'une induction, aussi solide soit-elle, ne sera pas renversée.

En revanche, ce que la méthodologie de l'observation accentue dans la philosophie de Bacon, c'est l'idée que l'esprit n'est pas une table rase et qu'il faut par conséquent affronter ses propres préjugés avant de pouvoir véritablement observer. Tous les manuels sur l'observation de la période contiennent de grandes tirades contre les préjugés, à l'image du « Discours préliminaire » de la *Collection Académique de Dijon* (1755), écrit par Guéneau de Montbeillard, collaborateur de Buffon :

> Le préjugé est le plus grand ennemi de la vérité et par conséquent de l'homme, puisque l'homme ne peut se rendre heureux que par la connaissance de la vérité. Cet ennemi nous obsède dès notre naissance, ou plutôt il semble être né avec nous : à peine notre paupière commence à s'ouvrir, qu'il nous enveloppe de ses ombres, son murmure confus est le premier bruit qui frappe nos oreilles, et nos premiers regards sont souillés par l'erreur[16].

L'entomologie était, plus qu'une autre, concernée par ce combat. Dans l'article « INSECTE » de l'*Encyclopédie méthodique*, le même auteur, Guéneau de Montbeillard, explique en effet que l'entomologie est une science victime d'un double préjugé, à la fois populaire et savant. Du côté du peuple, les insectes font peur ou bien dégoûtent : « Un enfant né sensible qui a vu souvent sa bonne ou sa mère prêtes à s'évanouir à l'aspect d'une chenille ou d'une araignée, doit avoir une étrange idée de ces insectes[17]. » Du côté des philosophes, l'entomologie est méprisée comme une activité frivole, à l'image de ce qu'en dit Diderot dans les

---

16 Philippe Guéneau de Montbeillard, *Discours préliminaire de la collection académique*, Auxerre, F. Fournier, 1755, p. xv.

17 Philippe Guéneau de Montbeillard, « Insectes », in *Encyclopédie méthodique ou par ordre de matières, par une société de gens de lettres, de savants et d'artistes. Histoire naturelle. Insectes.* M. Olivier (dir.), Paris, Panckoucke, 1792, t. VII. p. 399.

Pensées sur l'interprétation de la nature : « Que penserait [la postérité] de nous, si nous n'avions à lui transmettre qu'une insectologie complète[18] ? »

Confrontée à ce double préjugé, l'entomologie du tournant des Lumières s'est posée comme une sorte de propédeutique à l'observation en général. Comme l'observateur des insectes n'a pas d'autres choix, s'il veut persévérer dans sa science, que d'affronter les préjugés, il est naturellement mis dans la voie de la bonne observation. Guéneau de Montbeillard voit par conséquent dans l'étude des insectes un moyen de « rendre presque tous les hommes observateurs[19] » afin de construire une science collaborative à l'échelle d'un pays. L'observation « n'exige en effet que des yeux, de l'attention, un esprit exempt des préjugés soit scientifiques soit vulgaires ». L'intérêt pour les insectes devient alors, en soi, une preuve qu'on a dépassé « les préjugés qui éloignent tant de personnes de ce genre d'observation : je parle de ces craintes puériles, de ces répugnances acquises et qu'on croit naturelles ou plutôt de cette horreur machinale pour certains insectes[20]. »

Dans cette perspective, l'expression d'une sympathie pour les insectes dans un texte scientifique n'est pas la trace d'une naïveté d'esprit : au contraire, elle est la marque d'un préjugé vaincu, et à ce titre, elle plaide en faveur de l'observateur. C'est ce qui ressortira d'un deuxième débat méthodologique : l'observation contre l'expérimentation.

OBSERVATION OU EXPÉRIMENTATION : LA PITIÉ DU NATURALISTE

L'un des débats qui fait de l'observation une opération spécifique à partir des années 1750 est sa distinction de l'expérimentation. Senebier propose par exemple les définitions suivantes :

> *L'Observateur* [...] se prête à toutes les sensations que les objets extérieurs font naître dans son âme : c'est un amant qui contemple avec avidité l'objet de

18 Denis Diderot, *Pensées sur l'interprétation de la nature* [1754], dans *Œuvres complètes*, H. Dieckmann et J. Varloot (éd.), Hermann, 1975-1986, t. IX, § 54, p. 86.

19 Guéneau de Montbeillard, « Insectes », art. cité, p. 399.

20 *Id.*

> son amour [...]. *Celui qui fait des expériences* force la nature à quitter son aspect ordinaire, il en crée une nouvelle par les nouveaux phénomènes qu'il produit, il la met à la torture pour lui arracher son secret[21].

Dans ce débat qui recoupe des questions théologiques et esthétiques deux positions s'affrontent. Les partisans de l'expérimentation défendent une connaissance technique et intrusive de la nature tandis que les défenseurs de l'observation mettent l'accent sur la qualité de l'attention. L'observateur veille avant tout à ne pas défigurer l'objet qu'il est venu connaître. Ce débat explique certaines particularités étonnantes des textes d'histoire naturelle parus entre le XVIIIe et le XIXe siècle. Qu'on pense par exemple aux marques de pitié, d'empathie ou d'attachement envers les animaux qui ponctuent ce corpus. Au début du *Traité anatomique de la chenille qui ronge le bois de saule*, Pierre Lyonnet avertit :

> L'on ne doit pas s'attendre à trouver ici de grands détails physiologiques : cette partie [...] aurait exigé nombre d'expériences, que la répugnance que j'ai à faire souffrir les animaux ne m'a pas permis de tenter ; répugnance qui est même allée si loin que j'ai usé de la plus grande épargne par rapport à mes sujets, et que je ne crois point que tout ce *Traité* ait coûté la vie à plus de huit ou neuf chenilles[22].

Ce qui est étrange, c'est que cette pitié exprimée est souvent en contradiction avec les pratiques réelles des scientifiques. Les scrupules énoncés dans les préfaces sont vite oubliés dans les protocoles expérimentaux. De la même façon, Romain Bertrand note que les naturalistes exprimant dans leurs textes leur amour pour les animaux sont souvent les mêmes qui commettent ensuite des massacres pour enrichir leurs collections[23]. Du texte aux pratiques, l'écart est souvent important.

Deuxième motif d'étonnement, l'expression de la pitié n'est pas seulement tolérée par les traités méthodologiques et les textes normatifs, mais elle est véritablement encouragée. Dans *L'Art d'observer*, Jean Senebier cite la sensibilité de Lyonnet comme une qualité positive et recommandable de l'observateur, comme si la pitié était partie prenante

---

21 Senebier, *L'Art d'observer*, *op. cit.*, t. I, p. 5-6.

22 Pierre Lyonnet, *Traité anatomique de la chenille qui ronge le bois de saule*, La Haye, chez Pierre de Hondt, 1760, p. XIV.

23 Romain Bertrand, *Le Détail du monde : l'art perdu de la description de la nature*, Paris, Seuil, « L'univers historique », 2019.

de « l'adresse que doit avoir l'observateur » : « J'apprends à connaître la bonté du cœur de Mr. Lyonnet, lorsqu'il m'assure [...] que son *Traité anatomique de la chenille du saule* n'a pas coûté la vie à plus de huit ou neuf chenilles[24]. » Cette bienveillance de l'observateur qui « ne regardera point comme une action purement *indifférente* d'écraser un *moucheron* » et qui « n'arrache pas une feuille, un brin d'herbe sans quelque motif que la raison approuve », fait l'objet d'un chapitre de la *Palingénésie philosophique* de Charles Bonnet[25].

Pour comprendre le sens de ces passages, il faut passer de la pitié à la sympathie. La pitié pose la question sur un plan éthique. Mais la sympathie engage des questions méthodologiques. Faire du mal aux chenilles n'est pas seulement condamnable moralement : c'est aussi un obstacle qui pourrait empêcher l'observateur de les comprendre. À propos de l'observation des insectes, Benjamin Carrard, auteur d'un essai sur l'art d'observer, conseille ainsi : « Il faudrait sentir ce qu'ils sentent, connaître leurs besoins, leur manière d'apercevoir [...][26]. »

Cette connaissance intime de l'insecte, il arrive que les comptes rendus d'observation la mettent en scène dans de discrets mais fréquents détails stylistiques, comme le choix des verbes dans ce passage des *Recherches sur les mœurs des fourmis indigènes* de Pierre Huber (1810) : « Cependant, je craignais quelquefois que leur édifice ne pût pas résister à sa propre pesanteur [...] mais je me rassurai en voyant que la terre apportée par ces insectes adhérait de toutes parts au plus léger contact[27]. » *Craignais, rassurai* : le naturaliste adopte les préoccupations des insectes qu'il étudie, se réjouissant avec eux d'un succès. Cette proximité s'explique naturellement par le quotidien de l'entomologiste, bien retracé par Mary Terrall dans son ouvrage *Catching Nature in the Act.* L'historienne rappelle que les insectes sont souvent élevés par l'entomologiste lui-même, et que leur étude suppose d'organiser toute sa journée autour de leur rythme biologique[28]. Dans ces conditions il n'est pas étonnant

24 Senebier, *L'Art d'observer*, *op. cit.*, t. II, p. 135.

25 Charles Bonnet, *La Palingénésie philosophique ou idées sur l'état passé et sur l'état futur des êtres vivans*, Genève, chez Philibert & Barthelemi, 1770, p. 119-121.

26 Carrard, *Essai sur la question*, *op. cit.*, p. 71-72.

27 Pierre Huber, *Recherches sur les mœurs des fourmis indigènes*, Paris, J. J. Paschoud, 1810, p. 39.

28 Mary Terrall, *Catching Nature in the Act. Réaumur and the Practice of Natural History in the Eighteenth Century*, Chicago et Londres, The University of Chicago Press, 2014, chap. II.

de trouver des marques d'inquiétude ou de sympathie dans les récits scientifiques. Néanmoins, ces discrètes marques de sympathie jouent aussi un rôle dans l'argumentation scientifique elle-même. Elles font partie des « technologies littéraires » définies par Christian Licoppe, Steven Shapin ou Simon Schaffer[29]. Comme la fiabilité d'une observation, dans l'épistémologie classique, dépendait des qualités de l'observateur (honnête, attentif, digne de confiance, rigoureux...), les textes scientifiques développent tout un ensemble de procédés destinés à convaincre le lecteur. La sympathie exprimée participe de cet *ethos* : quand Pierre Huber se met à partager les inquiétudes des fourmis sur la solidité de leur édifice, sa sympathie avec les insectes prouve la force et la qualité de son attention. Benjamin Carrard déclarait dans son essai sur l'observation : « Ce qu'on sent vivement s'exprime de même[30]. » L'expression d'une sympathie rend ainsi compte de la vivacité de l'observation sous-jacente et contribue à accréditer la présentation d'un fait. Toutefois cette sympathie avec les insectes dépasse parfois la simple pitié pour prendre la forme d'une véritable identification, conduisant les auteurs à réfléchir à l'anthropocentrisme.

BERNARDIN DE SAINT-PIERRE ET L'ANTHROPOCENTRISME

Certains textes littéraires ou scientifiques de la période ont en effet franchi un pas en se projetant dans la tête de l'insecte. Or, ces expériences de pensée, loin d'être cantonnées à la fiction, ont produit une réflexion méthodologique assez riche sur le caractère relatif de la science.

Dans le célèbre début des *Études de la nature*, Bernardin de Saint-Pierre se lance dans la description d'un fraisier et des mouches qui le fréquentent. Philippe Dufour a montré comment l'observation de la

29 Christian Licoppe, *La Formation de la pratique scientifique. Le discours de l'expérience en France et en Angleterre (1630-1820)*, Paris, La Découverte, 1996 ; Steven Shapin, Simon Schaffer, *Leviathan and the Air-Pump. Hobbes, Boyle, and the Experimental Life*, Oxford, Princeton University Press, 1985, p. 56-67.

30 Carrard, *Essai sur la question*, *op. cit.*, p. 337.

nature révélait peu à peu les limites du langage et de la description : dépassé par la variété des formes et des êtres, Bernardin avoue manquer d'expressions[31]. Mais à côté de ce questionnement sur les limites du langage, le passage met surtout en scène une sympathie croissante pour les insectes observés, et les conséquences épistémologiques d'une telle perspective. Dans les premières phrases, les mouches sont décrites comme des objets inanimés : rubis, perle de nacre, tête de clou[32]. Puis, Bernardin introduit peu à peu des éléments rapportant le point de vue des mouches sur leur propre action : telle mouche prendrait plaisir à étendre ses ailes, telle autre se mettrait à l'abri du soleil… L'insecte devient le sujet de la phrase au lieu d'être seulement le complément d'un présentatif ou d'un verbe. Or, ce rapprochement avec le point de vue de l'insecte débouche immédiatement sur un questionnement. Bernardin termine sa description des actions par cette phrase : « Il y en avait beaucoup d'immobiles, et qui étaient peut-être occupées, comme moi, à observer[33]. »

L'identification avec l'objet étudié amène un retour réflexif sur la position de l'observateur humain. Grâce à la sympathie, le texte change de plan : il passe de la description à une réflexion méthodologique, qui prend la forme d'une comparaison des yeux de la mouche avec les télescopes et les microscopes des savants[34]. Comme l'a bien montré Joanna Stalnaker, la prise en compte du point de vue sensitif de l'insecte aboutit à une critique du caractère analytique de la vision instrumentée[35]. La critique s'étend ensuite à l'ensemble de l'histoire naturelle :

> [Les insectes] ignorent, sans doute, qu'il y a des hommes, et parmi les hommes des savants, qui connaissent tout, qui expliquent tout ; qui, passagers comme eux, s'élancent dans un infini en grand où ils ne peuvent atteindre […]. Ils ont une autre chronologie que la nôtre, comme ils ont une autre hydraulique et une autre optique. Ainsi, à mesure que l'homme s'approche des éléments de la nature, les principes de sa science s'évanouissent[36].

---

31 Philippe Dufour, « Les mouches de Bernardin : observer, contempler, décrire », *Dix-huitième siècle*, n° 47, 2015/1, p. 385-408.

32 Jacques-Henri Bernardin de Saint-Pierre, *Études de la nature*, Colas Duflo (éd.), Saint-Étienne, Publications de l'Université de Saint-Étienne, 2007 [1784], p. 53.

33 *Id.*

34 Sur ce passage, voir la contribution de Philippe Antoine dans ce même volume.

35 Joanna Stalnaker, *The Unfinished Enlightenment : Description in the Age of the Encyclopedia*, New-York, Cornell University Press, 2010, p. 79-80.

36 Bernardin de Saint-Pierre, *Études de la nature*, *op. cit.*, p. 56.

Le début du passage retourne l'entreprise taxinomique de l'histoire naturelle sur l'observateur, qui devient comme une sous-catégorie de l'espèce humaine. « Il y a des hommes, et parmi les hommes des savants », de la même façon qu'il y a des insectes et parmi les insectes les diptères, etc.

On voit dans ce texte comment la sympathie, l'effort pour sentir comme autrui, peut non seulement seconder l'observation mais aussi la remettre en cause. La sympathie apporte une part de réflexivité qui possède une véritable valeur méthodologique. Anthropocentrée en un sens (on prête à l'insecte des intentions humaines), elle révèle aussi, de manière contre-intuitive, la relativité de la science humaine.

C'est là une idée qui traverse plusieurs textes méthodologiques sur l'observation de la période. Dans un *Abrégé de l'histoire des insectes dédié aux jeunes personnes*, daté de 1764, l'auteur écrit par exemple, dans un développement général sur l'art d'observer : « Si le singe était capable d'observer, il devrait de même se mettre au centre de l'Univers[37]. » Dans un traité philosophique sur les sciences de 1801, Pierre Lancelin, un penseur proche des Idéologues, explique de la même façon que l'être humain ne connaît l'univers que d'un certain point de vue grâce à cette métaphore surprenante : « L'homme [...] est une sorte de petit monde : l'univers entier semble se réfléchir et se concentrer dans la tête de ce brillant insecte, à peu près comme les images des objets dans une glace[38]. » Le modèle sous-jacent est celui de la monade de Leibniz : un point de vue sur l'univers. Mais Lancelin remplace l'entité abstraite de la monade par un élément plus concret : la tête brillante d'un insecte. Le choix du comparant révèle la force des images entomologiques dans cette réflexion sur les limites de la connaissance humaine. Se mettre dans la peau d'un insecte suppose un tel décentrement que cela renverse les certitudes épistémologiques. En incitant de la sorte les scientifiques à dépasser leurs préjugés, à soigner leur attention et à envisager un autre point de vue que le leur, la sympathie contribuait à la méthodologie de l'observation des années 1750-1850.

---

37 Gaspard Guillard de Beaurieu, *Abrégé de l'histoire des insectes dédié aux jeunes personnes*, Paris, Panckoucke, 1764, t. I, p. XLII.

38 Pierre François Lancelin, *Analyse à l'introduction des sciences*, Paris, Bossange, Masson et Besson, an IX [1801], p. VII.

L'INSECTE DE JULES MICHELET

Le contexte intellectuel qui permettait l'association de l'observation et de la sympathie se referme au milieu du XIXe siècle sous l'effet conjoint de deux phénomènes. D'abord, c'est le moment où l'objectivité, en s'imposant dans les sciences, signe la fin du génie observateur : le regard scientifique se coupe de l'enthousiasme et de l'identification, pour se réfugier dans la froideur et la distance. Par ailleurs, le milieu du XIXe siècle est aussi le moment où l'observation intérieure ou introspective est disqualifiée par des penseurs comme Auguste Comte ou François Joseph Broussais. À partir de cette époque, la sympathie est exclue de l'observation objective. Des traces de ses anciennes fonctions persistent pourtant dans la culture, comme en témoigne l'essai poétique que Michelet rédige en 1857 : *L'Insecte.*

Le parcours proposé par l'essai de Michelet suit les voies ouvertes par la méthodologie scientifique du siècle précédent. Fidèle à sa façon à la tradition baconienne, le début du livre prend acte des préjugés qui pèsent sur l'étude des insectes. Dans l'imaginaire collectif, l'insecte est un animal inquiétant : « Ce qu'on voit mal inquiète. Provisoirement on le tue[39]. » Le préjugé en cause n'est pas qu'une superstition populaire, mais une répugnance plus instinctive, qui n'est seulement due à l'ignorance mais qui affecte aussi les savants : « Voilà les terreurs, les répugnances instinctives de l'enfant. Mais nous sommes tous enfants, et le philosophe même, avec toute sa volonté de sympathie universelle, ne se défend pas de ces impressions[40]. » C'est que l'insecte, avec sa physionomie bien éloignée de celle de l'être humain, n'offre guère de points d'accroche à la sympathie : « Ma voix, mes gestes, n'agissent sur lui qu'en le faisant fuir. Point de regard dans ses yeux. Nul mouvement sous son masque muet[41]. » Le but des premiers chapitres, intitulés respectivement « Terreur et répugnance d'une enfant » puis « La Pitié » est alors de dissiper ces préjugés par la littérature afin de retrouver une

39 Jules Michelet, *L'Insecte*, Paul Petiter (éd.), Sainte-Marguerite-sur-Mer, Éditions des Équateurs, 2011 [1858], p. 32.

40 *Ibid.*, p. 65.

41 *Ibid.*, p. 31.

« communauté d'action et de destinée[42] » avec l'insecte. Comme chez Bernardin de Saint-Pierre, cette « communauté » prend parfois la forme d'une inversion de point de vue entre insectes et observateurs, à l'image de ce passage où l'auteur rapporte les idées d'une araignée en train de l'observer : « Elle m'observait certainement de tous ses huit yeux, et se posait le problème : "Est-ce, n'est-ce pas un ennemi ?" Sans analyser sa figure, ni bien distinguer ses yeux, je me sentais regardé, observé[43]. »

Prenant pour guide son amour pour les animaux, Michelet définit donc l'observation par l'amour et la sympathie : « Aimer longtemps, infatigablement, toujours, c'est ce qui rend les faibles forts. Il ne faut pas moins de cette persévérance de goût et d'affection, dès que l'on veut sortir des lectures et entrer dans l'observation, dans les délicates et longues études de la vie[44]. » Cette conception de la connaissance s'inscrit dans la continuité du savoir romantique tel que Georges Gusdorf l'a synthétisé[45]. Partant du principe d'une « identité de l'âme », Michelet chercher à appréhender la nature comme un tout organique, traversé par des énergies qui unissent les êtres. Néanmoins, la place laissée à la sympathie vient aussi des textes scientifiques des décennies précédentes. Michelet reprend à son compte la célèbre anecdote sur Lyonnet et les chenilles du saule : « Lyonnet se félicite d'avoir pu mettre fin à ce long travail, sans avoir tué plus de trois individus de l'espèce qu'il voulait décrire. Noble résultat de l'étude ! En approfondissant la vie par ce travail persévérant, bien loin de s'y refroidir, il lui était plus sympathique[46]. » De la même façon, Swammerdam est présenté comme un savant à la « tendresse universelle », doté de « je ne sais quelle tendresse féminine[47] ». Le regard sympathisant que Michelet porte sur les insectes s'accompagne en effet d'une critique presque sociologique de la science, particulièrement du peu de place laissée aux femmes dans l'histoire naturelle[48] – l'écriture du texte à quatre mains avec son épouse Athénaïs favorisant sans doute cette prise en compte. Les « éclaircissements »

42 *Ibid.*, p. 34.
43 *Ibid.*, p. 200.
44 *Ibid.*, p. 35.
45 Georges Gusdorf, *Le Romantisme I. Le savoir romantique*, Paris, Payot & Rivages, coll. « Grande Bibliothèque Payot », 1993.
46 Jules Michelet, *L'Insecte*, *op. cit.*, p. 70.
47 *Ibid.*, p. 127.
48 *Ibid.*, p. 34-35.

qui terminent l'essai réhabilitent ainsi des femmes ayant fait avancer la connaissance des insectes[49].

La continuité de l'ouvrage avec la science des années 1750-1850 passe aussi par une réécriture de certains poncifs de la méthodologie empirique. Tout au long du texte, Michelet « sympathis[e] » avec les fourmis – les ouvrières et les travailleuses du monde animal. Il finit même par s'identifier avec elles, dans un passage que Hugues Marchal a déjà commenté dans un article[50] :

> Cet amour patient et fidèle, étendant indéfiniment la curiosité, ramassait, si je puis dire, par un procédé de fourmi, comme autant de grains de sable, les matériaux qui se trouvent bien moins dans les grands ouvrages que dans une infinité de mémoires, de dissertations dispersées. (35)

Dans le *Novum Organum*, Francis Bacon proposait une triple comparaison entomologique : renvoyant dos à dos le savant empirique, obsédé par les faits comme une fourmi, et le savant spéculatif, tissant des théories comme l'araignée sa toile, il louait au contraire le savant-abeille, capable de faire des allers-retours des fleurs à sa ruche, des faits à la théorie. Cette triple image est un lieu commun des *Arts d'observer*. Ici, Michelet préfère la fourmi à l'abeille et file la comparaison avec l'observateur. La marque de modalisation, « si je puis dire », vient remplacer le cliché par une image valorisante de l'insecte.

Michelet rejoint enfin les critiques scientifiques sur l'expérimentation. L'ouvrage s'achève lorsque l'auteur comprend qu'il ne peut pas étudier les insectes sans nier leur être : « Nous crûmes étudier des choses et nous trouvâmes des âmes[51]. » (314) La sympathie avec l'insecte provoque *in fine* un renoncement à l'entomologie : « Le sentiment qui fit commencer les études dont ce livre devait sortir est aussi celui qui les a suspendues. [...] Nous ne pouvons rien sur eux, sinon de les faire souffrir[52]. »

De ce parcours à travers la méthodologie empirique et l'œuvre de Michelet, on retiendra qu'il serait réducteur d'opposer une observation scientifique

49 *Ibid.*, p. 340-344.

50 Hugues Marchal, « Le conflit des modèles dans la vulgarisation entomologique : l'exemple de Michelet, Flammarion et Fabre », *Romantisme*, n° 138, 2007/4, p. 61-74.

51 Jules Michelet, *L'Insecte*, *op. cit.*, p. 314.

52 *Ibid.*, p. 345.

(objective, impersonnelle, détachée) à une observation artistique (subjective, sympathique, sentimentale). Les pratiques des savants et celles des écrivains du XVIIIe et du XIXe siècle ne se recoupaient certes pas ; pourtant, la méthodologie, cette manière de penser l'observation, les unissait sur un autre plan que celui de la pratique. Des idées, des critiques, des schémas circulaient d'un discours à l'autre, avec des temporalités différentes. Même une fois que le cadre épistémologique des années 1750-1850 fut dépassé, certains de ses postulats continuèrent de nourrir la littérature. C'est vrai d'un essai poétique comme celui de Michelet, mais aussi sans doute de tout un pan de la littérature de mœurs. Au début de la nouvelle *Facino Cane*, Balzac présente ainsi son talent d'observation à travers la notion de sympathie :

> Chez moi l'observation [...] me donnait la faculté de vivre de la vie de l'individu sur laquelle elle s'exerçait, en me permettant de me substituer à lui comme le derviche des *Mille et une Nuits* prenait le corps et l'âme des personnes sur lesquelles il prononçait certaines paroles. [...] En entendant ces gens, je pouvais épouser leur vie, je me sentais leurs guenilles sur le dos, je marchais les pieds dans leurs souliers percés ; leurs désirs, leurs besoins, tout passait dans mon âme, ou mon âme passait dans la leur[53].

Ce passage célèbre va donner lieu à toute une légende biographique comme en témoigne cette anecdote rapportée par Paul Bourget : « Un jour qu'il regardait avec un de ses amis un loqueteux qui passait sur le boulevard, l'ami vit avec stupeur Balzac toucher de la main sa propre manche : il venait d'y sentir la déchirure qui bâillait au coude du mendiant[54]. » De ce Balzac sympathique au Balzac entomologiste, il y a donc peut-être un lien qui ne passe pas seulement par l'imaginaire mais aussi par l'organisation de la connaissance propre à une période où l'observation était davantage un talent qu'une méthode.

Lucien DERAINNE
Université de Strasbourg,
EA 1337 – Configurations littéraires

53 Honoré de Balzac, *Facino Cane*, *in La Comédie humaine*, Pierre-Georges Castex (éd.), Paris, Gallimard, coll. « Bibliothèque de la Pléiade », 1976, t. VI, p. 1020.

54 Paul Bourget, « Une préface. Le répertoire de *La Comédie humaine* », *Le Figaro*, 18 mai 1887, p. 2d.

UNE QUESTION D'ÉCHELLE

« [...] un insecte imperceptible qui ne sera vu que de moi et qui s'enfonce sous une mousse, ainsi que dans une vaste solitude, occupe mes regards et me fait rêver[1]. » Dans le passage au sein duquel figure cet extrait, Chateaubriand exprime sa fascination pour la petitesse et c'est assez logiquement que vient sous sa plume l'évocation d'une fourmi – qu'il dit préférer aux rois et à la « grandeur », entendue dans un sens évidemment figuré. La moralité de cet apologue revêt une dimension spirituelle : les « intimes misères[2] » qui retiennent l'attention de l'observateur disent la vanité des entreprises humaines : renommée, puissance et richesse sont transitoires, cette fourmi vient opportunément le rappeler. N'est-elle pas, d'ailleurs, une création divine ? « Aux regards de celui qui fit l'immensité, / L'insecte vaut un monde : ils ont autant coûté[3] ! ». Sur un tout autre plan, le lecteur de la séquence sera également sensible au phrasé de l'auteur qui parvient à composer une sorte de poème en prose, miniature d'un tableau de la nature dont la simplicité et le charme contrastent singulièrement avec le grand style selon lequel se déploie le portrait de Voltaire (nous sommes à Ferney) qui encadre ces lignes, à l'issue duquel est érigé le tombeau des Lumières : « le souffle d'un siècle s'affaiblit par degrés et s'éteint dans le silence éternel à mesure que l'on commence à entendre la respiration d'un autre siècle[4] ». À tout prendre – et si l'on accepte le double risque de l'anachronisme et de l'assimilation entre peinture et littérature – cette fourmi est parente de la mouche dont nous entretient Daniel Arasse

1 François-René de Chateaubriand, *Mémoires d'outre-tombe*, Jean-Claude Berchet (éd.), Paris, Le Livre de Poche, « La Pochothèque », 2004, t. II, p. 509.

2 À savoir la fourmi mais aussi « une palmette de fougère » ou encore « le susurrement d'une vague parmi des cailloux ». *Ibid.*

3 Alphonse de Lamartine, « L'Homme », *Méditations poétiques*, Paris, Gallimard, « Poésie », 1981 [1820], p. 26.

4 *Mémoires d'outre-tombe*, *op. cit.*, t. II, p. 510.

dans son livre sur le détail[5]. *Memento mori*, emblème de la beauté de la création, témoignage de savoir-faire de l'artiste, le motif de l'insecte revêt un statut polysémique.

Cela dit, une lecture littérale de l'énoncé permet également d'opérer une modification de la vision qui est aussi changement d'échelle : sous la mousse se trouve un monde, pour peu qu'on se mette à la place de la fourmi. Chateaubriand suit la progression de l'animal, s'interroge sur ses perceptions, imagine la « vaste solitude » au sein de laquelle il se meut. Entre le minuscule et l'immensité il n'est pas de solution de continuité puisque tout est affaire, somme toute, de point de vue. Qu'en est-il alors de la poétique de l'observation dès lors que cette dernière a l'insecte pour objet ? Elle repose en premier lieu sur des effets et jeux d'optique. Voir de près ou de loin, à l'œil nu ou à la loupe, ne revient pas au même. La scène est modifiée et dépend d'un vouloir-voir (et savoir) qui organise le champ de la perception. Entre le panoramique et le très gros plan se joue en effet autre chose que le simple choix d'une focale : c'est un rapport au monde (et à la connaissance) qui est engagé puisque la vue d'ensemble ou le parti pris du détail ne ressortissent ni à la même démarche ni à la même visée interprétative – même si le microcosme peut servir d'interprétant au macrocosme, et inversement. Enfin, c'est vraisemblablement de l'alternance des points de vue (elle suppose que l'on puisse aussi se mettre à la place de l'insecte) que peut naître l'idée d'un commerce intime entre le grand et le petit, « non par la loi logique d'une dialectique des contraires, mais grâce à la libération de toutes les obligations des dimensions, libération qui est la caractéristique même de l'activité d'imagination[6] ». Le champ d'investigation, on le voit, est bien large. Le propos qui suit sera centré pour l'essentiel sur quelques œuvres non fictionnelles en prose du long XIXe siècle français[7] – à l'exclusion de la littérature savante, celle des naturalistes en particulier, qui pose des questions spécifiques.

5 Daniel Arasse, *Le Détail. Pour une histoire rapprochée de la peinture*, Paris, Flammarion, 1992, p. 84-85. Dans ces pages, l'historien analyse le *Portrait de Chartreux* peint par Petrus Christus (1446), sur lequel figure une mouche peinte, posée sur la signature du peintre.

6 Gaston Bachelard, *La Poétique de l'espace*, Paris, PUF, « Quadrige », 2013 [1957], p. 145.

7 Ainsi sera peut-être contourné l'obstacle qui consisterait à mettre sur le même plan des textes dont le régime générique serait par trop dissemblable (le changement d'échelle est en effet plus facilement accepté dans la littérature fantastique ou dans les rêveries du poète que dans des œuvres soumises à un pacte référentiel) et qui ressortiraient à des aires historiques et culturelles à ce point différentes que toute comparaison serait inopérante – au moins dans le cadre limité d'un article.

DE PRÈS ET DE LOIN

« [...] je veux tout voir, écrit Hugo dans *Le Rhin*, et je regarde autant le bord du chemin que le bord du ciel[8]. » Le récit de voyage garde trace de cette pulsion scopique et multiplie les variations relatives à la distance qui est celle du spectateur au spectacle contemplé. L'auteur affirme ainsi son goût pour le « voyage perpendiculaire[9] » alors qu'il décrit la vue qui s'offre à lui depuis le clocher de la cathédrale de Strasbourg. En détaillant la scène, il multiplie les analogies : un troupeau de bœufs devient « pucerons roux et blancs », des canonniers paraissent des « pucerons bleus et rouges », alors qu'une diligence semble « un scarabée noir[10] ». Le processus de miniaturisation qui affecte les éléments de ce qui n'est plus un paysage mais une « carte de géographie vivante[11] » est en grande partie adossé à des images qui mettent en scène des insectes. Rien de plus logique puisqu'ils sont usuellement définis comme de *petits* animaux et que tout semble *petit* à qui est éloigné du motif. Dans un autre passage du même récit, le voyageur oublie « l'immense paysage » qu'il a sous les yeux et centre exclusivement son attention sur « le carré de gazon » sur lequel il est assis. Il constate que, là aussi, se trouve « tout un monde[12] ». Après avoir minutieusement décrit quelques insectes, Hugo en vient à inverser les proportions[13] :

> En somme, cet univers-là est aussi grand que l'autre. Je me supposais Micromégas ; mes scarabées étaient des megatheriums giganteums, mon bourdon était un éléphant ailé, mes moucherons étaient des aigles, ma cuvette d'eau était un lac, et ces trois touffes d'herbe étaient une forêt vierge[14].

Ces deux passages, même s'ils paraissent strictement opposés, reposent sur une même logique, qui consiste à jouer sur les échelles de

8 Victor Hugo, *Le Rhin*, Paris, Robert Laffont, « Bouquins », 1987, p. 339.
9 *Id.*, p. 317.
10 *Id.*, p. 318-319.
11 *Id.*, p. 318.
12 *Id.*, p. 339.
13 Gaston Bachelard a analysé cette « rêverie miniaturante » dans *La Poétique de l'espace*, *op. cit.*, p. 150.
14 *Le Rhin*, *op. cit.*, p. 340.

la représentation. Ce dispositif simple a été abondamment exploité par la littérature et les arts visuels. Il est doté d'un fort potentiel romanesque, autorise de multiples jeux formels et constitue le socle sur lequel s'érige une théorie de la connaissance marquée par le relativisme de la perception. « Sans aucun doute, écrivait Swift, les philosophes ont raison de dire que rien n'est grand ni petit que par comparaison[15] ». Les deux premiers *Voyages* de Gulliver exemplifient, sous les voiles de la fiction, cette proposition[16] : elle donne lieu, on le sait, à des situations qui font sourire et penser. Revenons à l'insecte : sa petitesse en fait un acteur privilégié de ces mises en scène qui contrarient nos manières habituelles de voir. Le succès du film *Microcosmos : Le Peuple de l'herbe*[17] tient sans doute aux prouesses techniques qui l'ont rendu possible, à la scénarisation des prises de vue et au caractère inouï des scènes sélectionnées et montées. Les réalisateurs se saisissent habilement de potentialités narratives et visuelles qui ne demandaient qu'à être mises en récit[18]. Le documentaire sollicite l'imaginaire du spectateur en lui montrant des séquences prises dans une narration grâce au montage et des images démesurément grossies – c'est-à-dire non conformes à nos perceptions usuelles, donc déstabilisantes et parfois inquiétantes.

L'insecte représente en effet pour l'être humain une sorte de comble de l'altérité : sa taille, le fait qu'il soit soumis à des métamorphoses,

15 Jonathan Swift, « Voyage à Brobdingnag », *Voyages de Gulliver*, Maurice Pons (éd. et trad.), Paris, Gallimard, « Folio », 1976 [1726], p. 116.

16 La critique relève à cette occasion l'influence de Berkeley (*An Essay towards a New Theory of Vision*, 1709) sur les deux premiers voyages de Gulliver. Voir Michel Bariou, « George Berkeley et Jonathan Swift », *Études irlandaises*, 1987, 12-1, p. 37-38.

17 Claude Nurisdany et Marie Pérennou, 1996.

18 Deux films de série B, que l'on doit à Jack Arnold, jouent de ces changements de perspective. *Tarentula !* (1955) met en scène une araignée géante qui terrorise les humains alors que le personnage de *L'Homme qui rétrécit* (1957, adapté d'un roman de Matheson) est projeté dans le monde de l'infiniment petit. Dans *L'Étoile mystérieuse* (1942), Tintin est confronté à deux reprises à de semblables apparitions : la première est l'effet d'une illusion (il aperçoit l'animal qui se meut sur la lentille d'un télescope), la seconde est une créature autrement menaçante qui atteint une taille monstrueuse sur ce qui reste d'un aérolithe aux propriétés mystérieuses. De manière plus générale, il faut accepter « le caractère proprement vertigineux, ouvrant à l'imagination des perspectives infinies, de la pensée du microcosme et du macrocosme » (Alain Montandon, « L'enfant qui ne voulait pas grandir, *in* A. Montandon [dir.], *Le Grand et le Petit*, C.R.D.P. Clermont-Ferrand, 1990, p. 123). Les fictions proposées aux enfants, dont il est question dans cet article, exploitent abondamment cette thématique du grand et du petit, très présente également dans l'imaginaire populaire, qui, par le biais de la fiction, exprime peurs et fantasmes.

l'immensité du nombre des espèces recensées, ses comportements en font un animal qui occupe une place à part au sein des êtres vivants. Lorsqu'il commente la *Déclaration universelle des droits de l'animal* (Unesco, 1978), Jean-Marc Drouin s'interroge à juste titre (et avec humour) sur sa pertinence, variable selon les espèces prises en considération : « Comment traiter "avec décence" (article 3) la dépouille d'un moustique ou d'une fourmi ? La notion de "personnalité juridique" (article 9) a-t-elle un sens pour une mite ou une punaise[19] ? » L'empathie que nous pouvons éprouver pour certains animaux ne semble pas s'étendre aux arthropodes. Rapetisser l'homme pour en faire un insecte revient à le déshumaniser et grossir l'insecte, en imagination ou grâce au microscope, revient à créer un monstre. La répulsion (non exempte de fascination) que suscitent les petites bêtes n'est pas seulement provoquée par les maux que peuvent causer certaines d'entre elles, elle provient du caractère partiellement *illisible* d'un monde trop petit et trop différent, qui échappe à nos catégories. Dans un passage de son *Voyage en Orient*, Nerval décrit des nuées d'insectes qui font évidemment songer à l'une des plaies d'Égypte (nous nous trouvons au Caire) :

> Je les ai vus passer comme des messagers de mort et de famine, l'atmosphère en était chargée, et regardant au-dessus de ma tête, faute de point de comparaison, je les prenais pour des nuées d'oiseaux. Abdallah, qui était monté en même temps que moi sur la terrasse, fit un cercle dans l'air avec le long tuyau de son chibouk, et il en tomba deux ou trois sur le plancher. Il secoua la tête en regardant ces énormes cigales vertes et roses, et me dit : « Vous n'en avez jamais mangé ? »
>
> Je ne pus m'empêcher de faire un geste d'éloignement pour une telle nourriture, et, cependant, si on leur ôte les ailes et les pattes, elles doivent beaucoup ressembler aux crevettes de l'Océan[20].

Menaçantes, proliférantes, répugnantes et étranges, ces créatures amenées par Typhon, le principe du mal dans la mythologie égyptienne, sont à la fois « énormes », pour des insectes, et petites, relativement à l'homme qui pourrait les engloutir en une bouchée. Vues de loin, on ne peut sûrement les identifier. Vues de près, elles étonnent par leur taille

19 Jean-Marc Drouin, *Philosophie de l'insecte*, Paris, Éditions du Seuil, « Science ouverte », 2014, p. 181.

20 *Gérard de Nerval, Voyage en Orient*, Jacques Huré (éd.), Paris, Imprimerie Nationale Éditions, 1997, t. I, p. 206.

et leur aspect – et il faut recourir à une analogie (après avoir procédé à la double mutilation des pattes et des ailes) pour rendre acceptable leur monstruosité avant, éventuellement, de les consommer.

PARTICULIER ET GÉNÉRAL

Dans un passage du *Rhin*, Hugo se sent à l'unisson d'une nature foisonnante peuplée d'une multitude de petits animaux (guêpes, nécrophores cuivrées, féronies bleues, scarabées, abeilles, libellules, araignées, fourmis) dont les comportements sont, sous sa plume, fortement anthropomorphisés. Sous ses yeux se déroulent les multiples « petits drames de l'herbe[21] » et le promeneur éprouve une série de sensations (elles sont visuelles mais également sonores et olfactives) aboutissant à une sorte d'extase qui échappe au logos : « vous dire tout cela [...] ce serait vous exprimer l'ineffable, vous montrer l'invisible, vous peindre l'infini[22] ». Ainsi est tracée la voie qui mène de la partie au tout, du détail au principe régissant l'univers. C'est sur un mode humoristique que Dumas met en scène dans ses *Impressions de voyage* un maréchal des logis assailli par des punaises dont il ne parvient pas à se débarrasser malgré « une chasse dans toutes les règles ». Il aperçoit alors dans sa chambre un bas-relief sur lequel figure la tête de Dieu le père : « il lui parut qu'il ferait mieux de s'en prendre à la cause première que de poursuivre individuellement les résultats » ; il décapite avec son sabre celui qui a « ordonné à Noé de mettre une paire de punaises dans l'arche[23] ». Ce gendarme avait la tête philosophique et franchissait radicalement le pas menant du particulier au général : le spécimen avait trouvé sa place dans un système globalement intelligible.

« Le regard de l'entomologiste » (l'expression relève du lieu commun)[24] renvoie à la toute-puissance d'un observateur omniscient capable de

21 *Le Rhin*, *op. cit.*, p. 146.
22 *Ibid.*
23 Alexandre Dumas, *Le Midi de la France*, Paris, Michel Lévy Frères, 1875 [1841], p. 53-54.
24 Voir à ce propos Jean-Marc Drouin, « Un regard d'entomologiste », dans *Philosophie de l'insecte*, *op. cit.*, p. 53-72.

déduire des données positives de son étude un modèle interprétatif valable à une autre échelle et possiblement généralisant. Lisons ces quelques lignes de Stendhal qui, sur ce point, sont parfaitement explicites :

> Au lieu de haïr le petit libraire du bourg voisin qui vend *l'Almanach populaire* [...], appliquez-lui le remède indiqué par le célèbre Cuvier : *traitez-le comme un insecte.* Cherchez quels sont ses moyens de subsistance ; essayez de deviner ses manières de faire l'amour. Vous verrez que s'il déclame à tout bout de champ contre la noblesse, c'est tout simplement pour vendre des *Almanachs populaires*[25].

L'auteur poursuit en indiquant qu'il donnerait au « petit libraire » le même conseil[26]. La haine qu'il éprouve à l'égard d'un aristocrate serait ainsi apaisée. La référence à Cuvier, dans la citation qui précède, s'explique par un propos qu'aurait tenu, ce dernier : l'anatomiste préconisait de se guérir de la répugnance qu'inspirent les insectes en étudiant leurs amours et leurs moyens de subsistance[27]. L'auteur s'est saisi d'un protocole d'observation scientifique pour l'adapter à l'étude des caractères. Il devait pour se faire mettre à distance son objet (en changeant l'homme en ce qui lui est le plus radicalement étranger), déterminer les forces motivant ses actions (à partir des fonctions de nutrition et de reproduction) et changer son terrain d'observation (d'abord le petit libraire, puis l'aristocrate) afin d'en arriver à la formulation d'une explication déterministe et englobante des comportements et émotions de l'homme

25 Stendhal, *Mémoires d'un touriste*, Victor Del Litto (éd.), Paris, Gallimard, « Bibliothèque de la Pléiade », 1992, p. 296. Rappelons ce mot de Zola qui figure dans ses *Causeries dramatiques* (1881) : « Notre plus grand romancier, Stendhal, étudiait les hommes comme des insectes étranges, qui vivent et meurent, poussés par des forces fatales [...] ».

26 *Id.*, p. 295.

27 *Id.*, p. 295. On relèvera au passage que le rapprochement entre l'homme et l'insecte est rendu possible par le tournant qu'initierait Cuvier dans le domaine de l'histoire naturelle (voir sur ce point Michel Foucault, *Les Mots et les Choses*, Paris, Gallimard, 1966, p. 275-292). L'attention est portée aux fonctions plutôt qu'aux organes et c'est ce qui rend possible l'analogie entre ces êtres vivants apparemment si dissemblables : tous deux se nourrissent et se reproduisent. Sur ce point précis, il faut relever l'influence fondamentale de Lamarck (auquel Cuvier s'oppose sur la question du transformisme). Nathalie Vuillemin indique qu'à l'époque où il rédige ses *Recherches sur l'organisation des corps vivants* (1802), Lamarck « est déjà convaincu que les formes sont secondaires, sur le plan biologique, par rapport aux fonctions ». (« Sortir de l'incertitude : la vie comme tension formelle dans la pensée de Lamarck », *in* Laurence Dahan-Gaida, Christine Maillard, Gisèle Séginger et Laurence Talairach-Vielmas (dir.), *Penser le vivant*, Paris, Éditions de la Maison des sciences de l'homme, 2017, p. 78.)

en société. Il ne s'agirait donc pas tant de « disséquer » le spécimen que de cerner les mécanismes du vivant et de la société. Proust récusait la lecture qui était faite de ses esquisses :

> Même ceux qui furent favorables à ma perception des vérités [...] me félicitèrent de les avoir découvertes au « microscope », quand je m'étais au contraire servi d'un télescope pour apercevoir des choses très petites en effet, mais parce qu'elles étaient situées à une grande distance, et qui étaient chacune un monde. *Là où je cherchais les grandes lois, on m'appelait fouilleur de détails*[28].

L'important n'est pas ici la distinction entre « microscope » (Proust met d'ailleurs ce dernier terme entre guillemets, en faisant flotter son sens) et « télescope ». Il ne s'agit nullement d'opposer mécaniquement vision de près et de loin mais de trouver les « grandes lois » de ces « mondes » qui ne paraissent tels que pour l'observateur animé par un besoin de compréhension et guidé par une vision.

Est-il possible d'emprunter une autre direction, qui consisterait à décrire l'animal à l'aune de catégories qui lui sont *a priori* étrangères et qui impliquent par ailleurs un changement d'échelle ? Oui, si l'on en croit Chateaubriand. Une section de son *Voyage en Amérique* comporte un bref développement sur les abeilles qui, « étrangères à l'Amérique », triomphèrent de leurs congénères autochtones, les moustiques et autres maringouins, en colonisant le Nouveau Monde : « leur monarchie représentative s'est établie dans les bois auprès de la république de Washington[29] ». La grande histoire se réfléchit dans celle de la migration d'une espèce animale. Le changement d'échelle fournit une grille de lecture adéquate pour dire les soubresauts d'une époque. S'il est une topique qui nourrit les discours sur l'insecte, c'est bien celle qui consiste à plaquer sur l'observation des préconstruits qui font que ces êtres de la nature sont appréhendés au filtre de la culture. Les métaphores politiques, par exemple, abondent (au moins depuis Virgile) pour décrire le comportement des insectes sociaux[30]. Paule Petitier a bien montré, dans son édition de *L'Insecte*, de Jules Michelet, le glissement opéré par

28 Marcel Proust, *Le Temps retrouvé*, dans *À la recherche du temps perdu*, Jean-Yves Tadié (éd.), Paris, Gallimard, « Bibliothèque de la Pléiade », 1989, t. IV, p. 618 (je souligne).

29 François-René de Chateaubriand, *Voyage en Amérique*, Henri Rossi (éd.), Paris, Honoré Champion, 2008, p. 244.

30 Voir à ce propos Jean-Marc Drouin, « La politique des Insectes », dans *Philosophie de l'Insecte*, *op. cit.*, p. 73-105.

l'auteur, depuis la vulgarisation scientifique à des considérations morales, artistiques, religieuses, éducatives et politiques[31]. La troisième partie de ce livre (« Sociétés des insectes »), notamment, est saturée de réflexions qui témoignent plus des engagements de l'auteur et d'appréciations informées par la bibliothèque qu'elles ne relèvent d'une science rationnelle. Un exemple suffira : « Si le guêpier tenait de Sparte, la ruche est, dans le monde insecte, la véritable Athènes. Ici, tout est art[32] ». Dis-moi ce que tu vois, je te dirai ce que tu es, ce que tu sens et ce que tu penses. Il ne faut pas s'étonner outre mesure que le propos tenu en dise autant, ou plus, sur l'observateur que sur l'objet de l'observation – en un temps où, par ailleurs, le divorce n'a pas été totalement consommé entre ce que nous nommons aujourd'hui « science » et « littérature ». Cela dit, pour en revenir à notre sujet, il apparaît assez nettement que les représentations de l'insecte dépendent pour partie de visées axiologiques qui infléchissent en amont le discours. Si l'homme peut être « traité » comme un insecte, l'insecte reproduit, à son échelle et compte tenu de la subjectivité du descripteur, le fonctionnement des sociétés et l'histoire de l'humanité. Ainsi est posée une équivalence entre le grand et le petit autorisant des lectures allégoriques ou tropologiques, comme s'il était impossible à la petite bête d'échapper totalement au démon de l'interprétation.

LE REGARD DE L'INSECTE

Dans sa première *Étude de la nature*, Bernardin de Saint-Pierre observe avec attention un fraisier en pot qui se trouve sur le rebord de sa fenêtre. Il y trouve tout un monde et le décrit, de manière prolixe et imagée, avant d'imaginer ce que pourrait voir une mouche avec « ses petits yeux sphériques [qui] sont à la fois des microscopes et des télescopes[33] ». Ils permettent d'embrasser simultanément le tout et la partie. Un peu plus loin, dans le même texte, l'auteur spécule sur ce que pourraient être les

31 Jules Michelet, *L'Insecte*, Paule Petitier (éd.), Paris, Éditions des Équateurs, 2011 [1858], « Présentation », p. 7-25.

32 *Id.*, p. 288.

33 Bernardin de Saint-Pierre, *Études de la nature*, Colas Duflo (éd.), Presses universitaires de Saint-Étienne, 2007 [1784], p. 54.

sensations des êtres minuscules qui évoluent sous les pétales des fleurs : « Comme ils ne connaissent à fond que l'harmonie des plus petits objets, celle des grands doit leur échapper », « Ils ont une autre chronologie que la nôtre, comme ils ont une autre hydraulique et une autre optique ». Ainsi en arrive-t-il à la conclusion qu'il faudrait se mettre à la place du motif pour approcher le monde de l'infiniment petit et en avoir « une connaissance intime[34] » – laquelle serait par ailleurs insuffisante puisque, aux yeux de Saint-Pierre, ce sont les *relations* entre les éléments de la nature qui composent un ordre et une harmonie au centre desquels se trouve l'homme et qui trouve sa fin en Dieu. Isolons ces pages de la thèse qui court dans le livre (celle d'un finalisme généralisé et anthropocentré). L'auteur a en premier lieu sélectionné un détail, le fraisier, pour ensuite s'attacher aux mouches qui le peuplent, avant de se rapprocher encore de l'insecte à l'aide d'une loupe puis d'un microscope grâce auxquels il en vient à pénétrer les secrets de ce cosmos miniature. En agrandissant progressivement l'échelle, il a donné à l'insecte et à son environnement une taille suffisante pour pouvoir observer ce qu'observe l'insecte, et en donner par ailleurs une représentation très fine. Vues de loin, les ailes des mouches, par exemple, se ressemblent. À y regarder de plus près, elles sont d'une infinie variété et diffèrent par leur taille, leur couleur, leur forme, et la « manière de les porter et de s'en servir[35] ». C'est l'observateur qui *fait* le détail[36] et sélectionne une portion de réel qu'il met en vedette le temps d'une description.

Regarder s'apprend, la chose est entendue. Mais l'homme a parfois besoin d'auxiliaires pour pénétrer l'infiniment petit et découvrir que la fourmilière ou la ruche, par exemple, sont à eux seuls des univers. Saint-Pierre, se servait du microscope, Michelet consacre un chapitre à cet instrument dans *L'Insecte* et affirme qu'il « nous révèle des mondes vraiment infinis de beauté en profondeur[37] ». Au-delà de l'émerveillement que procurent de telles visions (ce qui paraît insignifiant, voire répugnant, à l'œil nu devient par la magie de la lentille un objet d'admiration), l'expérience qui est celle de l'observateur aboutit à deux constats. Le

34 *Id.*, p. 55-56.

35 *Id.*, p. 53.

36 À l'orée de son ouvrage sur le détail, Daniel Arasse distingue *particolare* (à savoir la petite partie d'une figure) et *dettaglio* (lequel suppose un sujet qui « fait » le détail). *Op. cit.*, p. 11.

37 Jules Michelet, *L'Insecte*, *op. cit.*, p. 138.

premier tend à abolir les disparités liées à la taille de l'objet. L'auteur l'affirme en se servant d'une formule qui fait… mouche : « Rien de grand et de petit. Pour qui aime, un simple cheveu vaut autant, souvent plus, qu'un monde[38] ». Il indique ainsi, concomitamment, que la modification des perceptions s'accompagne d'une transformation du ressenti qui est le nôtre face à l'insecte[39]. De fait, le texte est émaillé de réflexions qui disent la pitié que l'homme doit éprouver vis-à-vis de l'animal, comme en témoigne cette anecdote montrant le soulagement de Michelet lorsqu'il assiste à l'envol d'un bourdon (il le croyait mort) qu'il avait préalablement endormi pour mieux l'observer[40]. En second lieu, si le microscope offre la possibilité de voir des détails invisibles à l'œil nu, rien n'empêche d'imaginer des phénomènes encore plus minuscules :

> Pour peu que nous en voyons, chaque animal est une petite planète, le monde qu'habitent des animaux plus petits encore, habités par d'autres plus petits. Et cela sans fin, sans repos, sauf l'impuissance de nos sens et l'imperfection de l'optique[41].

La question de l'échelle, ici, ne se pose plus puisque ces mondes imbriqués sont tous infinis et qu'il devient par conséquent impossible de fixer un repère initial à partir duquel on puisse penser l'ordre du cosmos. Il est évidemment tentant de rapprocher ce passage de l'une des *Pensées* de Pascal : il y est question d'un ciron dans lequel peut se voir « une infinité d'univers, dont chacun a son firmament, ses planètes, sa terre, en la même proportion que le monde visible[42] ». Michelet songe sûrement à ce texte même si la perspective adoptée est fort différente de celle de son prédécesseur. Pascal soutient que l'homme est incapable

38 *Id.*, p. 123. Les variations sur ce motif sont légion dans le texte de Michelet. Donnons un autre exemple : « […] l'anatomie d'une fourmi nous fit oublier la Jungfrau […] Tout est grand, tout est important, tout est égal au sein de la nature et dans l'impartialité de l'amour universel », *id.*, p. 73-74.

39 Ainsi que le remarque Paule Petitier dans la « Présentation » de son édition : « Bouleversant les échelles de grandeur, le microscope renverse la perception des choses et ce faisant des *affects* qu'elles suscitent », *id.*, p. 19. Lucien Derainne indique dans son article « Observation et sympathie. De l'entomologie du XVIIIe siècle à *L'Insecte* de Michelet » que Michelet hérite sur ce point des conceptions de ses prédécesseurs, notamment de Lamarck, alors que la subjectivité et la sympathie vont être progressivement évacuées de la prose scientifique. Voir ici-même, p. 85-99.

40 *Id.*, p. 73.

41 *Id.*, p. 134.

42 « Disproportion de l'homme », Laf. 199.

de comprendre l'univers qui l'entoure parce qu'il est lui-même fini et limité alors que Michelet tente de trouver dans l'infiniment petit un argument validant une conception vitaliste et spiritualiste de la nature qui aboutit à envisager une *communauté* des êtres vivants : « Si tu travailles et si tu aimes, insecte, quel que soit ton aspect, je ne puis m'éloigner de toi. Nous sommes bien quelque peu parents[43] ». Ou encore : « du plus haut au plus bas de l'échelle de la vie, on sent l'identité de l'âme[44] ».

Dès lors qu'il est fait usage de l'expression « monde de l'insecte », il est en effet admis implicitement que « Le microcosme et le macrocosme sont corrélatifs[45] », ne serait-ce que parce qu'ils ont l'infini en partage (et rien n'empêche par ailleurs de considérer que notre terre est elle-même une miniature, comme le note Michelet, si on la compare « aux forces primitives du globe[46] »). La variété des modes perceptifs est donc dans une certaine mesure illusoire ou, plus précisément, l'apprentissage du regard se construit selon un incessant va-et-vient entre le grand et le petit, entre la partie et le tout, entre l'insignifiant et le primordial. « Voir, écrit Alain, c'est parcourir les détails [...] et, de nouveau, saisir l'ensemble d'un coup d'œil[47] ». La formule est juste, à ceci près que « la miniature est un des gîtes de la grandeur[48] » et que, réciproquement le grand peut être miniaturisé. Il resterait à se demander pourquoi ces variations d'échelle sont si fréquemment adossés à des représentations de l'insecte. Risquons quelques hypothèses. Les insectes sont les « êtres de la création les moindres par leur taille et les plus dédaignés[49] ». Les considérations suscitées par une humanisation de l'insecte (et sa réciproque) n'en seront que plus frappantes parce qu'elle se fondent sur une équivalence paradoxale entre deux extrêmes – laquelle peut d'ailleurs être discutée tant les deux ordres paraissent éloignés l'un de l'autre[50].

---

43 Jules Michelet, *L'Insecte*, *op. cit.*, p. 33.

44 *Id.*, p. 147.

45 Gaston Bachelard, *La Poétique de l'espace*, *op. cit.*, p. 157.

46 Jules Michelet, *L'Insecte*, *op. cit.*, p. 150.

47 Alain, *Propos*, Maurice Savin (éd.), Paris, Gallimard, « Bibliothèque de la Pléiade », 1956, p. 7.

48 Gaston Bachelard, *La Poétique de l'espace*, *op. cit.*, p. 146.

49 Pierre Larousse, *Grand Dictionnaire universel du* XIX*e siècle*, art. « Insecte », Paris, 1886-1877, t. 9, p. 717.

50 Ce que fait Pierre Larousse, *ibid.* : « [...] sur cette terre où la justice humaine [...] trouve encore si peu de place, il n'est peut-être pas encore temps de faire valoir les *droits* de la mouche et de l'araignée. Il nous semble donc que l'*humanité* de M. Michelet a cette fois dépassé son but. »

En outre, l'observation de plus en plus fine de ces espèces, adossée à l'évolution des sciences et techniques, a permis de mettre en évidence des formes nouvelles qui ont été évaluées selon des critères esthétiques, politiques et moraux – en référence, donc, à des systèmes de valeur anthropocentrés. S'émerveiller de la beauté d'une simple cicindèle[51], décrypter le « langage » des abeilles, analyser la division du travail dans une fourmilière… revient à brouiller les frontières homme animal, de manière d'autant plus radicale que rien n'est plus défamiliarisant pour l'homme que le monde de l'infiniment petit. L'audience considérable qui a été celle de l'entomologie auprès du grand public, portée par des œuvres qui savaient faire partager passion et enthousiasme[52], s'explique sans doute aussi par le talent de prosateurs qui ont su mettre des mots sur la fascination que nous éprouvons à l'égard des petites bêtes.

Les rapports entre la dimension d'un objet et sa représentation sont perturbés dès lors qu'ils ne sont pas régis par des données positives et appréhendées selon un unique point de vue. Les variations autour de la taille de l'insecte dont il a ici été question alimentent des écrits qui pensent les conditions de l'observation en tenant compte de la relativité des échelles de grandeur et de la position de l'observateur. Très vite, cependant, c'est un saut qualitatif qui se produit : on quitte l'arithmétique et la géométrie pour laisser libre cours à cette « reine des facultés » (l'imagination, selon Baudelaire) qui s'attachera aux relations plus qu'à l'identité du phénomène, en faisant advenir une pluralité de mondes interdépendants qui suscitent de multiples spéculations, progressivement déconnectée de protocoles expérimentaux rationnels. Les textes auxquels il a été fait allusion dans le présent article, même s'ils sont parfois précisément documentés (c'est le cas de Michelet) ne sont pas signés par des entomologistes et ne sont pas tenus à une rigueur « scientifique » dont les savants savent par ailleurs s'éloigner, à l'occasion. Ils répondent cela dit aux exigences d'un pacte référentiel (au demeurant assez souple pour laisser une large place à la rêverie ou la méditation) qui repose sur le primat de l'expérience et la sincérité des impressions

51 Comme le fait Michelet dans *L'Insecte*, *op. cit.*, p. 192-193.

52 Voir, ici-même, la contribution de Frédéric Calas sur la « Stylistique des écrits de Fabre », p. 155-171.

et sensations consignées dans l'œuvre. L'observateur est donc en liberté surveillée : Saint-Pierre n'est pas l'homme qui rétrécit dans ses *Études de la nature*, Chateaubriand ne pourra mettre en scène une fourmi de 18 mètres dans ses *Mémoires*, Hugo ne saurait décrire un homme se métamorphosant en un monstrueux insecte dans *Le Rhin*, Michelet n'est pas propulsé dans des univers peuplés de nains ou de géants dans *L'Insecte*… Cette exigence de « réalisme » ne les empêche pas de faire passer au second plan les fonctions mathésique et mimésique de la description pour ménager une ouverture vers des mondes autres qui nous permettent, grâce aux petites bêtes, d'envisager différemment le nôtre.

Philippe ANTOINE
Université Clermont Auvergne,
CELIS

OBSERVATION ET DESCRIPTION DE L'INSECTE SOCIAL ET DES SOCIÉTÉS D'INSECTES

De l'importance de l'individu

Observer et décrire est fondamental en entomologie de même que, plus généralement, en biologie car cette activité est la base même de la taxonomie ou taxinomie, la science de la classification du vivant.

Surnommé de son vivant « Prince des entomologistes », Pierre-André Latreille qui fut assistant-naturaliste de Lamarck au Muséum d'Histoire naturelle de Paris, nous livre un exemple de ce que peut être la description d'un insecte (ici social), dans le *Tableau des Fourmis Indigènes de la France* qui vient clore son *Essai sur l'Histoire des Fourmis de la France* publié en 1798 (An 6). Prenons une des espèces de fourmi qu'il décrit, parmi les 27 alors recensées pour notre pays par le myrmécologue[1], en l'occurrence l'une des plus communes dans nos prairies et aussi dans les milieux anthropisés, la petite fourmi noire des jardins, actuellement appelée *Lasius niger* et désignée par Latreille *Formica nigra* :

> 14. [Fourmi noire. *Formica nigra*]
> [*Ouvrière moyenne*]. D'un noir cendré, luisante. Mandibules, base des antennes, jointures du corselet, base de l'écaille, roussâtres. Écaille grande, entière, triangulaire. Extrémité de l'abdomen pubescente. Pattes d'un roux noirâtre. *Mâle.* Noir cendré, reluisant. Organes sexuels, pattes, ferrugineux. Écaille épaisse : bord supérieur concave. Nervure des ailes obscures : un point noir, marginal, aux antérieures. *Femelle.* Noire cendrée, reluisante. Base des antennes, mandibules, attaches des ailes, majeure partie des pattes, d'un roux ferrugineux. Écaille grande, presque en cœur. Aîles du mâle.
> *Sur les bords des haies, bois, &c. Fourmilière en monticule. Dans toute la France*[2].

---

1 On en connaît actuellement environ 210 pour la France métropolitaine.

2 Pierre-André Latreille, *Essai sur l'histoire des fourmis de la France (Présentation Jean-Marc Drouin)*, Genève et Paris, Champion-Slatkine et Éditions de la Cité des Sciences et de l'Industrie, 1989 [1789].

Dans cette description, Latreille prend bien soin de différencier les trois catégories d'individus qu'il observe dans la société : ouvrière, mâle et femelle reproductrice. Il rajoute à la description *sensu stricto* quelques brèves informations sur l'écologie (l'habitat) et l'éthologie (construit des nids en monticule).

Pour classer les insectes (qu'ils soient sociaux ou non), le préalable est de les décrire de la façon la plus précise possible, mais jusqu'à un certain point. En effet, l'objet de la description n'est pas en tant que tel l'individu que l'entomologiste a devant lui mais, idéalement, cet individu comme représentant d'une catégorie plus vaste : l'espèce. Tout l'art de l'entomologiste qui décrit une espèce nouvelle réside dans le choix des critères pertinents qui seront généralisables à tous les membres de l'espèce et qui ne sont pas des idiosyncrasies.

OBSERVER ET DÉCRIRE UN COLLECTIF D'INSECTES
Quand l'individu disparaît

L'observateur d'une société d'insectes (ou le plus souvent d'une partie de celle-ci auquel il a uniquement accès) peut porter son regard à deux niveaux distincts, celui des individus et celui du collectif. Comme nombre d'animaux qui vivent en groupe, les insectes sociaux peuvent en effet produire collectivement des formes changeantes dont la dynamique intéresse de plus en plus les chercheurs. En dehors des insectes, des phénomènes analogues sont observables par exemple chez les poissons (lorsqu'ils forment des « bancs »), ou les oiseaux (avec ces spectaculaires « nuées » mouvantes d'étourneaux). Il en est de même pour des insectes non strictement sociaux mais qui ont des phases grégaires comme les criquets, ou qui génèrent des mouvements collectifs à l'instar des chenilles de certains papillons. Dans ses *Souvenirs Entomologiques*, Jean-Henri Fabre relate ainsi le cas de chenilles dont « la procession est comparable à la chaîne de segments d'un énorme annélide[3] ». Et lorsque,

3 Jean-Henri Fabre, *Souvenirs entomologiques*, vol. 6, Paris, Robert Laffont, Bouquins, 2000 [1899].

expérimentalement, Fabre fait croiser le chemin de la chenille qui est en tête de la procession avec celui d'une de ses suiveuses, il en résulte une ronde qui va durer toute une semaine :

> La chaîne non interrompue exclut le guide à direction changeante, et toutes machinalement suivent, aussi fidèles à leur circonférence que le sont les aiguilles d'un cadran. La série sans tête n'a plus de liberté, plus de volonté ; elle est devenue rouage.

Ces rondes ont inspiré l'auteur états-unien de science-fiction Frank Herbert qui voit dans les chenilles processionaires la métaphore d'un esprit clos sur lui même :

> Les gens qui adoptent un système fixe sont comme des chenilles processionaires. Elles suivent le meneur, elles suivent toujours le meneur. Chacune est guidée par la trace visqueuse de celle qui précède. Mais que le meneur croise la trace de la dernière et elles sont prises au piège. Votre piste est de plus en plus épaisse par votre excrescence tandis que vous tournez sur le même chemin. Et l'excrescence est, pour vous, la vérification que vous êtes sur la bonne voie[4] !

Le psychologue et myrmécologue Theodore Schneirla observe et relate un phénomène de ronde analogue à propos cette fois d'authentiques insectes sociaux, des fourmis « légionnaires » d'Amérique tropicale (les fameuses *marabuntas*), appartenant au genre Eciton. Schneirla écrit ainsi :

> Elles continuaient à tourner en rond autour de la base circulaire de la jarre, se suivant les unes les autres comme autant de moutons, sans la moindre idée qu'elles prenaient perpétuellement le même chemin. Elles se comportaient exactement comme elles le faisaient dans une de leurs expéditions prédatrices. Elle maintinrent ce mouvement giratoire pendant 46 heures avant que la colonne se casse [...][5].

De ces fourmis légionnaires, Armand Reclus, explorateur et naturaliste en visite au Panama écrivait ailleurs, dans des termes où toute référence à

4 Frank Herbert (1980). *Les Fabricants d'Éden*, Paris, Jean-Claude Lattès.

5 « They continued going round and round the circular base of the jar, following one another like so many sheep, without the slightest inkling that they were perpetually traversing the same path. They behaved exactly as they do on one of their predatory expeditions. They kept up this gyration for forty-six hours (...) », *in* Theodore Christian Schneirla (1944). « A unique case of circular milling in ants, considered in relation to trail following and the general problem of orientation », *American Museum Novitates*, 1253, 1-26.

des individus fourmis a disparu : « On dirait un tapis brunâtre et vivant qui se meut et s'agite tout en restant adhérent au sol dont il dessine les moindres accidents[6]... ». Dans tous ces exemples, pour l'observateur, c'est la forme globale et ses mouvements qui comptent, et l'insecte en tant qu'individu lui échappe, disparaît de son regard.

OBSERVER ET DÉCRIRE UNE SOCIÉTÉ D'INSECTES
Des dispositifs adaptés

L'observateur humain d'un insecte – comme de tout autre objet d'ailleurs – a inévitablement recours à ce qu'il connait, à ce qui est consubstantiel à sa culture et à sa société d'appartenance, pour décrire ce qu'il voit. C'est d'autant plus manifeste lorsqu'il s'agit de porter un regard sur des animaux qui vivent en société. Ainsi au cours de l'histoire, les sociétés d'insectes et tout particulièrement les colonies de l'abeille *Apis mellifera* ont été décrites en termes d'organisation politique, c'est-à-dire en terme de pouvoir et de gouvernance. Comme l'a si justement résumé le citoyen Dorat-Cubières dans un poème lu au Lycée d'Égalité le 4 Juillet 1792 et intitulé « Les abeilles ou l'heureux gouvernement » : « les abeilles ont été pour nous ce que sont les nuages ; chacun y a vu ce qu'il a désiré d'y voir ». S'il est totalement vain de penser que l'on peut échapper à ces déterminants culturels et sociaux, les savants et scientifiques ont progressivement essayé de s'en abstraire, à tout le moins en évitant les anthropomorphismes les plus flagrants. Notons que pour ce qui concerne les insectes sociaux, l'usage de termes sémantiquement très connotés reste néanmoins largement en vigueur. Ainsi en est-il des qualifications de « reine » ou d'« ouvrière[7] », pour lesquels les spécialistes tentent d'imposer des équivalents plus neutres tels que, respectivement, « gyne » ou « ergate ».

L'observateur confronté à une société d'insectes est rarement en situation d'avoir sous les yeux la colonie dans son ensemble. Il n'a souvent

6 Armand Reclus, *Explorations aux Isthmes de Panama et de Darien (1877)*, Tour du Monde, 1880.

7 Et aussi de roi (chez les termites), de fourmi « esclave » ou « esclavagiste »...

accès qu'à une partie de celle-ci. En effet, à de très rares exceptions[8], les sociétés d'insectes résident dans un nid (parfois aérien, en terre ou en carton ; parfois souterrain ou dissimulé dans un abri ; etc.) et seuls, éventuellement, les individus impliqués dans l'approvisionnement alimentaire ou de tout autre matériaux (de construction par exemple), et donc une petite minorité de la colonie, sont observables sans dispositif particulier.

Pour y remédier, les savants et chercheurs ont mis au point des dispositifs *ad hoc*, des ruches et nids artificiels d'observation. Selon le théologien Al Damiri (XIVe siècle de notre ère) qui n'en dit pas plus pour étayer ses propos, Aristote le premier aurait eu recours à une telle ruche pour étudier l'abeille mellifère. De façon indéniable cette fois, Réaumur est le premier à décrire précisément un tel dispositif, dans le cinquième volume de ses *Mémoires pour servir à l'Histoire des Insectes*, avec dessins à l'appui. Ce précurseur de l'éthologie moderne et grand observateur des abeilles (qu'il qualifie comme c'était souvent l'usage de « mouches ») y vante l'intérêt de ses ruches d'observation pour la compréhension de l'organisation de leurs sociétés :

> elles m'ont mis en état d'exécuter diverses opérations propres à nous faire connoître le génie de ces mouches industrieuses ; comment leur république est composée ; quels sont, pour ainsi dire, les fondements du gouvernement de cette république ; & quel est le principe qui anime, qui fait agir toutes celles d'une même société[9].

Mais une ruche vitrée n'est pas pour autant le panopticon ultime, comme le souligne Réaumur lui-même lorsque, dans l'une d'entre elles, il cherche à suivre des yeux la reine, l'individu de la colonie qui – naturellement – se distingue visuellement de tous les autres, ouvrières ou mâles faux-bourdons :

> J'ai eu pendant plusieurs années une ruche vitrée en tour sans y avoir jamais apperçu la mère ; & ce n'étoit pas faute assûrément de la bien chercher

8 C'est temporairement le cas des essaims sur lesquels nous revenons plus loin. C'est aussi le cas des fourmis « légionnaires » qui n'ayant pas de nid, sont en perpétuel mouvement, et dont les effectifs de l'ordre du million d'ouvrières rend illusoire l'idée d'embrasser l'ensemble de la colonie du regard, sinon lorsque celle ci stationne en « bivouac » sous forme d'une masse compacte d'insectes.

9 Réaumur, 1740. *Mémoires pour servir à l'Histoire des insectes*, Imprimerie Royale, Tome V : https://archive.org/search.php?query=creator%3A%22Re%CC%81aumur%2C+Rene%CC%81 Antoine+Ferchault+de%2C+1683-1757%2C+author%22 [consulté le 31/11/2021].

> des yeux toutes les fois que j'obsérvois ce qui se passoit dans l'intérieur de la ruche[10].

De la même façon, à partir des débuts du XXe siècle, les chercheurs ont commencé à utiliser des nids artificiels pour l'observation des fourmis. Bien construits, de tels nids en plâtre, recouverts d'une vitre et pourvus de loges de très faible profondeur – obligeant en quelque sorte les insectes à évoluer dans un espace à deux dimensions – permettent de visualiser tous les membres d'une colonie.

OBSERVER ET DÉCRIRE UNE SOCIÉTÉ D'INSECTES
Le retour de l'individu

Les premiers écrits connus sur l'abeille mellifère datent d'Aristote et sont essentiellement regroupés dans son *Histoire des animaux* et son *Traité de la Génération*. Déjà, le philosophe et savant grec y traite la question de l'organisation sociale de la ruche. Il rapporte ainsi que les ouvrières sont spécialisées :

> II y a des abeilles attachées régulièrement à chacun des travaux qu'elles ont à faire. Ainsi, les unes apportent le suc des fleurs ; d'autres apportent de l'eau ; d'autres polissent et dressent les gâteaux[11].

Pour Aristote, cette spécialisation est liée à l'âge des ouvrières :

> C'est à l'intérieur que travaillent les vieilles abeilles ; elles sont plus velues, précisément parce qu'elles restent dans la ruche ; les jeunes, qui sortent et rapportent la nourriture du dehors, sont plus lisses[12].

Le philosophe grec est donc le premier auteur à faire mention d'une division du travail liée à l'âge que les scientifiques modernes qualifient de « polyéthisme d'âge », un phénomène connu pour pratiquement toutes

---

10 Réaumur, 1740. *Mémoires pour servir à l'Histoire des insectes*, Imprimerie Royale, Tome V.

11 Aristote, *Histoire des animaux*, IX, 40, 627. Les « gateaux » dont fait mention Aristote sont les gateaux de cire ou rayons de cire constitués par les cellules à section hexagonale juxtaposées qui stockent le miel et le pollen et hébergent les œufs et les larves.

12 *Id.*, IX, 40, 626.

les sociétés d'insectes qui ont fait l'objet d'une étude de leur organisation sociale. Cependant, Aristote se trompe : ce ne sont pas les jeunes ouvrières qui sortent de la ruche pour assurer l'approvisionnement mais les plus âgées, les jeunes étant impliquées dans les tâches à l'intérieur de la ruche, nous y reviendrons plus loin. Cette erreur, commise par anthropomorphisme (avec l'idée que les abeilles les plus velues sont les plus âgées) est reproduite par de nombreux auteurs de l'Antiquité. Ainsi, selon Virgile dans *Les Géorgiques* :

> Les plus vieilles sont chargées du soin de la place, de construire les rayons, de façonner les logis dignes de Dédale ; les plus jeunes rentrent fatiguées, à la nuit close, les pattes pleines de thym ; elles butinent, de çà, de là, sur les arbousiers et les saules glauques et le daphné et le safran rougeâtre et le tilleul onctueux, et les sombres hyacinthes[13].

Pline l'Ancien reprend la même idée dans son *Histoire Naturelle* : « La jeunesse travaille ainsi au dehors, et rapporte ces provisions ; les abeilles plus âgées s'occupent à l'intérieur[14] ».

Et enfin Élien, dans *La personnalité des animaux*, apporte pour sa part un éclairage quant au déterminisme du comportement des ouvrières. Pour lui, c'est la reine ou plus précisément le roi (on considérait alors qu'il s'agissait d'un mâle) qui « assigne » les tâches à effectuer :

> Le roi des abeilles veille à ce que la ruche soit réglée de la façon suivante : il assigne aux unes la tâche d'apporter de l'eau, à d'autres à travailler à l'intérieur au façonnage des rayons et à un troisième groupe d'aller butiner. Par la suite, elles échangent leurs tâches par un roulement parfaitement défini. Pour ce qui est du roi lui-même, sa seule tâche consiste à établir les lois que je viens de dire et à les faire respecter, à la façon des plus grands chefs auxquels les philosophes prêtent volontiers les qualités conjuguées de bons citoyens et de bons rois[15].

Élien soulève ici la question du déterminisme des comportements sociaux. Quels sont les facteurs qui font qu'une ouvrière se met plutôt à transporter des matériaux, construire des cellules de cire ou approvisionner la ruche ? Et, de façon plus générale, nous pouvons nous demander : qui fait quoi dans une société d'insectes ? Y a-t-il des spécialistes et comment

---

13 Virgile, *Géorgiques*, IV, v. 178-183, éd. Maurice Rat, Paris, Classiques Garnier, 1932.

14 Pline, *Histoire Naturelle*, XI, 10 (2), trad. Dubochet (1848-1850), éd. Émile Littré.

15 Élien, *La personnalité des animaux*, Les Belles Lettres, 2001.

le montrer ? Ces spécialisations dépendent-elles de l'âge des ouvrières ? Peut-on les relier à d'autres facteurs ? Comment répondre à ces questions sans projeter – comme Élien et tant d'autres au cours des siècles – les images de nos sociétés humaines sur ces colonies d'insectes, quand, pour un observateur, rien ne ressemble plus à une ouvrière qu'une autre ouvrière. En effet, comme le soulignait déjà Réaumur :

> Quand au travers des carreaux d'une ruche vitrée, on examine ce qui se passe dans l'intérieur, on n'y voit pendant la plus grande partie de l'année, que des mouches qui n'ont entr'elles que de légères différences, que des mouches qui diffèrent peu entr'elles en grandeur & en couleur, & qui dans le reste sont parfaitement semblables ; en un mot, on n'y voit que de ces mouches auxquelles on a donné le nom d'abeilles[16].

Pour ce qui concerne l'âge, avec un peu d'habitude, il est possible de différencier à l'œil une jeune abeille d'une plus vieille (par l'usure de certaines parties du corps de cette dernière) et, en observant le comportement d'ouvrières d'âges estimés différents, d'en inférer une relation entre âges et comportements. Mais les réels progrès concernant la connaissance de l'organisation sociale en terme de division du travail et ses déterminismes ont été réalisés grâce au repérage individuel – par marquage artificiel – des ouvrières. En témoignent les travaux de l'éthologue autrichien Karl von Frisch, lauréat du prix Nobel de Physiologie et Médecine en 1973, effectués sur ses chères abeilles. Dans un ouvrage adressé au grand public, von Frisch insiste sur l'importance de ce marquage individuel dans les termes suivants :

> Il nous faut ensuite faire une marque distinctive aux animaux que nous voulons suivre tout au long de leur existence, et pour cela le mieux est de les *numéroter*. Nous le ferons à l'aide de couleurs de peintre, délayées dans une soluton alcoolique de laque[17].

Et il revient avec force détails sur la technique employée :

> En juxtaposant deux taches, nous pourrons former des nombres à deux chiffres : blanc à côté de rouge, au bord antérieur du thorax = 12, rouge devant à gauche et jaune derrière à droite = 29, etc. Les marques colorées sur

16 Réaumur, 1740. *Mémoires pour servir à l'Histoire des insectes*, Imprimerie Royale, Tome V.
17 Karl Von Frisch, *Vie et mœurs des abeilles*, Paris, Albin Michel, 1977.

> l'arrière train indiqueront les centaines – comme nous avons cinq couleurs cela nous permettra d'aller jusqu'à 599, et si c'est nécessaire nous pourrons encore développer d'avantage ce système de chiffre[18].

C'est à partir d'abeilles ainsi numérotées et suivies sur plusieurs semaines de leur vie que von Frisch a pu montrer que « de l'éclosion jusqu'à la mort, on peut diviser en trois parties la vie de l'ouvrière[19] ». En effet, au cours de ces différentes périodes, l'ouvrière effectue des tâches bien distinctes dont l'éthologue autrichien a pu comprendre qu'elles sont notamment corrélées à la maturation de glandes particulières, permettant le nourrissage des larves ou encore la production de la cire.

Au cours du dernier demi-siècle, la même approche centrée sur l'individu, permise par le marquage artificiel et le recours à des dispositifs d'élevage propices à l'observation, a également été appliquée à nombre d'espèces d'insectes sociaux : abeilles, guêpes et fourmis. J'ai moi même utilisé à grande échelle le marquage individuel pour une étude de l'organisation sociale et sa genèse chez une espèce de fourmis d'Amérique tropicale, en suivant leurs comportements individuels directement à l'œil, ou à l'aide de techniques indirectes, notamment photographiques, en laboratoire[20] ; l'article de Christiane Montandon-Binet dans ce volume fait allusion à ces travaux. Et c'est cette approche centrée sur l'individu qui a permis de montrer que chez la plupart des espèces d'insectes sociaux étudiées, l'âge des ouvrières est un facteur déterminant du comportement.

De façon plus générale, le recours au marquage individuel est désormais employé de façon récurente par les éthologues qui s'intéressent au comportement des insectes sociaux et au fonctionnement des sociétés d'insectes. Les pages qui suivent montrent l'intérêt de cette approche dans des études qui, respectivement, ont été consacrées à l'assignation

---

18 *Ibid.*

19 *Ibid.*

20 En particulier : Bruno Corbara, Dominique Fresneau, Jean-Paul Lachaud, Yvonnick Leclerc, Glynn Goodall, « An automated photographic technique for behavioural investigations of social insects », Behavioural Processes, 13, 237-249, 1986 ; Bruno Corbara, Jean-Paul Lachaud, Dominique Fresneau, « Individual variability, social structure and division of labour in the ponerine ant *Ectatomma ruidum* Roger (Hymenoptera, Formicidae) », *Ethology*, 82, 89-100, 1989. Et pour un public plus large : Bruno Corbara, Dominique Fresneau, Jean-Paul Lachaud (1988), « La flexibilité de l'emploi chez les fourmis », *La Recherche*, 195, 116-117, 1989.

des tâches dans un contexte de construction chez des guêpes, à la signification de la « danse des abeilles » et aux mécanismes de « décision collective » d'un essaim.

LA CONSTRUCTION DU NID PAR UN ESSAIM DE GUÊPES

Polybia occidentalis est une guêpe dont le comportement social a été étudié dès les années quatre-vingt par Robert Jeanne de l'université du Wisconsin. Le nid de cette guêpe commune de l'Amérique centrale à l'Argentine est construit par un essaim, composé en l'occurrence de quelques centaines d'ouvrières et de plusieurs femelles reproductrices. L'espèce est pour cette raison qualifiée d'« essaimante », par opposition aux guêpes « non essaimantes », chez qui la construction du nid débute par l'élaboration d'une première cellule bâtie par une jeune reine « fondatrice » récemment fécondée et qui, seule, initie une nouvelle société. Pour construire leur nid et les cellules qui en constituent les unités de base, les guêpes sociales qu'elles soient essaimantes ou non essaimantes utilisent généralement un matériau qualifié de carton, obtenu à partir de pulpe de bois et autres fibres végétales malaxées avec de l'eau. Les guêpes ont en effet précédé les humains de quelques dizaines de millions d'années dans la maîtrise de l'industrie cartonnière.

Chez les guêpes non essaimantes, à l'instar par exemple des Polistes, dès que la fondatrice a terminé la construction de la cellule initiale, elle y dépose un œuf qui, une fois éclos, donnera une larve qu'elle devra soigner et nourrir. En plus d'assurer ces soins parentaux, la fondatrice s'impliquera dès lors dans la construction d'une nouvelle cellule adjacente à la première. La fondatrice assurera toutes les tâches de construction et de soins à la progéniture elle-même, jusqu'à ce que la première ouvrière et les suivantes viennent lui prêter « main » forte.

Lorsque la fondatrice est seule, il est aisé de suivre toutes les étapes de son comportement bâtisseur et de les relier entre elles car elles sont le fait d'un individu unique. Les parois d'une cellule sont bâties par ajouts de boulettes de pâte à papier ce qui nécessite, de la part de la fondatrice, l'accomplissement de tâches successives : une collecte de pulpe de bois et une collecte d'eau, ces deux opérations pouvant nécessiter des déplacements coûteux en temps, puis la fabrication de la boulette par malaxage. En résumé, pour construire une cellule, la fondatrice effectue successivement – *en série* – les opérations suivantes : collecter de la pulpe, collecter de l'eau, élaborer et déposer une boulette, puis à nouveau collecter de la pulpe, collecter de l'eau, élaborer et déposer une boulette, etc.

Revenons maintenant à nos guêpes *Polybia occidentalis* et à la construction du nid chez cette espèce essaimante. L'observateur, en l'occurrence Robert Jeanne, a devant lui quelques centaines de guêpes qui s'affairent sur la branche d'un arbre. En y regardant de plus près, il peut constater que certaines guêpes vont et viennent transportant qui de l'eau, qui de la pulpe de bois, alors que d'autres ouvrières sont impliquées dans la confection de boulettes qu'elles déposent sur le substrat choisi pour construire les cellules constitutives du nid. D'autres observations pourront rapidement lui faire comprendre que – contrairement à ce qui se passe pour une fondatrice quand elle est seule – les *Polybia* ne réalisent pas les différentes tâches en série, chacune indépendamment des autres. En effet, il apparaît très vite que les guêpes qui s'activent sont constamment impliquées dans des échanges mutuels de pulpe ou d'eau. Or, l'essaim de guêpe comme la ruche d'abeille n'est pour l'observateur humain qu'une collection d'insectes indistinguables, et partant, possiblement interchangeables. La seule façon de comprendre le fonctionnement de ce « chantier de construction » passe par le marquage individuel des guêpes, unique moyen de relier le comportement d'une ouvrière observée à un moment donné à celui qu'elle a manifesté préalablement ou qu'elle manifestera plus tard.

C'est effectivement ainsi qu'a procédé Jeanne dans une étude publiée en 1986 et portant sur sept essaims dont une partie seulement des guêpes ont été marquées. Dans ce travail : « un total de 256 ouvrières furent marquées individuellement avec de la peinture émail [...], alors qu'elles s'engageaient dans des tâches de construction du nid[21]. ». Là encore, cette identification – cette individualisation – change les perspectives. En observant le comportement des guêpes marquées, Jeanne a pu constater dans un premier temps que les guêpes étaient spécialisées sur une des

21 Robert Jeanne, « The organization of work in *Polybia occidentalis* : costs and benefits of specialization in a social wasp », *Behavioral Ecology and Sociobiology*, 19, 333-341, Springer-Verlag, 1986.

trois tâches fondamentales du processus, certaines pouvant dès lors être considérées comme des « approvisionneuses d'eau », d'autres comme des « approvisionneuses de pulpe » et d'autres comme des « bâtisseuses ». Sur le nid en construction, et en simplifiant, les approvisonneuses en pulpe et en eau redistribuent respectivement leur fardeau à plusieurs bâtisseuses[22] ; les bâtisseuses sollicitent pour leur part successivement une approvisionneuse en pulpe puis une approvisionneuse en eau avant de pouvoir contribuer à un ajout de boulette sur le nid.

Les guêpes n'effectuent donc pas, chacune d'entre elles, les trois tâches *en série* : elles travaillent, chacune de leur côté, sur des tâches distinctes qui sont réalisées *en parallèle*. Un tel système, bien qu'il nécessite des transferts de pulpe et d'eau, s'avère semble-t-il plus performant, d'une part en raison de la plus grande efficacité induite par la spécialisation et la répétition rapprochée de la même tâche et, d'autre part, en raison de la capacité de chaque approvisionneuse à fournir des matériaux à plusieurs bâtisseuses. Mais le processus s'est avéré bien plus subtil, ce que seul un repèrage individuel des guêpes pouvait mettre en évidence.

Jeanne observe en effet que ce processus, en génèrant sur le site du nid en construction de multiples transferts de matériaux (des « ruptures de charge »), peut être à l'origine, dans certaines situations et pour certains essaims étudiés, d'importants dysfonctionnements. En effet, il arrive souvent que des files d'attente se forment. Par exemple, de nombreuses porteuses d'eau arrivent au niveau du nid en construction sans trouver rapidement de preneuse, toutes les bâtisseuses étant affairées. Ou bien, a contrario, de nombreuses bâtisseuses sont inactives sur le nid et sollicitent de l'eau sans succès. Lorsque ces problèmes deviennent très fréquents, Jeanne note que certaines ouvrières changent de spécialité et viennent renforcer la catégorie déficitaire. Par exemple, quelques pourvoyeuses en eau cessent leurs allers et retours et deviennent des bâtisseuses, ce qui a un double effet : d'une part, limiter l'arrivée inutile d'eau et d'autre part, accélérer le rythme de construction. Ou, au contraire, quelques bâtisseuses

22 Jeanne a estimé qu'une ouvrière de *Polybia occidentalis*, à pleine charge, transporte environ et en moyenne 0,6 milligrammes de pulpe de bois. De quoi ravitailler six bâtisseuses, celles-ci ne pouvant manipuler (ou « mandibuler » ?) que 0,1 mg de pulpe de bois. De la même façon, une pourvoyeuse d'eau qui a fait le plein de sa charge liquide peut fournir trois guêpes devant élaborer une boulette. On voit ainsi comment la division du travail, en réduisant considérablement le nombre de voyages vers les sources d'approvisionnement, permet un gain de temps et d'énergie appréciable.

non approvisionnées en eau, au bout d'un certain temps, s'éloignent du nid en construction pour aller en collecter. Autant de changements de comportements qu'il aurait été impossible de mettre en évidence sans identification précise des guêpes impliquées sur les différentes tâches et donc sans marquage. Les files d'attente peuvent alors disparaître ou se réduire considérablement, au bénéfice de l'efficacité globale.

Jeanne et les chercheurs contemporains se doutaient bien, contrairement aux Anciens, que ce n'est pas un « roi » (ou une reine), ni un quelconque autre individu qui, dans une société d'abeilles ou de guêpes, assigne aux ouvrières les tâches qu'elles doivent accomplir[23]. Dans le cas des *Polybia* étudiées par Jeanne, on voit que l'assignation des tâches dépend des ouvrières elles-mêmes qui s'adaptent individuellement aux circonstances. Au niveau global, celui de la société, le système s'auto-régule, s'auto-organise sans qu'il y ait de « planning prévisionnel » et sans le moindre « chef de chantier » pour donner des ordres.

Le changement de comportement de quelques ouvrières peut parfois ne pas suffire à établir une stabilité des spécialisations. C'est le cas dans les petits essaims qui peinent à réguler correctement. En effet, si dans le cas d'un groupe de petite taille, une file d'attente d'approvisionneuses en eau apparaît et que, pour y remédier, celles-ci deviennent toutes des bâtisseuses, très vite, le problème inverse va se poser : il y aura trop de bâtisseuses mal ravitaillées en eau ! Dans ces petits groupes, les guêpes, amenées à changer régulièrement de tâche, ne parviennent pas à mettre un terme à l'apparition récurrente de files d'attentes. Ce problème n'existe pas dans les grands essaims où chaque prise de décision individuelle a proportionnellement des effets moins sensibles au niveau global, ce qui permet une régulation fine. Jeanne, en quantifiant le temps moyen passé par les guêpes pour construire l'équivalent d'une seule cellule de nid de *Polybia*, a calculé qu'un essaim de 350 guêpes avait un rendement environ deux fois supérieur à celui d'un groupe de 50 ouvrières[24]. Les dysfonctionnements dans les petits essaims ne sont pas sans conséquences : ils ralentissent considérablement la construction de leurs nids et les sociétés, pour cette raison, sont plus vulnérables.

---

23 On voit à quel point ce « chantier de travail » autorégulé est basé sur une logique de fonctionnement qui diffère de celle de nos entreprises humaines modernes…

24 Plus précisément, Jeanne a calculé qu'il fallait, pour construire une même quantité du nid, 35 « ouvrier-minutes » pour les petits groupes et 20 « ouvriers-minutes » pour les grands.

DANSE DES ABEILLES ET SÉLECTION DU SITE DE NIDIFICATION

Chez l'abeille mellifère, lorsqu'une butineuse a découvert une source alimentaire intéressante (par exemple un arbre fruitier en pleine floraison riche donc de nectar et de pollen), elle retourne dans sa ruche et, généralement dans l'obscurité de celle-ci, sur un des rayons de cire disposés verticalement, elle effectue une série de mouvements qui ont été qualifiés de « danse frétillante ». Karl von Frisch a montré que cette danse était un mécanisme sophistiqué permettant le recrutement[25] alimentaire des congénères : la danse indique en effet de façon suffisamment précise la direction et la distance et donc la localisation (et aussi la nature) de la source[26]. Pour parvenir à ce résultat qui lui a en grande partie valu le prix Nobel, Von Frisch a réalisé des expériences qui au total ont nécessité le marquage individuel d'une très grande quantité de butineuses. Le principe général des expériences reposait sur un protocole simple. Tout d'abord, disposer une source alimentaire, en l'occurrence une coupelle d'eau sucrée, à un endroit donné dont on note la localisation précise (par exemple à 1 500 mètres au sud sud-est de la ruche). Ensuite marquer à l'aide de peinture les abeilles qui visitent cette source sucrée, puis enregistrer (un second observateur est nécessaire) les caractéristiques précises de leur danse si elles en effectuent une, dès qu'elles reviennent à la ruche (un dispositif de type ruche vitrée s'impose alors). Il a fallu à Von Frisch réitérer un très grand nombre de fois et sur plusieurs années cette même expérience, avec des sources alimentaires situées à des localisations variées, pour comprendre comment la distance et la direction de la source par rapport à la ruche étaient « codées » dans les caractéristiques de la danse. Sans le marquage individuel qui permet de certifier que l'ouvrière observée sur une source alimentaire à un instant

25 Le recrutement est le mécanisme par lequel les insectes sociaux exploitent collectivement une source de nourriture. L'ouvrière (la recruteuse) qui en premier la découvre en informe certaines de ses congénères (les recrutées), au bénéfice de la société dans son ensemble. Chez les fourmis qui ne volent pas et se déplacent sur le sol, le recrutement est souvent basé sur des pistes chimiques.

26 La danse frétillante est ainsi qualifiée car elle comprend un trajet pendant lequel l'abeille « frétille » de l'abdomen. Ce sont les caractéristiques précises de ce « trajet frétillant » qui donnent les indications de distance et de direction.

donné est bien celle qui danse dans la ruche quelques instants après, de tels résultats n'auraient jamais pu être obtenus.

Un élève de Von Frisch, Martin Lindauer, a montré dès les années cinquante que la danse frétillante est aussi employée dans un autre contexte que l'approvisionnement alimentaire : la sélection par l'essaim d'un nouveau site de nidification. Chez l'abeille mellifère, l'essaimage permet tout comme chez les guêpes *Polybia* la reproduction des sociétés. L'essaim est par contre constitué d'une reine unique (la « vieille » reine de la ruche d'où est originaire l'essaim) et de quelques milliers (jusqu'à 20 000) ouvrières. Lorsqu'un essaim quitte sa ruche mère, il s'installe d'abord non loin de celle-ci, et constitue une masse compacte d'ouvrières agglutinées autour de la reine. Lindauer a observé que quelques dizaines d'ouvrières exploratrices s'éloignent alors de l'essaim, et reviennent parfois en effectuant, à la surface de celui-ci (sur les corps des autres ouvrières disposées comme autant de tuiles sur un toit), des danses frétillantes. Il en a conclu que chaque danseuse recrutait des congénères en indiquant la présence d'un site potentiellement favorable (qui peut être un tronc d'arbre creux, une ruche vide laissée à disposition par un apiculteur, etc.) à une installation définitive. Les ouvrières sont en effet capables – d'autres travaux l'ont depuis montré –d'évaluer individuellement, entre autres facteurs, le volume disponible de la cavité explorée ainsi que la taille et l'orientation de son entrée, en d'autres termes la « qualité » du site. Chaque abeille recrutée par une danse sur un site donné l'inspecte à son tour. S'il lui convient elle le « valide » et devient elle même recruteuse, en produisant une danse frétillante à la surface de l'essaim, ou s'en abstient dans l'alternative. S'ensuit un va-et-vient de recruteuses et de recrutées, entre l'essaim et plusieurs sites qui se trouvent dès lors mis en compétition. Seuls les « bons » sites potentiels susciteront un grand nombre de recrutements. Un site considéré par erreur comme étant de bonne qualité par une ouvrière ne sera pas retenu comme tel par la plupart de celles qu'elle aura recrutées. Lindauer n'a cependant pas réussi à comprendre comment les abeilles se sortaient d'une situation où deux sites de nidification, considérés comme de bonne qualité, étaient en compétition : comment et par qui est décidé celui qui *in fine* sera choisi ?

Ce sont les travaux plus récents de Thomas Seeley de l'université Cornell qui ont permis de d'y voir plus clair, grâce à des moyens techniques non accessibles à Lindauer, et à des marquages individuels d'abeilles réalisés à très grande échelle. Pour montrer expérimentalement comment est choisi un bon site de nidification, Seeley a procédé en « proposant » à un essaim plusieurs sites artificiels installés sur un îlot dépourvu d'arbres et d'abris naturels. Des milliers d'ouvrières de l'essaim étant marquées individuellement à l'aide de pastilles colorées et numérotées (un travail qui a nécessité l'intervention de nombreux collaborateurs), il leur a mis à disposition cinq boites éloignées de plusieurs centaines de mètres, dont quatre de petite taille et une de dimensions plus propices au développement d'une société. Des caméras ont été disposées au niveau de l'essaim et de chaque boite. L'analyse des vidéos montre qu'assez rapidement, à la surface de l'essaim, des ouvrières recrutent pour les cinq sites. Le temps passant, il y a plus de recruteuses pour la boîte de plus grande taille : la majorité des ouvrières recrutées pour cette dernière devenant à leur tour des recruteuses alors que pour les autres boîtes, une proportion importante d'ouvrières recrutées ne valident pas le site. Lorsqu'environ quinze ouvrières sont présentes en même temps au niveau d'une des boites, ce qui eu égard aux temps d'aller-et-retour entre sa localisation et celle de l'essaim correspond *grosso modo* à une centaine d'abeilles simultanément « intéressées » par ce dernier, un « quorum » est atteint. Ces ouvrières retournent simultanément au niveau de l'essaim dont elles vont déclencher le départ en masse, reine comprise, vers l'abri sélectionné.

Chez l'abeille mellifère, c'est donc une (petite) partie de l'essaim – un « comité » en quelque sorte – qui a sélectionné un nouveau site de nidification. Le choix résulte de la confrontation et de l'addition des décisions individuelles de plusieurs ouvrières. Ce processus par décision collective maximise les chances d'un bon choix ou, tout au moins, il réduit les risques d'un mauvais. Cette manifestation d'« intelligence collective » ou d'« intelligence en essaim » – ce dernier qualificatif étant utilisé bien au delà du contexte de l'essaimage des abeilles – est une des caractéristiques les plus fascinantes des sociétés d'insectes. Et, là encore, ce n'est que par le recours au marquage des individus qui composent la société qu'il a été possible de le mettre en évidence.

Bruno Corbara
Université Clermont Auvergne

DÉCRIRE LA DÉMARCHE D'OBSERVATION D'UN ENTOMOLOGISTE

Enjeux méthodologiques[1]

Comme tous les substantifs se terminant par -tion, production, définition, institution, observation, description, etc., ces mots peuvent être compris pour désigner soit un produit, soit un processus, comme déroulement de l'action dans ses diverses étapes : d'une part résultat, produit fini, acquis en utilisant les données recueillies, ou bien d'autre part démarche de connaissance, sur un temps souvent long, où sont mobilisées chez le sujet observant des ressources cognitives multiples ; les entretiens que j'ai choisis de mener avec B. visent à mieux comprendre comment se déroulent pour lui les diverses étapes de cette activité de recherche dans le contexte d'une démarche scientifique. Dans un échange préalable aux entretiens celui-ci me fournit d'emblée l'indication déterminante du contexte dans lequel va se dérouler l'observation : soit en laboratoire, soit en milieu naturel. Nous avons donc convenu d'abord de deux entretiens, l'un centré sur l'observation en situation d'expérimentation de laboratoire, l'autre vécu en milieu naturel, caractérisé par une situation très ouverte, indéterminée car elle s'origine dans un terrain initialement complexe, inédit, prolifique en Guyane.

Que ce soit une observation scientifique instrumentalisée en laboratoire, ou une observation naturaliste, comme l'appelle Paul Fraisse[2]

---

1 Je remercie tout particulièrement Bruno Corbara de m'avoir consacré beaucoup de temps à mener avec lui ces entretiens, sans lesquels ce texte n'aurait pu être écrit.

2 P. Fraisse, *La Méthode expérimentale*, Paris, PUF, « Que sais-je ? », 1970. Ruth C. Kohn et Pierre Nègre, après avoir opposé observation naturelle et observation scientifique, précisent que Paul Fraisse y ajoute d'autres aspects, en particulier « l'observation systématique est dite naturaliste si elle étudie le comportement d'individus dans les circonstances de leur vie journalière, ou clinique si les conditions de l'environnement sont fixées par le chercheur » (Ruth Canter-Kohn, Pierre Nègre, *Les voies de l'observation*, Paris, Nathan, 1991, p. 41).

il s'agit pour moi d'aborder l'observation dans sa dimension expérientielle : saisir la démarche de l'observateur de l'intérieur, en s'intéressant davantage aux processus mis en œuvre par l'observateur qu'à ce qui est observé : cette observation du point de vue de l'observateur, non pas seulement de son but, de son objectif, mais plus précisément visant à recueillir des données sur son activité d'observant, sur ses processus mentaux, sur la manière dont il construit progressivement son objet de recherche et sa méthode, requiert de ma part des outils méthodologiques spécifiques. En effet ce qui est observé témoigne alors autant de l'objet observé que du sujet observant, et dans ce dispositif que j'ai choisi pour accéder à l'observation de l'observateur j'ai eu recours à deux types d'entretiens, un entretien non directif, de type compréhensif, et un entretien d'explicitation. La nécessité d'une démarche instrumentalisée implique l'usage de diverses médiations, dans l'aide à la verbalisation du sujet observant. Une telle observation de l'observation, cette méta-observation requiert un cadre théorique spécifique : celui de combiner deux aspects des rapports à l'objet/sujet observé. Ainsi quand il s'agit pour moi de décrire la démarche d'un sujet observant qui se situe dans le champ de l'éthologie, j'ai recours à un type d'entretien hybride[3], à la fois entretien compréhensif et entretien d'explicitation :

– la concentration de son activité psychique sur une situation spécifiée d'observation appelle une approche psycho-phénoménologique, et pour ce faire, je recours à un entretien d'explicitation (EdE), modalité spécifique d'entretien, théorisée par Pierre Vermersch[4]. Inclure dans ce champ de l'observation l'expérience même de l'observateur revient à observer la manière, *une* manière singulière, dans une situation spécifiée où il a été amené à observer un objet singulier. C'est lui permettre de verbaliser ce qui est vécu par lui dans cette situation-là, non pas en général, mais à partir des traces mnésiques, des mouvements psychiques qui restent incorporés dans sa posture d'observateur à un moment donné, présentes en lui à partir de la position d'évocation où va pouvoir l'amener

3 Christiane Montandon, « Fondements théoriques et conditions de mise en œuvre d'un entretien hybride », *in* A. Mouchet (dir.) *L'entretien d'explicitation. Usages diversifiées en recherche et en formation*, Paris, L'Harmattan, 2014.

4 Pierre Vermersch, *L'entretien d'explicitation*. ESF, 1994.

l'intervieweur. Faire émerger ce qui apparaît à la conscience du sujet observant, immergé dans cette situation spécifiée d'observateur qu'il a vécue, requiert ce type d'entretien. J'ai eu beaucoup de mal à lui faire prendre la position d'évocation, sans comprendre pourquoi, au premier abord, je n'ai pu l'amener à dire « je ». En effet dans les deux premiers entretiens, il revenait toujours au prénom « on » : « on voit », « on y regarde de plus près, on se rend compte que c'est un nid en carton de la même fourmi, donc déjà on émet des hypothèses : on se dit : c'est la crise du logement », jusqu'à ce que je comprenne mieux, grâce à un troisième entretien, que la situation d'observation était foncièrement en interaction avec un autre, un collègue qui observait avec lui. Cette observation s'avère donc une co-observation.

– L'autre aspect de ma démarche pour recueillir des éléments qui rentrent en résonance avec une observation non pas instrumentalisée mais flottante, est de recourir à un entretien compréhensif, non directif[5], où il ne s'agit pas de se focaliser sur *un* moment crucial, décisif, du point de vue du sujet observant mais de le suivre dans les méandres de ce qui lui vient à l'esprit tout en relançant à certains moments où je sens intuitivement qu'on touche à un noyau lourd de sens dans ce que j'ai pu, en tant qu'intervieweur, appréhender comme significatif dans sa démarche.

PRÉCISIONS MÉTHODOLOGIQUES

Articuler cette visée objectivante avec une visée subjectivante, tel est l'enjeu d'une démarche psycho phénoménologique, où il s'agit de décrire ce qui apparaît à la conscience de celui qui observe et perçoit. Cela nécessite de mettre en place des conditions précises, l'importance d'un accordage, où il s'agit de s'entendre sur les objectifs partagés de l'entretien et les enjeux pour chacun des interlocuteurs à faire cet entretien (EdE) ; le contrat d'attelage[6] consiste à vérifier si l'accompagnement

5 Jean-Claude Kaufmann, *L'Entretien compréhensif*, 4e éd., Paris, Armand Colin, 2011.
6 Pierre Vermersch, *Expliciter*, n° 66, 2006, p. 33.

par l'intervieweur de la démarche de l'interviewé est accepté. Je l'ai déjà dit précédemment, je dois avouer avoir eu beaucoup de mal à mettre B. en évocation, cette position de parole incarnée où il serait resté pendant un long moment de l'entretien sur une seule situation singulière : en voulant privilégier une approche de type psycho-phénoménologique je m'intéresse aux mouvements psychiques, aux processus cognitifs mobilisés par le sujet observant. J'observe, je constate que cela m'a été difficile, sinon impossible ; j'ai recueilli des éléments de sa stratégie de recherche, des indications sur les processus intellectuels qu'il désigne comme caractéristiques de sa manière de fonctionner, décrivant les motions intentionnelles qu'il met en œuvre pour atteindre son objectif : étudier le fonctionnement des sociétés de fourmis.

À la suite de deux entretiens, l'un centré sur son activité en laboratoire, le second focalisé sur une observation à la fois flottante et systématique en milieu naturel, il est donc apparu une autre dimension de cette démarche, la co-observation qui s'avère une dimension déterminante, fondamentale de ce vécu expérientiel : il n'observe jamais seul cette société de fourmis, mais toujours à deux, ce qui signifie que la situation spécifiée qu'il s'agirait d'étudier concerne aussi ce qui se passe entre les deux observateurs. Aussi je fais l'hypothèse que la difficulté à mettre B. en évocation, en position de parole incarnée, viendrait de cette situation d'interaction où B. est tantôt sujet observant des fourmis tantôt sujet observant son collègue observant les fourmis alors que lui est en train de transcrire ce que son collègue lui dit. D'où cette seconde constatation : on ne peut dissocier dans ce cas observation et description, transcription de ce qui est observé. La verbalisation dans la co-observation montre l'articulation intime entre observer et décrire : « On observe toujours à deux même si on observe tout seul, immédiatement on va en référer, on a tout de suite quelqu'un avec qui on verbalise, et on parle en permanence. Je te dis "on", encore une fois, parce qu'on discute ; on discute, on discute beaucoup… ». Si donc l'entretien est ponctué par beaucoup d'utilisation du « on », « on ne voit pas, on n'a pas accès, les fourmis elles disparaissent… et reviennent avec une proie ; ce qui nous intéresse c'est de savoir ce qui se passe entre temps. » (Second entretien), je comprends désormais que sa permanente coopération avec un autre chercheur le fait sans cesse osciller entre une centration sur ce qu'il observe et verbalise et sur son interaction avec l'autre observant.

Cette dimension collaboratrice du processus d'observation m'amène à lui demander un troisième entretien, qui sera alors focalisé sur cette co-observation.

J'ai procédé donc à trois entretiens, les deux premiers étaient prévus en fonction du contexte, l'un en laboratoire, l'autre en milieu naturel, avec les consignes respectives suivantes : d'abord concernant la situation de laboratoire : « je te propose de prendre le temps de laisser venir à toi une situation particulièrement intéressante d'observation lors d'un dispositif expérimental », puis le second entretien focalisé sur l'observation en milieu naturel avec une consigne similaire ; le troisième enfin, spécifiquement centré sur la co-observation s'énonce ainsi : « je te propose, si tu es d'accord, de prendre le temps de laisser venir à toi une situation de co-observation où les interactions entre toi et ton collègue sont décisives pour le déroulé de ce qui se passe ».

RUPTURE ET/OU CONTINUITÉ ENTRE OBSERVATION ET DESCRIPTION

Ce cheminement d'une situation d'observation verbalisée par l'un des observateurs à sa retranscription par l'autre indique à la fois concomitance et successivité de la perception et du recours au langage. Dans la verbalisation de ce qu'il perçoit, il indique combien sont intriquées les représentations du chercheur et son vocabulaire, rapidement disponible et mobilisé par les objets observés. Son observation est ici tributaire du capital langagier disponible dans son champ disciplinaire et les références bibliographiques qu'il utilise : « tout ça, on l'observe. On le sait et … je le sais et je le vois, et dans la littérature c'est quelque chose de connu ! Moi je suis sur une espèce de fourmis qui n'est pas étudiée par ailleurs, je suis le premier à travailler dessus, pratiquement c'est important, c'est une espèce qui vient des tropiques américains, du Mexique, on ne sait rien sur cette espèce, mais je retrouve plein de choses qu'on connaît sur les fourmis, qui ne sont pas surprenantes, mais voilà, je commence et je vérifie. » Or ce détour par les mots, les appellations de ce qui est vu sont d'autant plus prégnants dans cette relation duelle, du fait des interactions incessantes entre ce que chacun d'eux perçoit et communique à l'autre, qu'ils ont chacun un passé d'observation différent selon les continents, et un capital terminologique et langagier à la fois commun et différent selon leurs références bibliographiques et leur parcours disciplinaire spécifique. D'autre part le registre langagier n'est pas le même, nous le verrons dans ces échanges avec le collègue en situation d'expérimentation en laboratoire et sur le terrain dans les tropiques. Diverses sont les étapes et degrés de la description selon que l'observation s'effectue en laboratoire ou en milieu naturel. Mais la présence d'un autre observateur et leur coopération rendent la concomitance entre objet observé et mise en mots étroitement liée.

Michel Foucault, dans *Les mots et les choses*, montre comment le rapport au langage de l'observateur instaure une corrélation en même temps qu'un écart entre les processus d'observation et la description : « on a beau dire ce qu'on voit, ce qu'on voit ne loge jamais dans ce qu'on dit, et on a beau faire voir, par des images, des métaphores, des comparaisons ce qu'on est en train de dire, le lieu où elles resplendissent n'est pas celui que déploient les yeux, mais celui que définissent les successions de la syntaxe[7] ». Non seulement le champ du langage n'est pas coextensif à celui de la perception, mais nous verrons que l'observation dans cette démarche scientifique d'éthologue est sélective, orientée en fonction des protocoles de recherche. Là encore Michel Foucault en relation avec la prégnance de l'épistémè caractéristique d'une époque souligne l'impact de la dénomination, des appellations sur le destin de l'observation : « Observer, c'est donc se contenter de voir. De voir systématiquement peu de choses. De voir ce qui, dans la richesse un peu confuse de la représentation, peut s'analyser, être reconnu par tous, et recevoir un nom que chacun pourra entendre[8] ». Ainsi l'énoncé d'une observation est toujours en partie une interprétation.

Pour suivre ce cheminement dans les processus mobilisés par une situation d'observation il est d'abord nécessaire d'en dégager certaines conditions d'effectuation.

7 Michel Foucault, *Les mots et les choses*, Paris, Gallimard, 1966, p. 25.

8 *Id.*, p. 146.

LES PRÉALABLES À L'OBSERVATION PROPREMENT DITE

En début d'entretien B. tient à me préciser le contexte de la situation et surtout son statut en tant que sujet observant, son positionnement comme novice dans la recherche scientifique, ou comme chercheur confirmé ; « chronologiquement en fait moi j'ai commencé en laboratoire ; j'ai vraiment commencé comme ça et la découverte de la nature, la transposition de mon travail de recherche est venue après ; ça ne me met pas dans le même statut, dans la même expérience aussi ; j'avais beaucoup moins de recul à l'époque ». Cette nécessité de préciser ce lieu d'énonciation accompagné de ses dimensions temporelles met en relief l'importance d'un *ante début* de l'observation, celle des conditions susceptibles d'induire l'orientation du regard, de déterminer les objets vers lesquels se porte l'attention. Ainsi le poids de sa formation antérieure d'éthologue, de biologiste, son appartenance disciplinaire jouent sur la manière dont il perçoit ce qui fait l'objet de son observation (les comportements sociaux), mais également la démarche et son attitude de sujet observant. « Dans ma formation d'éthologue, je sais que les premiers éthologues classiques, Lorenz, Tinbergen, etc. ont défini ce qu'on appelle la notion d'éthogramme, un éthogramme, c'est justement un catalogue comportemental, et donc je suis dans cette tradition-là, que je le veuille ou non, je suis dans cette tradition-là et je ne vais pas réinventer la poudre ». Cet arrière-plan représentationnel, tributaire d'un capital culturel antérieur, lui apparaît déterminant dans sa posture d'observateur et dans le déroulé de l'observation. Il ne s'agit pas seulement d'opposer observation naïve et observation instrumentalisée, mais de prendre conscience qu'il y a toujours un déjà-là, un arrière-plan intentionnel où le vécu expérientiel contribue à caractériser la démarche de l'observateur. L'intention qui présidera ici à sa démarche d'observation consiste à dégager des catégories comportementales pour construire une grille d'analyse.

Contexte, statut, antécédents, environnement disciplinaire, savoirs préalables, « il y a donc ce cécropia, et ça je sais, je connais, c'est très connu », « les cécropias sont des arbres à fourmis », tout cet arrière-plan historique et culturel précèdent l'entrée dans la démarche d'observation et orientent le regard. Non seulement il n'y a pas d'observation naïve, mais l'observation en se revendiquant en rupture avec une simple perception, charrie tout un ensemble d'implicites, que B. nomme ses scripts ou ses scénarios qui impriment une allure spécifique aux processus d'observation : « je vais avoir des scripts, des significations pour décoder... ». Le capital de connaissances antérieures, le degré d'acculturation vis-à-vis de l'environnement, le cadre théorique orientent l'observation et peuvent aussi bien l'infléchir qu'empêcher de percevoir ce qui est caractéristique de la situation. Comme l'écrit Cornelius Castoriadis en citant Einstein, « c'est la théorie qui d'abord décide de ce qui est observable[9] ».

Lors de l'arrivée en milieu naturel, ce qui va faire l'objet de l'observation dépend souvent des décisions prises en amont et de la définition de l'objectif poursuivi par la mission. « Tout se passe en Guyane, on est en lisière de forêt, je passe à côté d'un arbre qui s'appelle "cécropia", c'est un arbre très particulier, je sais qu'il a des sociétés de fourmis, c'est un arbre qui pousse très très vite, qui a le tronc creux, et son tronc est un nid de fourmis vivantes, il est habité par des fourmis, il y a donc ce cécropia, et ça je sais, je connais, c'est très connu, "les cécropias sont des arbres à fourmis" ; on le sait, on les regarde mais on ne l'étudie pas parce que a priori il n'y avait pas d'intention d'étudier ». Cette première attitude de refus va donner lieu plus tard à un revirement, occasionné par l'accumulation d'indices surprenants et de hasards déclenchants.

Ruth Canter-Kohn confirme ce poids des préalables à l'observation quand elle affirme que celle-ci « commence par une perception d'objet dont la nature est spécifiée par une interprétation préliminaire[10] ». Quelle est cette observation sélective et interprétative au nom d'un protocole construit et validant des données dépendantes d'un contexte disciplinaire et du travail collectif en laboratoire ? Quels en sont les aléas ?

Quelles en sont les diverses stratégies selon que la co-observation se passe en laboratoire ou dans un milieu naturel ?

9 Cornelius Castoriadis, *Les carrefours du labyrinthe*, Seuil, 1978, p. 172.

10 Ruth Canter-Kohn, *op. cit.*, p. 31.

LES STRATÉGIES DE L'OBSERVATION EN LABORATOIRE

L'observation ne se présente jamais comme une fin en soi, elle se révèle soit comme un moyen de déboucher sur la construction d'une autre situation d'observation, soit comme un but intermédiaire pour amorcer la description et l'analyse du phénomène étudié, posé comme objet de recherche : décrire ces insectes sociaux que sont les fourmis.

La dichotomie contextuelle, observation expérimentale en laboratoire/observation en milieu naturel, même si elles s'opposent au départ finit par suite de son déroulement à rejoindre des étapes similaires ; en effet il n'y a pas d'observation naïve, et dans les deux cas le hasard joue un rôle parfois décisif, de même que la surprise, facteur important dans la formulation d'hypothèse, ou bien rencontre d'un obstacle matériel, technique ou cognitif, incompréhension de ce qui se passe, autant d'obstacles qui invitent à rebondir et à inventer d'autres situations d'expérimentation.

Avec la construction d'un dispositif d'observation artificiel, où les nids sont construits en plâtre, et dont la répartition spatiale permet de suivre les comportements des fourmis, B. distingue une phase préliminaire, celle des observations directes, d'une seconde phase, celle des observations indirectes, c'est-à-dire médiatisées par les instruments techniques, « méthodes photographiques » permettant un autre rapport au temps de l'observation.

OBSERVATION DIRECTE

Même l'observation directe fait appel à des médiations techniques, comme une loupe, un périscope, « qui envoie de la lumière rouge », dans un univers saturé d'humidité et relativement obscur. Il construit sa stratégie d'observation à partir de deux objectifs principaux : « Première phase : l'inventaire le plus complet de tous les comportements possibles, ce qui pose beaucoup de problèmes. Parce que… Qu'est-ce que c'est qu'un comportement ? Où est-ce que ça commence ? Où est-ce que ça finit ? Là on est dans le cœur de la description… » La seconde phase étant la construction des catégories de la grille d'analyse qui va être validée par les autres chercheurs.

LE DILEMME DE L'OBSERVATEUR : CHOISIR DE VOIR ET REFUSER DE VOIR, ÉLIMINER CE QU'ON NE VEUT PAS VOIR, CE QUI N'EST PAS INTÉRESSANT DE VOIR

Dans un premier temps, l'observation et la description d'un comportement impliquent de cibler une fourmi, mais une fourmi qui bouge, c'est refuser, ou cesser d'observer les fourmis immobiles : cette observation directe, mais instrumentée avec un périscope, un chronomètre, permet de concevoir les conditions dans lesquelles dans un second temps, une observation indirecte, avec des méthodes photographiques ou filmiques, peut se dérouler. « J'ai décidé que je vais essayer d'avoir une idée de la durée du toilettage, j'ai mon chronomètre à côté, il est à zéro, et dès que je vois qu'une toilette commence je clique ; et quand elle s'arrête je regarde ma durée ; et je le note sur mon carnet. » Observation ciblée, description ciblée. Il insiste sur l'intentionnalité qui préside à son regard : « ce jour-là j'ai décidé d'enregistrer la durée des toilettages ». Il insiste aussi sur la complémentarité corrélative entre processus d'observation et démarche descriptive : « J'ai codifié, "toilette individuelle", ça s'appelle ! Voilà ! J'ai mis "grooming", toilette individuelle et là, je ne travaille pas très proprement, c'est un carnet de prises de notes rapides, donc il y a juste ça ; et là je mets 27 secondes, par exemple. Et puis je retourne à mon périscope, j'attends de nouveau qu'une fourmi bouge, je fais pareil ; je fais ça un certain nombre de fois ». Il me décline alors à partir de cet exemple les diverses catégories de toilettage repérables dans tous les comportements des fourmis.

Or la première phase elle-même va se subdiviser en différentes étapes, dans la mesure où il s'agit de répertorier diverses catégories de comportements : durées des toilettes individuelles, des toilettes interindividuelles : « j'ai appelé ça "soin". Donc soins aux larves maintenant. Une fourmi qui soigne une larve. Donc je vais chronométrer de la même façon combien de temps elle soigne les larves ». On assiste à un va-et-vient entre observation et description dans la mesure où la précision avec laquelle va se dénommer la catégorie peut évoluer en fonction des comportements ultérieurs qu'il va observer. « Il y a une larve, la fourmi arrive à proximité et elle la soigne, sauf que ce soin aux larves, au bout d'un moment je me rends compte que c'est une catégorie trop large : et je vais la subdiviser ».

Une partie importante de l'entretien porte sur ces atermoiements dans la construction des catégories de la grille d'analyse. En effet, « en observant ce comportement-là je suis un petit peu perturbé par le fait qu'il y a plein de choses différentes. Et donc je me dis qu'il y a sans doute de l'intérêt de couper, de séquencer ce comportement ; et là on rentre sur de vrais, vrais problèmes. Il y a des choix. » La causalité circulaire entre ce qui est observé et ce qui est nommé, dénotation qui elle-même appelle à voir autrement le toilettage, où un autre détail apparaît, qui entraîne une autre dénomination montre bien cette récursivité entre observation et description : « je vais voir des choses un peu différentes, que je vais quand même classer dans le soin aux larves et du coup je vais différencier ce que j'ai codé auparavant, je vais appeler ça toilette des larves et puis je vais voir une fourmi qui donne de la nourriture à la larve. Je vais appeler ça autrement, "nourrissage" de larves, et pour joindre les deux : "soins aux larves". Donc je fais des sous-catégories comportementales. »

Une telle observation essaie de combiner la délimitation d'une séquence temporelle de comportement et la dénomination de sous-catégories comportementales. Construire ce catalogue de sous-catégories comportementales implique de concilier le choix du chercheur avec le choix de l'observateur en trouvant un compromis : « faire une grille d'analyse constituée de comportements tant que faire se peut les plus précis possibles, mais qui soient mutuellement exclusifs » implique refuser de voir certains détails. Cette stratégie de choix, de sélection de certains aspects au détriment d'autres confronte la démarche d'observation à des processus de négation, d'exclusion, de refus de voir ; pour construire l'objet scientifique intentionnellement visé le sujet observant élimine de son champ de vision un pan du réel empirique, un certain nombre de données qui « me semblent sans pertinence ». Le vertige devant l'infinité des possibles, la chute dans l'infinitésimal confrontent l'observant à la nécessité de délimiter ses objets d'observation, à découper le monde en catégories « arbitraires », (toilette interindividuelle, soins aux larves etc) : « j'exclus ce qui me semble déjà en a priori sans importance, mais je pense que, quand on essaie de décrire, sinon on confine à la folie… ça ne va jamais avoir de fin, c'est-à-dire qu'on peut s'enfoncer dans, dans la précision des comportements de façon extrême ».

Ce couplage observation/description rend le processus d'observation ultérieure tributaire de ce qui a été codifié précédemment : cette observation conditionnelle, c'est-à-dire soumise à des conditions de faisabilité techniques (granularité des photos recueillies en 2e phase, indirecte), humaines (temps consacré à parcourir et analyser l'ensemble des données) montre comment voir de manière prospective et voir de manière rétrospective influencent les stratégies de l'observateur. L'observateur regarde et décrit en fonction de ce qui va suivre, du niveau de granularité des catégories comportementales retenues : cette anticipation qui régit la manière de construire la grille retentit sur la manière de voir certains détails, d'en supprimer d'autres, qui ont été observés de manière préconsciente, irréfléchie, et qui n'ont pas été intégrés dans la description. Il y a donc à la fois continuité et rupture entre observation et description, selon le niveau de granularité que le chercheur se donne. Le réel empirique observé est soumis à un quadrillage catégoriel sélectif qui passe au crible ce qui est digne d'être retenu et ce qui ne doit pas être vu : cette façon de décrire le réel introduit des limites, problème qui rejoint la question que se pose Platon au sujet de l'*apeiron* (Philèbe, 24a.-25e) quand il s'agit de définir, c'est-à-dire d'introduire des limites dans l'illimité.

Dans la description de ces catégories, l'enjeu stratégique de voir et de ne pas voir, de refuser de voir certaines choses, confronte cette discontinuité entre observer et décrire à des alternatives entre visible, observable et visible, non observable, non vu.

OBSERVATION INDIRECTE

La médiation par des instruments techniques de recueil de données, photos, films caractérise cette observation indirecte : « dans une deuxième phase je vais passer à des observations indirectes, films, photographies et là on perd en précision ; et du coup la discrimination de mes microcatégories autant elle est possible en observation directe, autant en caméra ou en photo a fortiori, on perd le niveau de précision et donc cette granularité très très fine qu'on peut avoir avec l'œil humain qui est là, présent, on va la perdre avec ces techniques-là. »

Cette seconde phase d'observation est ainsi tributaire de la grille de catégories précédemment élaborée : « Si on rentre trop dans les détails on n'en finit pas ! Mais parfois c'est intéressant de rentrer dans les détails parce que le comportement peut révéler une grande importance ». Pour que ce soit une « bonne » grille, une grille « opérationnelle », avec ni trop ni trop peu de catégories, on comprend bien les multiples déterminations qui pèsent sur le processus d'observation : cette concaténation d'observables repose sur une succession dialectique de couplage observé/décrit qui se complète, s'oppose, se nie. « La phase où on était, la phase préliminaire, dans cette phase je ne me censure pas, j'essaie de faire. Je ne me censure pas, c'est faux, ce que je vous ai dit, je me censurais ». Les diverses formes de l'observé dépendent ainsi de ce qui est décrit :

- un observé et non décrit ;
- non observé volontairement à cause d'une absence de codification ;
- non observé irréfléchi, préconscient, et non décrit.

La masse des documents vidéo est énorme[11] : leur analyse requiert à la fois chez les chercheurs les traces mnésiques qui se présentent à eux comme des schèmes de comportement repérables[12] mais aussi le marquage préalable avec des pastilles de couleur d'un certain nombre de fourmis pour pouvoir suivre individuellement sur une période relativement longue l'évolution de leur parcours, de la manière dont est organisée la division du travail. Bruno Corbara l'a rappelé dans sa communication, l'objectif est de comprendre leur organisation sociale, « en termes d'organisation du travail, en termes de répartition des rôles, en termes de division du travail » avec le changement de leur rôle et de leur fonction au fur et à mesure du vieillissement.

Cette seconde phase mobilise un travail collaboratif pour analyser les photos, « on fait ça à deux, c'est plus simple, il y en a un qui est sur les photos et qui analyse et l'autre qui entre les données » : passer de l'observation à la dénomination en utilisant les catégories construites précédemment, puis à leur transcription montre combien l'observation dépend du quadrillage de la langue, du découpage de la réalité empirique en catégories linguistiques. Cette collaboration mobilise une attitude réflexive : chacun observe comment l'autre observe et vérifie sa codification, dans la mesure où il s'agit de voir si ce qu'il décrit avoir observé correspond bien à la dénomination du premier. « On alternait les rôles, on avait fait le travail de vérifier qu'on codait de la même façon, on avait fait ce travail-là, et puis pour des raisons de l'œil, de fiabilité de l'œil, on s'échangeait parfois, et donc c'est lui qui était en train d'analyser et

11 « Quand on a photographié jour et nuit pendant six mois sans interruption, ça ne veut pas dire qu'on est obligé de dépouiller tout. »

12 « Je me suis construit vraiment des images mentales très précises de ces comportements. »

à un moment il me dit : "elle est en train de lui toiletter le troufignon, l'arrière train" et il dit : c'est rigolo, on revient en arrière sur les photos et on s'est rendu compte à un moment, effectivement, que la catégorie comportementale "toilette les larves plutôt à l'arrière-train" était quelque chose d'assez récurrent. » On assiste ici à certains remords en prenant conscience des détails non vus, mais cette prise de conscience du non-observé est balayé devant l'impossibilité de revenir sur la grille de catégories : « cette grille d'analyse une fois qu'elle a été utilisée, testée, on l'a validée, on n'y touche plus ! ».

Cette concertation au sein du collectif de l'équipe de recherche conduit B. à souligner les retours en arrière possibles mais non souhaitables de la modification de la grille et les aléas de leur démarche d'observation : « Quand on a les résultats on discute avec les collègues, et quand on regarde les toilettes comment elles sont faites, où elles sont dirigées ah oui ! Alors cela aurait été bien pourquoi ?... ah ça serait intéressant de voir ça, et ça et ça ! On l'a évacué, parfois consciemment et d'autre fois on l'a évacué parce qu'on ne s'est même pas rendu compte qu'on l'a évacué. ».

MÉANDRES ET DESTINS DES OBSERVATIONS/DESCRIPTIONS EN MILIEU NATUREL

Contrairement au protocole structuré qui est prévu en travail de laboratoire, dans l'exploration sur le terrain on assiste à une co-observation qui va se dérouler pendant une dizaine d'années avant qu'une situation inédite attire l'œil et fasse l'objet d'une démarche plus systématique d'observation et de description. Je m'appuie sur les deux autres entretiens pour documenter les étapes et les caractéristiques de cette co-observation.

B. insiste lors du second entretien sur la nécessité d'une accumulation d'indices inhabituels, de détails surprenants pour l'inciter, lui et son collègue, à aller voir de plus près ce qui se passe dans ces nids en carton accrochés à des cécropias en Guyane : « ce qui me surprend moi, c'est de voir ce nid de fourmis accroché à cet arbre parce que a priori sauf si c'est l'espèce qui est à l'intérieur de l'arbre elles n'ont rien à faire là ». Aussi avant de s'investir dans une observation rigoureuse il se passera plusieurs années pour qu'ils décident de prendre ces nids sur les cécropias comme objet d'investigation ; on retrouve le poids des préalables, des idées préconçues, de ce que B. appelle ses « scripts », schèmes de pensée, schémas heuristiques de recherche, qui préexistent à une démarche d'observation et qui la conditionnent : « ça je sais, je connais, c'est très connu, "les cécropias sont des arbres à fourmis" ; on le sait, on les regarde mais on ne l'étudie pas parce que a priori il n'y avait pas d'intention d'étudier »

Une autre caractéristique de cette démarche d'observation en milieu naturel est son inscription dans un temps long, des séquences d'observation qui s'échelonnent sur plusieurs d'années, pour rassembler peu à peu un faisceau d'indices qui n'ont été observés que successivement : « on n'a pas compris à ce moment-là que ça dépendait de l'heure, de l'horaire, du moment de la journée. »

C'est la surdétermination d'éléments inédits, surprenants, redondants, (plusieurs cécropias avec des nids en carton), la constatation de leur fréquence à partir du moment où ils ont appris à les voir qui déclenchent le désir d'observer ce phénomène. « Donc c'est quelque chose qui doit être sinon très fréquent, en tout cas pas si rare ; on se dit ça parce qu'on a l'habitude de la chose suivante : on trouve ce que l'on cherche ; l'œil trouve ce qu'il cherche ».

Le désir d'aller plus loin dans l'observation vient d'un constat qui aiguise leur curiosité : l'alignement des fourmis, sur le bord d'une feuille de cécropia, à certaines heures de la journée : « on a vu un phénomène étrange, on se dit : la fois prochaine on veut en savoir plus sur ce phénomène, mais on n'y va pas spécifiquement pour ça ». Et il ajoute, quand je lui demande ce qui a motivé ce changement de stratégie, et surtout après avoir rappelé la nécessité de se centrer sur une situation spécifiée et essayé de l'ancrer corporellement dans sa position sur l'échelle d'où il observe les fourmis sur la feuille de cécropia, il me fournit un élément que je trouve crucial de cette démarche d'observation. Pour comprendre ce qui se passe au dessus de la feuille et ne pas s'arrêter à l'alignement des fourmis sur la partie inférieure, il a recours à des médiations techniques plus systématiques (téléobjectif, échelle) : « j'ai changé de stratégie pour m'apercevoir de ça ! On est passé à une technique photographique, c'est-à-dire je suis venu un peu plus tôt, quand elles commencent à s'installer, sur la feuille, et en se mettant un peu plus loin sur les échelles et en prenant des photos, on pouvait prendre des photos de la partie supérieure et de la partie inférieure de la feuille ».

Cette observation instrumentalisée engendre la confrontation d'hypothèses entre les deux collaborateurs qui discutent beaucoup entre eux : « quand on prenait la partie supérieure de la feuille, on voyait juste des petites têtes qui dépassaient, comme si la feuille était ponctuée par des petits points voilà, tout simplement ! En fait ça dépasse tout juste, quoi ! Juste suffisamment pour que leurs antennes et leurs yeux voient ce qui se passe. Elles doivent sentir aussi une vibration je suppose ».

La difficulté à observer la situation du fait de l'éloignement et du recto/verso de la feuille dont on ne voit pas la face supérieure les pousse à faire des suppositions, en particulier dans le rôle des vibrations comme élément déclencheur de l'assaut des fourmis sur leur proie : ils convoquent l'imagination au service de la perception :

> on les connaît les fourmis, on sait comment fonctionne le corps, donc on imagine que les pattes sont vraiment au bord de la feuille, les pattes antérieures, les pattes avant sont au bord de la feuille, ce qui mécaniquement fait que la tête dépasse … on imagine qu'un insecte se pose et immédiatement elles foncent dessus.

Ce n'est que très progressivement qu'ils prennent conscience des conditions requises pour observer le phénomène dans toutes ses dimensions spatio-temporelles : importance de l'heure où se produit l'alignement, à la tombée de la nuit, nécessité de courber l'arbre pour accéder aux deux parties (inférieure et supérieure) de la feuille, et de distinguer différentes espèces de cécropia. Mais même en considérant ce faisceau de paramètres spatio-temporels et caractéristiques essentielles ils prennent conscience qu'ils sont loin d'avoir tout observé. « On part de choses qui sont des petits points de détail et de même qu'on a des choses devant les yeux et on ne les voit pas, pour qu'on fasse le rapprochement entre la structure de la feuille et le mode de chasse de la fourmi c'est difficile ».

Leur observation s'avérera après coup insuffisamment poussée dans la mesure où ils s'aperçoivent de la nécessité de parcourir l'éventail des diverses sensations à mobiliser dans l'observation, non seulement le versant visuel, mais aussi olfactif, tactile, dynamique (vitesse et force de traction). « Quand on regarde avec les jumelles, elles sont à 2 m, seulement j'aurais pu prendre un bâton, mettre un petit coup dans le nid et en récupérer quelques unes, qui portent sur le bâton et les sentir, on n'a même pas pensé à le faire ! » Ils prennent conscience de cette observation lacunaire car ils ne comprennent pas « comment est-ce qu'elles font pour être aussi efficaces ? »

Pour parcourir ces différentes étapes de l'observation, seule l'évocation de la sérendipité permet de faire converger la surdétermination d'indices accumulés et le hasard : ils vont augmenter l'empan des observations sensibles en détruisant des nids en carton, qu'ils récupèrent dans un sac, les mettent au congélateur « et là on se met à 7 ou 8 pour décortiquer tout ça. C'est là où on voit que ce n'est pas la même espèce, on voit qu'il y a deux espèces ; des différences très minuscules. »

Mais recourir à cette intervention expérimentale ne suffit pas, il y a le hasard d'un cécropia mort, qui est tombé sur un autre arbre, dont les feuilles sont plus petites et où ont émigré les fourmis. La confrontation avec une autre espèce d'arbre va entraîner une comparaison qui elle-même les conduit à un autre objet d'observation :

> Elles chassent, elles réussissent à capturer des proies, mais elles ne capturent que des petites proies donc on en infère immédiatement que l'arbre y est pour quelque chose ! Entre temps on s'est rendu compte que l'histoire est beaucoup plus compliquée ! Entre le moment où on a compris que l'arbre était responsable en partie de cet effet VELCRO, responsable de l'efficacité de la grandeur des proies, on a compris quelque chose qui nous échappait depuis le début.

Tantôt l'observation précède la description, tantôt c'est la description qui amène à observer différemment en suscitant la curiosité et en donnant lieu à de nouvelles interrogations : recourir au microscope pour mieux observer l'extrémité des pattes des fourmis, passer des fourmis à l'observation minutieuse de la structure des feuilles. Cette modification de la focalisation du regard leur permet, au lieu de se centrer sur les caractéristiques somatiques des fourmis, de découvrir que la feuille du cécropia était velue. L'observation plus poussée d'une autre catégorie d'objets génère une autre phase d'expérimentation, d'hypothèse et partant d'observations :

> Ce sont des étapes d'observation multiples qui font que, on ne fonctionne pas de façon linéaire, puisqu'on est obligé comme avec des pièces de puzzle, notre

> raisonnement fonctionne en pièces de puzzle, c'est-à-dire que l'histoire du VELCRO on l'a trouvé après, on l'a découvert quand cet arbre est tombé sur un autre.

B. insiste sur ces changements de stratégies, ces modifications de focalisations de l'objet observé en opposant une observation très active et ce que j'appellerai une observation « flottante » : « l'observation très active, c'est l'observation quand on cherche quelque chose qu'on connaît déjà, même sur le terrain quand on cherche quelque chose de très précis, on est hyper focalisé sur ça, et on passe à côté de tout le reste ». Il caractérise l'autre modalité comme « ouverture » à l'insolite, « des choses qui sautent aux yeux, et qui pourraient sauter aux yeux de n'importe qui, mais qui ne prennent pas la même signification » dans la mesure où sont déterminantes l'acculturation à l'environnement d'une part et d'autre part cette observation à deux. Car la manière d'observer l'objet de recherche dépend de la manière dont B. observe comment son collègue observe, en tenant compte de ses descriptions et de ses interrogations.

POUR UNE CLINIQUE DE L'ACTIVITÉ DE CO-OBSERVATION

En observant la manière dont son collègue observe et décrit ce qu'il voit et touche, B. est influencé dans sa manière d'interpréter ce qu'il voit et inversement influence son collaborateur[13]. Je m'appuierai pour illustrer ce processus interactif sur l'exemple paradigmatique de l'association d'un nid de guêpes parasites et de nids de fourmis qui sont à la fois séparés et étroitement reliés par une enveloppe qui fait la largeur de la feuille d'un arbre, spécialement habité par cette espèce de petites fourmis très agressives. Je passe les différentes étapes qui leur ont permis, par hasard, en ouvrant un nid d'être piqué et de découvrir sous les nids de fourmis un nid de guêpes. C'est alors que B. voit une enveloppe en carton, à laquelle sont agglutinés des petits nids de fourmis et à l'intérieur de l'enveloppe il y a un nid de guêpe

13 Une telle confrontation réciproque est particulièrement analysée par Yves Clot, *Travail et pouvoir d'agir*, Paris, PUF, 2017.

qui est accroché à la feuille. « Surprise ! On trouve un nid de guêpes au milieu de tout ça ! Qu'est-ce que font les guêpes ? Et là on rentre dans des discussions tous les deux, on rentre sur des scénarios : comment est-ce qu'elles ont pu arriver ? ». Leur observation suscite description, interprétation, hypothèse et ce que B. appelle « scenario » qui serait la formulation expliquant cette présence des guêpes en plein milieu de centaines de nids de fourmis agressives qui seraient censées protéger les guêpes des prédateurs. « Grâce aux fourmis elles se protègent, je vois les choses comme ça, j'ai du mal à comprendre comment ça a pu se faire, je ne comprends pas ». B. fait état dans sa collaboration avec A. d'une connivence commune, d'un sentiment d'appartenance à un même univers théorique, en remarquant qu'il « fait référence à ce qu'il connaît, que je connais aussi. Ce nid de guêpes ne peut pas être là par hasard ! C'est pas possible, les fourmis sont trop agressives, si les guêpes sont là c'est que ça fait partie du cycle de vie de ces guêpes, à savoir qu'elles se développent à cet endroit-là ! »

En insistant sur la convergence de leurs deux points de vue il souligne ainsi une communauté de pratiques interprétatives, et cette appartenance à ce qu'Yves Clot appelle le genre professionnel renforce leur manière d'observer. En effet Yves Clot définit le genre professionnel comme un « système ouvert composé de règles "transpersonnelles" non écrites qui définissent dans un milieu donné l'usage des objets et l'échange entre les personnes[14] ». Ce système symbolique auquel l'action individuelle doit se rattacher et concorder avec la démarche de celui qui appartient au même groupe professionnel sous-tend les manières d'observer, de décrire et d'expliquer : « l'idée qui nous vient à l'esprit après discussion c'est : les guêpes s'installent sur cette feuille et les fourmis font comme si de rien n'était et elles vont construire leur nid par dessus le nid de guêpes, c'est ça l'idée qui nous vient tout de suite ! » Cette communauté d'interprétation obère la possibilité d'une distanciation critique d'où pourrait émerger un désaccord. Il insiste beaucoup dans l'entretien sur les nombreux échanges avec son collaborateur et leurs convergences de points de vue. « On se dit : plus le nid est grand, plus on aura de chances que les guêpes se soient installées, on commence à regarder,

14 Yves Clot, « Le collectif dans l'individu ? » in G. Vallery & R. Amalberti (dir.) *Modèles et pratiques de l'analyse du travail. 1988-2003. 15 ans d'évolution.* Actes du XXXVIIIe Congrès de la SELF, Paris, SELF, 2003, p. 46.

on commence à tapoter des fourmis il y en a partout et à ce moment-là on discute, sur ce nid on n'en a jamais vu d'aussi gros, on commence à compter, 150, 160, 180 nids ! On dit : c'est extraordinaire ! »

Le poids symbolique de cette appartenance commune à un même genre professionnel se concrétise dans l'utilisation de carnets d'observation. B. fait un long détour lors de l'entretien sur l'importance de ces carnets, tant du point de vue des souvenirs qu'ils peuvent évoquer que des indications précises et précieuses qu'ils enregistrent. « Une observation de plus ! On ne sait pas, on les garde : je suis resté fidèle à cette structure de cahiers, j'aime bien avoir la matière brute, même les carnets de terrain je les garde, ils sont dans un carton et on les ressort 20 ans après… je retrouve la blague ou le jeu de mots qu'on a fait, mais c'est fondamental, parce qu'écrire la blague on se rappelle 20 ans après de la blague et du coup on a retrouvé les choses qu'on recherchait grâce à ça ! »

Dans l'après coup, grâce à ces carnets, il retrouve des informations qu'il qualifie d'abord de « banales » : « et après on se rend compte que c'est important ! ».

Ces rappels d'événements qui entourent émotionnellement les observations, (piqure de guêpes, arrivée d'un autre collaborateur) permettent de retrouver des détails non inscrits mais incorporés[15] et qui restent gravés dans la mémoire affective, car il faut bien comprendre que ces observations se prolongent sur une dizaine d'années. C'est sur un temps long que va advenir la découverte d'une situation exceptionnelle qui va remettre en question toute l'interprétation précédente : « je trouve effectivement à un endroit un autre nid de guêpes, je trouve par hasard des enveloppes qui ne sont pas terminées ». Il s'agit d'un détail infime, mais décisif pour la suite : en observant l'ouverture de l'enveloppe, qui est à peu près d'un centimètre carré, il constate que celle-ci est un peu plus grande. « Alain arrête de prendre des notes et on se met à regarder… Alain dit : ça ne tient pas la route notre histoire : je n'arrive pas à imaginer des fourmis qui bâtissent leur enveloppe au-dessus de ce nid. Quel intérêt elles ont à faire ça ? Pourquoi elles feraient ça ? »

Cette alliance étroite entre observation minutieuse, discussion et commentaires trouve son fondement dans les habitus inscrits dans le

15 F. Varela, E. Thompson, Ê. Rosch, *L'inscription corporelle de l'esprit, sciences cognitives et expérience humaine*, Paris, Seuil, 1993, p. 66.

genre professionnel qui dans ce cas, loin d'apporter une plus-value et une ouverture dans l'interprétation de ce qui est observé se révèle être un frein à d'autres manières de voir. En effet les deux collaborateurs sont trop proches pour émettre une hypothèse divergente : « t'as vu, ces guêpes elles sont minuscules, elles ne sont pas agressives du tout, je ne vois pas du tout en quoi elles pourraient protéger les fourmis ; à chaque fois on fait référence à des choses qu'on connaît, on fait référence à d'autres associations de fourmis qu'on connaît ».

Ainsi contrairement à d'autres fourmis où ils ont constaté une association protectrice réciproque entre guêpes et fourmis, « Alain croit qu'il n'y a que les guêpes très petites qui tirent avantage de cette alliance avec les fourmis. Je n'arrive pas à comprendre comment ça se passe, comment les fourmis les tolèrent. Que les fourmis les tolèrent, ça ne me gêne pas, mais ce que je n'arrive pas à comprendre c'est que les fourmis ne soient pas gênées par la présence de ces guêpes... Comment expliquer que les fourmis bâtissent leurs nids au-dessus du nid de guêpes, alors qu'il y a plein de feuilles autour ? »

Or la formulation concernant la répartition spatiale du nid de guêpes par rapport aux nids de fourmis véhicule un implicite que seule une situation inédite, un an plus tard va pouvoir lever : ils trouvent un nid de guêpes tout seul, isolé, où les fourmis ne se sont pas encore installées. Mais dans l'entretien aussi, j'ai été victime d'un non-dit concernant la description de ce nid, en particulier la présence ou non de l'enveloppe qui fait cloison entre le nid de guêpes et les nids de fourmis : c'est tellement évident aux yeux des deux chercheurs que l'enveloppe est construite par les fourmis qu'ils ne voient pas, qu'ils ne mentionnent pas si dans ce nid de guêpes isolé il y a déjà ou non une enveloppe ; B. ne m'en parle pas car il est pour lui sous-entendu que l'enveloppe est l'affaire des fourmis. Il faut alors un regard tiers, celui d'un étudiant qui ne travaille pas là-dessus et qui émet un doute : cette enveloppe loin d'être faite par les fourmis pourrait l'être par les guêpes. Ce regard novice, extérieur au groupe des experts, ébranle alors leur conviction : « alors en fait on a regardé de plus près et on a eu l'idée de regarder l'enveloppe au microscope électronique et la structure de l'enveloppe là où il y a des guêpes n'est pas la même que là où il y a des fourmis seulement ».

Cette interaction non plus seulement à deux, mais à trois, avec un élément extérieur au genre professionnel, change la focalisation du regard des experts ; pour surmonter la croyance que cette enveloppe était faite par les fourmis et envisager l'hypothèse qu'elle soit faite par les guêpes, il a fallu ce détour par un tiers qui ne soit pas leurré par une structure observée habituellement, et qui permette de voir autrement. « Une enveloppe, au-dessus de ces alvéoles, ça c'est quelque chose de connu, mais par-dessus tout, se servir d'une enveloppe supplémentaire, ça existe chez certaines guêpes, mais j'avais complétement évacué ça ! »

C'est seulement le recours au microscope électronique qui permet de constater que la structure de l'enveloppe n'est pas la même que celle faite par les fourmis, les fibres ne sont pas organisées de la même manière et ceci ne peut pas être observé à l'œil nu. « Je me rends à l'hypothèse d'Alain : la stratégie des guêpes est vraiment une stratégie cryptique de simulation, elles se cachent à la fois sur la dimension comportementale, elles ont un comportement d'attente, elles rentrent dans leur nid quand on bouscule le nid des fourmis, ça on l'a observé ! ».

La complexité systémique de tous les éléments de la situation nécessite une observation sur le long terme, pour accumuler des informations tantôt convergentes, tantôt contradictoires, mais aussi on constate que la co-observation peut être déterminée par la force des scénarios et des savoirs antérieurs partagés au sein du groupe professionnel. Un point de vue naïf peut alors aider à changer la manière d'observer et modifier la perspective par une tierce personne non spécialiste : « dans ce jeu des experts et des novices, là c'est un novice qui tout d'un coup dit ça, parce qu'il n'a pas les présupposés des experts ». Mais ce novice n'observe rien, il n'a accès qu'aux descriptions des experts, à leurs atermoiements, à leurs hésitations et leurs insatisfactions quant à la formulation des hypothèses. B. souligne la résistance dont il fait preuve face à la suggestion de l'étudiant qui considère l'enveloppe comme construite par les guêpes. Cette hypothèse en effet n'a pas suffi à le faire changer d'avis, il a fallu qu'Alain propose de regarder de plus près la structure de l'enveloppe pour lever sa résistance. Grâce à l'influence d'Alain, qui propose de regarder la structure de l'enveloppe, l'intervention de l'étudiant a été entendue. C'est cette surimposition d'interactions qui inaugure une autre manière d'observer mais surtout de focaliser le regard sur un objet stratégique pour comprendre ce fonctionnement de l'association guêpes/fourmis.

Cette co-observation est une double observation : B. observe les fourmis certes et verbalise ce qu'il voit, mais aussi observe l'autre observant en retranscrivant ce que l'autre lui dicte, en opérant une autre focalisation du regard. La verbalisation de l'autre lui ouvre l'accès à ce que l'autre voit. Georges Devereux, dans *De l'angoisse à la méthode* (1967) considère cette expérience de l'altérité comme une des voies possibles de construction d'une forme de scientificité : « La condition de la science est de penser sa propre façon de penser l'autre ». Prendre en compte la manière dont l'observateur énonce ce qu'il a observé inaugure une analyse critique des catégories à travers lesquelles l'autre a pensé et par lesquelles ce qu'il se représente est énoncé et pensé. Une telle collaboration dans l'altérité entre observation et description permet de s'intéresser à la « perturbation engendrée chez l'observateur par la rencontre avec l'observé[16] » et vice versa. Ainsi ce qui est observé apparaît comme le produit des interactions de l'observant avec celui qui observe l'observant, son collègue, comme observable. Mais on constate aussi le poids du genre professionnel qui fait parfois obstacle à ce qui pourrait être entendu et obère la possibilité de prendre dans une autre perspective l'objet observé. La triangulation qui repose sur le recours à une tierce personne novice libère cet assujettissement et rend féconde cette rencontre avec un autre regard. Une telle expérience de l'altérité permet d'envisager qu'une intelligence collective sous-tend de tels processus d'observation participative. En effet certains objets pour devenir observables requièrent une convergence de perspectives pluri- ou trans-disciplinaires, je pense en particulier à cette nécessité d'une hétérogénéité des regards requise quand il s'agit d'observer des jardins de fourmis, qui mobilise botaniste, entomologiste, biologiste, éthologue, hydrologue, géographe, météorologue. L'objet observé est alors un *construct*, le résultat d'une construction interactive dans une communauté de pratiques observantes[17].

Christiane MONTANDON-BINET
UPEC – LIRTES

16 Georges Devereux, *De l'angoisse à la méthode*, Flammarion, 1967, p. 189.

17 Wenger Etienne, *La théorie des communautés de pratique : Apprentissage, sens et identité*, tr. fr. Sainte Foy, Les Presses de l'Université Laval, 2005.

STYLÈMES SAILLANTS DE L'ÉCRITURE DE JEAN-HENRI FABRE

L'œuvre scientifique et littéraire de Jean-Henri Fabre est abondante et court tout au long de sa vie[1]. Ce qui frappe immédiatement le lecteur à la lecture des *Souvenirs entomologiques* et des autres œuvres, c'est le style, un style inattendu pour un scientifique, un style travaillé comme le serait celui d'un écrivain. Comme un écrivain d'ailleurs[2], Fabre est totalement conscient de sa démarche, qu'il expose clairement, sous la forme d'un court manifeste, dans un texte plus autobiographique que scientifique, intitulé, en patois provençal, *L'Harmas* (petit morceau de terre inculte, de lande, en Provence).

> D'autres m'ont reproché mon langage, qui n'a pas la solennité, disons mieux, la sécheresse académique. Ils craignent qu'une page qui se lit sans fatigue ne soit pas toujours l'expression de la vérité. Si je les en croyais, on n'est profond qu'à la condition d'être obscur. Venez ici, tous tant que vous êtes, vous les porte-aiguillon et vous les cuirassés d'élytres, prenez ma défense et témoignez en ma faveur. Dites en quelle intimité je vis avec vous, avec quelle patience je vous observe, avec quel scrupule j'enregistre vos actes. Votre témoignage est unanime : oui, mes pages non hérissées de formules creuses, de savantasses élucubrations, sont l'exact narré des faits observés, rien de plus, rien de moins ; et qui voudra vous interroger à son tour obtiendra mêmes réponses[3].

1 Jean-Henri Fabre vécut de 1823 à 1915. Instituteur en Provence, il consacra toute sa vie à l'observation et l'étude des insectes, comme les plus grands entomologistes de son époque avec lesquels il entretient une riche correspondante. Un site web de grande qualité rassemble son œuvre et divers documents relatifs à sa vie et à son travail sous la forme d'un musée virtuel à visée pédagogique : https://www.e-fabre.com/index.htm [consulté le 20/10/2011]. Le texte majeur s'intitule *Souvenirs entomologiques* et contient 12 volumes.

2 Jean-Henri Fabre est par ailleurs l'auteur de poèmes rassemblés dans le recueil *Poésie provençale* (*Felibre di tavan : l'oubreto*) et de textes autobiographiques *Mon école, Histoire de mes chats*, pour n'en citer que quelques-uns.

3 Jean-Henri Fabre, *Nouveaux souvenirs entomologiques*, Livre II, chapitre I, « L'Harmas », en ligne, https://www.e-fabre.com/e-texts/souvenirsentomologiques/Harmas.htm [consulté le 25/10/2021].

VÉRITÉ DU STYLE ET STYLE DE LA VÉRITÉ, UN PRINCIPE FONDATEUR DE L'ÉCRITURE DE FABRE

Ce petit passage métacommentatif – on n'ose dire métalittéraire, pour un genre discursif, qui ne relève pas *a priori* de la littérature, montre les choix d'écriture de Fabre : le refus du « langage scientifique et académique », au profit d'un langage (entendons style) à soi, personnel. Dans ces quelques lignes, le dispositif énonciatif scelle un pacte scénographique original pour le travail d'un scientifique, mais déjà totalement éprouvé en littérature dès l'Antiquité, l'adresse à un auditoire, ici un tiers personnifié, les insectes, comme témoins de premier ordre et garants de la vérité de l'énoncé et de l'énonciation. Ils sont ainsi désignés à la fois comme sujets d'investigation, mais aussi grâce à la personnification qui les affecte, par le choix de la deuxième personne du pluriel (*venez, vous, avec vous*), comme les témoins, parlants, et les garants de la « vérité », énoncée comme principe clé et comme seul élément fondateur de la pertinence du travail de Fabre dans le domaine scientifique. Vérité d'ailleurs qu'il oppose à celle de ses confrères, dont il se distingue : vérité de l'observation du vivant contre l'observation de l'insecte mort et épinglé, comme il le dit ouvertement dans la citation suivante à propos de son collègue bordelais : « Je suis chasseur très peu expert, encore moins zélé, car l'insecte m'intéresse beaucoup plus livré à son œuvre que transpercé d'une épingle au fond d'une boîte ». C'est donc bien toute une épistémologie que Fabre fonde par l'observation *in situ*, l'expérience du vivant, la fréquentation quasi familière (au sens étymologique du mot ou pour reprendre celui de Fabre, « l'intimité »), et cette nouvelle épistémologie s'exprime dans un style qui se distingue délibérément du style académique, jugé froid et sentant le formol. Le style de Fabre sent la lavande et la Provence, on y trouve des accents qui seront ceux d'un Pagnol[4] ou de Colette à la fin de sa vie dans *La Naissance du jour*[5], par exemple, dans leurs descriptions des paysages méridionaux.

---

4 Notamment dans la quadrilogie *La Gloire de mon père, Le Château de ma mère, Le Temps des secrets et le Temps des amours.*

5 Colette, *La Naissance du jour*, Paris, Garnier-Flammarion, 1993, (1928).

Dans ce dispositif scénographique qui fonde le projet d'écriture et le projet scientifique, le paratexte joue également un rôle essentiel. Intituler le premier chapitre du second volume de *Souvenirs* « l'harmas », un mot du terroir, un mot « vrai », opaque pour les locuteurs académiques et parisiens est tout aussi intéressant, puisque le terme est péjoratif (en provençal) et désigne un lopin de terre inculte et souvent abandonné par les cultivateurs (il est synonyme de broussailles, et rappelle que la nature a repris ses droits sur ce bout de terre abandonné aux animaux et aux herbes folles). Le titre est ainsi un signal participant de l'ethos discursif de Fabre, éthos d'humilité de l'observateur (contre l'ethos prédiscursif d'arrogance et de froideur des scientifiques de laboratoire), car l'harmas n'est pas, *a priori* du moins, un sujet d'étude noble. Mais l'harmas a pour lui l'authenticité du vivant, du milieu, du terrain, du terroir, celle qui fonde la démarche scientifique de Fabre et qui a fait de lui l'un des fondateurs de l'éthologie animale, et de celle des insectes en particulier. C'est cette posture que Fabre affirme fortement dans ces lignes très claires, viriles et simples à la fois, où le dispositif énonciatif reprend presque parfaitement la triade qu'Émile Benveniste définissait dans ses *Problèmes de Linguistique générale*[6] pour opposer le couple des déictiques (*je* et *vous*) à la non-personne des « ils », dans une désignation presque latine de « ceux-là » ou des « ils-collectif » pour reprendre la formule de Georges Kleiber[7]. En effet, le pronom « ils » est employé dans une forme d'anacoluthe qui marque aussi par la forme la volonté de se distinguer de cette communauté, noyée dès l'ouverture du paragraphe dans une dépersonnalisation par le pronom indéfini (*d'autres*). Le pronom personnel *ils* pour désigner la source e_2 de dénomination, à savoir le groupe des savants de laboratoire, ce que l'on peut établir par inférence contextuelle ou, comme le propose Francis Cornish[8], par « une inférence à un référent discursif latent *via* un référent discursif existant ».

Le choix de cette expression personnalisée, tout en conservant un degré de généralité quasi identique à celui de *on*, instaure une relation de démarcation très nette entre les trois instances participant à l'énonciation

6 Émile Benveniste, *Problèmes de linguistique générale tome II*, Paris, Gallimard, « Tel », 1974.

7 Georges Kleiber, « *Ils ont encore augmenté les impôts* ou sur le *ils* dit collectif », *in* L. Tasmowski et A. Zribi-Hertz (éd.), *Hommage à Nicolas Ruwet, de la musique à la linguistique*, Communication et Cognition, Gent, 1992, p. 327-344.

8 Francis Cornish, *Anaphoric relations in English and French*, London, Croom Helm, 1986, p. 133.

et au projet scientifique de Fabre : *je*-locuteur désignant Fabre dans son entreprise scientifique et d'écriture, *vous*, proche de *je* et désignant toute la communauté vivante des insectes et eux, le « ils collectif », auquel *je* et *vous* s'opposent dans une association forte et de loyale réciprocité, renvoyant aux scientifiques.

On remarquera, de plus, qu'il s'agit d'un emploi particulier, quasi nominal, et non plus endophorique de cet élément, ce qui le rattache à un effet d'anaphore associative ; il permet de désigner un groupe d'individus, dont les membres restent anonymes. Cette association, que Georges Kleiber distingue de l'anaphore associative au sens strict, s'opère certes par pontage inférentiel, mais la relation va du groupe (*d'autres*) vers les membres qui le composent. Notons cependant que la relation inférentielle nécessaire à l'identification du référent du pronom collectif est nettement plus discursive qu'encyclopédique ou stéréotypique et rattache donc encore davantage ce paragraphe au dispositif d'un manifeste d'écriture. Ce *ils* trouvera, par cataphore, un référent défini de manière axiologique « ces braves gens », avec tout le poids péjoratif là encore du déterminant démonstratif « Et puis, mes chers insectes, si vous ne pouvez convaincre ces braves gens parce que vous n'avez pas le poids de l'ennuyeux, je leur dirai à mon tour ».

Un dernier commentaire concernant ces quelques lignes : le rôle des épistémiques dans le dispositif d'écriture et dans les choix stylistiques de Fabre. Pour exposer, définir et défendre ce qu'il appelle « vérité », Fabre recourt constamment, dans toute sa production, à des verbes épistémiques dont le sujet est systématiquement la première personne : *je vis avec vous, je vous observe, j'enregistre*[9]. Plus loin dans le même texte le verbe premier de ce dispositif cognitif : voir, *je n'avais vu réunie en un seul point pareille population.* La simplicité de la syntaxe, la clarté de la construction verbale montrent que la vérité – et la vérité scientifique pour Fabre, est celle de l'observation, de la vie, vie du savant (indissociable ici de l'objet observé) et vie des insectes. Ce déploiement des épistémiques perceptuels, comme source de la connaissance, occupe l'espace central de l'écriture de Fabre

9 L'index des fréquences des mots dans les *Souvenirs entomologiques* de Fabre, qui figure sur le site qui lui est dédié (https://www.e-fabre.com/biographie/souvenirs_sommaire.htm), signale une fréquence de 9 156 occurrences pour le pronom personnel (*je* et sa variante *j'*), ce qui en fait un des éléments les plus fréquents du texte à côté des purs mots outils comme les prépositions ou les déterminants. Cette haute fréquence de la première personne est inhabituelle pour des ouvrages scientifiques.

dans l'ensemble de sa production. Cette disponibilité de la première personne fonctionne parfaitement pour mettre en scène une forme de fraîcheur permanente au regard que Fabre porte, enfant, adulte ou vieillissant, sur la société des insectes et sur l'ensemble du vivant.

C'est ici qu'il convient sans doute de commenter le titre général de l'œuvre – *Souvenirs entomologiques* – qui, tout en se comprenant parfaitement, mérite quelques commentaires. Tout d'abord le choix du nom tête du syntagme, *souvenirs*, inscrit d'emblée l'œuvre dans le genre discursif des mémoires ou des textes autobiographiques, alors que l'adjectif relationnel *entomologiques* est un mot savant, et encore relativement récent au moment où Fabre l'emploie, il a à peine un siècle et relève du vocabulaire scientifique. L'alliance des termes est donc déjà en soi surprenante, presque oxymorique. Notons ensuite que l'adjectif montre que les souvenirs relatifs aux insectes se comprennent dans une forme métonymique qui vient caractériser la démarche de Fabre. Le terme autobiographique pluriel *souvenirs* contient une densité intéressante, tout à la fois, par le vrai pluriel, il montre la variété et le nombre des souvenirs. Il révèle aussi que l'ensemble de la vie de Fabre (en dehors de son métier d'instituteur) a été dédiée à l'étude des insectes et que la relation qui est faite de ces investigations se fait à rebours, car il a existé un décalage entre le moment de l'observation et celui de la narration. L'amour porté à cet objet d'investigation se dit dans le titre même de l'œuvre de synthèse, comme si le souvenir n'avait qu'un unique objet. Cette démarche est singulière. La plupart des grands écrivains, comme Rousseau, Chateaubriand, Colette, Sarraute, Sartre, Beauvoir ou Perec, qui ont écrit des autobiographies, ont tous commenté les moments clés ou forts d'une vie (la naissance, l'enfance, l'écriture, les rencontres marquantes de leur vie, la mort des proches, leur propre mort). Chez Fabre, il faut lire les autres œuvres autobiographiques comme *Mon École* ou *À mon fils Jules*, pour trouver les moments forts de la vie que l'auteur commente. Mais les *Souvenirs entomologiques* ne portent que sur les seuls insectes, dont on mesure *a posteriori* la place importante qu'ils ont eue dans la vie de Fabre. Cette alliance, on pourrait presque parler d'alchimie du biographique et du scientifique, confère à la palette stylistique de Jean-Henri Fabre ses couleurs si chaudes et son expressivité si affirmée. Les passages, plus personnels, où le « narrateur » se met lui-même en scène, sont très nombreux et viennent interrompre les descriptions ou les analyses plus directement scientifiques. C'est le cas, par exemple, dans un passage des *Nouveaux souvenirs*, livre II, dans le chapitre IV dédié à la « théorie de l'instinct », qu'expose Fabre et qui s'interrompt pour laisser la place à ce souvenir d'enfance, que relate l'auteur. Il s'agit de la lecture et de la récitation d'un poème de Racine fils, à propos duquel il raconte avoir préféré l'apprentissage de l'observation à celui de la lecture d'écrivains dont le jugement péremptoire sur les insectes le laissait déjà perplexe :

> Tout en ruminant pour la prochaine leçon quelque passage de l'ennuyeux poème, je me faisais à ma guise un autre genre d'éducation. La linotte était visitée en son nid sur quelque touffe de genévrier à ma taille ; le Geai était épié, cueillant le gland à terre… j'étais à la recherche de la première fleur de coucou épanouie. L'animal et la plante, poème prodigieux dont un vague écho s'éveillait en ma jeune cervelle, faisaient très heureuse diversion à l'alexandrin sans chaleur[10].

Cette imbrication du biographique et du scientifique, de l'observation minutieuse de la nature et de l'évocation tout aussi précise des circonstances dans lesquelles l'observation s'est déroulée est caractéristique de l'entreprise de Fabre et confère ainsi à son style cette facture particulière et cette impression de grande simplicité dans le ton. On notera que la rêverie, de ce promeneur qui arpente les collines de Provence, prend naissance comme un possible romanesque, dans cette salle de classe, et comme une prolepse des investigations qui prendront corps dans les *Souvenirs.*

Revenons à la citation initiale et observons rapidement quelques effets discursifs dus à l'épistémique comme source du vrai :

> Vous éventrez la bête et moi je l'étudie vivante ; vous en faites un objet d'horreur et de pitié, et moi je la fais aimer ; vous travaillez dans un atelier de torture et de dépècement, j'observe sous le ciel bleu, au chant des cigales ; vous soumettez aux réactifs la cellule et le protoplasme, j'étudie l'instinct dans ses manifestations les plus élevées ; vous scrutez la mort, je scrute la vie[11].

L'affirmation de la posture scientifique d'observation se poursuit à la fois par le recours aux épistémiques (*j'étudie, j'observe, je scrute*) et par un

10 Jean-Henri Fabre, *Souvenirs entomologiques*, Deuxième série, chapitre 4, « La théorie de l'instinct », en ligne : https://www.e-fabre.com/e-texts/souvenirs_entomologiques/theorie_instinct.htm [consulté le 25/10/2021].

11 Jean-Henri Fabre, *Nouveaux souvenirs entomologiques*, Livre II, chapitre I, « L'Harmas », *op. cit.*

système d'antithèses syntaxiques et sémantiques déployées en cascade sur cinq propositions asyndétiques posant de manière définitive le clivage du vous et du moi.

– *Vous éventrez la bête et moi je l'étudie vivante*
– *Vous en faites un objet d'horreur et de pitié et moi je la fais aimer*
– *Vous travaillez dans un atelier de torture et de dépècement, j'observe sous le ciel bleu au chant des cigales*
– *Vous soumettez aux réactifs, j'étudie l'instinct*
– *Vous scrutez la mort, je scrute la vie.*

L'opposition propulse en tête de proposition le pronom *vous*, dans un effet d'anaphore rhétorique stigmatisant ces savants de laboratoire. Le lexique, fortement axiologisé, construit quant à lui l'antithèse sémantique, par un choix d'images frappantes et violentes (*éventrer, horreur, torture, dépècement, mort*). Du côté du *je*, des choix plus inattendus pour un scientifique, le verbe *aimer* notamment et une série axiologiquement positive (*vivante, aimer, ciel bleu, cigales, vie*). Les réseaux antithétiques sont extrêmement riches et travaillés : au générique « bête », employé dans son sens commun et non dans son sens scientifique s'oppose le spécifique « cigale », permettant d'introduire dans cette série dépersonnalisée l'insecte dans sa spécificité (le chant), et la cigale devient l'emblème et le blason pour tous les autres. À l'atelier dont les sèmes sont ceux de la fermeture s'oppose le ciel (ouvert et immense par définition). Enfin, la série se clôt par le sens de la formule : « vous scrutez la mort, je scrute la vie ». La reprise du même patron syntaxique par simple variation en polyptote (*scrutez, scrute*) permet de poser l'antithèse radicale de la vie et de la mort, au profit de la vie, dernier mot de la série. L'effet de guillotine de la séquence en cadence mineure pose définitivement la vie, comme principe premier de l'observation que réalise Fabre. D'ailleurs, le terme était préparé par une autre figure, l'isolexisme qui permettait de tisser un réseau sémantique souterrain, mais présent : *vie* > *vivante.*

Comme dans tout manifeste, Fabre définit également son lectorat :

> Or, si j'écris pour les savants, pour les philosophes qui tenteront un jour de débrouiller un peu l'ardu problème de l'instinct, j'écris aussi, j'écris surtout, pour les jeunes, à qui je désire faire aimer cette histoire naturelle que vous faites tant haïr ; et voilà pourquoi, tout en restant dans le scrupuleux domaine

> du vrai, je m'abstiens de votre prose scientifique, qui trop souvent hélas ! semble empruntée à quelque idiome de Hurons[12] ».

On retrouve dans ce court passage tout aussi métacommentatif que le précédent un système d'oppositions, plus nuancées grâce à la relative déterminative (*les savants, les philosophes qui tenteront de débrouiller l'ardu problème de l'instinct*), ces savants-là sont un sous-groupe du « ils-collectif ». Autre caractéristique du style de Fabre, les îlots lexicaux en rupture, comme ici le verbe « débrouiller », qui semble peu compatible avec les connaissances encyclopédiques des lecteurs concernant les savants et les philosophes. S'il paraît impropre dans la série, le verbe « débrouiller » est pourtant inscrit dans l'isotopie qui parcourt ce chapitre depuis le début, celle de l'*épistèmê*, car il se rattache lui aussi aux verbes épistémiques. Enfin, on retrouve aussi un autre verbe inattendu en matière de science que l'on a déjà signalé plus haut : « aimer », toujours en construction diathétique (*faire aimer*), construction importante car elle suppose la coprésence de deux actants dans le procès verbal : le moi et l'autre, l'autre étant ici le groupe des « jeunes », vague et large, s'opposant encore au cercle trop fermé au goût de Fabre des savants.

ÉPISTÈMÊ, SCIENCE ET LITTÉRATURE : UNE ALCHIMIE NOVATRICE

L'*épistèmê* est la science de l'observation, minutieuse, du vivant dans son milieu. C'est la raison pour laquelle une description détaillée de ce milieu est faite avant que les insectes, en tant que sujet premier de l'observation, n'entrent en scène. Dans le chapitre intitulé « l'Harmas », l'observation commence par la flore :

> Il y a là, en première ligne, le chiendent, le détestable gramen dont trois ans de guerre acharnée n'ont pu voir encore la finale extermination. Viennent après, pour le nombre, les centaurées, toutes de mine revêche, hérissées de piquants ou de hallebardes étoilées. Ce sont la centaurée solsticiale, la centaurée des collines, la centaurée chausse-trape, la centaurée âpre. La première

12 *Ibid.*

> prédomine. Çà et là, au milieu de l'inextricable fouillis des centaurées, s'élève, en candélabre ayant pour flammes d'amples fleurs orangées, le féroce scolyme d'Espagne, dont les dards équivalent pour la force à des clous. Il est dominé par l'onoporde d'Illyrie, dont la tige, isolée et droite, s'élève de un à deux mètres et se termine par de gros pompons roses. Son armure ne le cède guère à celle du scolyme. N'oublions pas la tribu des chardons. Et d'abord le cirse féroce, si bien armé que le collecteur de plantes ne sait pas où le saisir ; puis le cirse lancéolé, d'ample feuillage, terminant ses nervures par des pointes de lance ; enfin le chardon noircissant, qui se rassemble en une rosette hérissée d'aiguilles[13].

Sans pouvoir commenter tout le détail de la description du lieu et de la flore, nous ne retenons que deux stylèmes, que l'on trouve dans l'ensemble des écrits et qui rendent le style de Fabre si aisément reconnaissable.

Le premier concerne la composition des descriptions toujours adossées à des verbes cinétiques, donnant l'impression très visuelle, presque cinématographique, que l'on progresse au milieu de l'harmas, à hauteur d'herbe : *en première ligne, viennent après, s'élève, il est dominé, se termine.* Ces verbes sont le plus souvent conjugués au présent (actif ou passif), présent hybride, cumulant des valeurs épistémiques, de vérité générale et de narration. Or, c'est la coloration propre au présent de narration (le plus littéraire des trois) qui renforce l'impression « littéraire » ou l'effet littéraire de la description. On pourrait trouver des compositions identiques de description chez Balzac[14], Proust[15], Colette[16]. Le présent, on le sait, accentue la force illocutoire des propos, permet de brouiller la frontière entre le moment de l'écriture et le moment de la réception. Le présent préserve la « vie » du milieu décrit, par un léger truquage stylistique (énallage entre plusieurs valeurs), il prolonge la vie des insectes et leur évite la mort dans le formol. Si le présent de vérité générale venait seul à dominer, alors l'écrit basculerait dans un autre genre discursif. Le genre discursif que Fabre construit, élément majeur de son style, c'est l'hybridité même et la complexité du vivant. Rien n'est pur ni univoque

---

13 *Ibid.*

14 Voir par exemple la description de la Rue de Normandie et les portraits des deux portiers, les Cibot dans *Le Cousin Pons.*

15 On pense ici à la description des Aubépines ou des Clochers de Martinville, où Proust rivalise avant l'heure avec le cinéma en proposant une vision de loin et « tournante » desdits clochers dans *Du Côté de chez Swann.*

16 La description de la « dernière maison » de Colette recourt à des saisies épistémiques convoquant les sens de la vue et de l'ouïe dans *La Naissance du jour.*

dans ce présent, mais plusieurs nuances de sa riche palette sont tour à tour sollicitées dans ces passages descriptifs, qui jamais n'ennuient.

Le second stylème, plus inattendu dans les écrits scientifiques, mais emblématique de la littérature, est l'usage récurrent de la métaphore, ou plus exactement la métaphorisation des éléments de la description. C'est elle qui accentue la coloration « littéraire » ou qui affirme l'effet « littérature » de l'écriture de Fabre. Dans le passage qui vient d'être cité, on relève, par exemple : *Viennent après, pour le nombre, les centaurées, toutes de mine revêche, hérissées de piquants ou de hallebardes étoilées*. La métaphorisation du référent (*centaurées*) par un terme qui relève du lexique humain déclenche la représentation analogique du réel, comme dans les descriptions des plus célèbres écrivains, notamment de la même période (fin du XIXe siècle, siècle d'or de la métaphore dans la description). Le simple passage de *centaurées* à *mine revêche* permet la personnification des plantes, leur humanisation et même leur féminisation en leur affectant un attribut ou une caractérisation éthopéique : une forme d'orgueil ou de mou que la fleur afficherait comme caractéristique. Or la métaphore n'est pas un ornement chez Fabre. Elle est stylème parce qu'elle est une forme-sens, au sens que Meschonnic donnait à ce terme. En effet, l'entreprise épistémologique n'est pas loin de celle d'un Montesquieu, d'un La Bruyère ou d'un Balzac, mais elle est orientée différemment. Il n'y a pas de dimension « morale » dans l'écriture de Fabre, ni de dimension allégorique, comme chez La Fontaine, où les animaux ne sont décrits ou scénarisés que comme représentants de l'espère humaine.

La métaphore chez Fabre est au service de l'éthologie, cette science nouvelle qui vise à caractériser les comportements des êtres vivants dans leur milieu naturel. On le verra à propos des descriptions des insectes, mais c'est le même principe que pour la description des plantes. Cette « mine revêche » de la centaurée, n'est pas en fait une simple métaphorisation du réel pour le rendre représentable, elle est une manière de dire l'être de la plante dans son milieu, ce qui la désigne en propre et ce qui la distingue des autres. Le point commun avec l'usage littéraire de la métaphore est la facilitation cognitive qu'elle apporte au lecteur. Elle facilite la représentation, elle harmonise par l'isotopie stable sur laquelle elle s'adosse ce pontage inférentiel permanent que le lecteur doit faire pour s'intéresser et comprendre le sujet de la description. Le choix par exemple des termes collectifs ou des pluriels permet de montrer la nature généreuse, abondante et désordonnée de la flore qui constitue l'harmas, on passe ainsi de « l'inextricable fouillis des centaurées » à « la tribu des chardons ». Le terme « tribu » fait image, il convoque le sème de « nombre », et c'est moins l'humanisation, même si elle demeure présente que l'effet qui est ici sélectionné. Le choix de « hallebardes » cumule image et précision de la description. La palette lexicale de Fabre est riche et encyclopédique, là encore c'est un trait d'écriture propre au XIXe siècle, que les spécialistes de cette période pourraient confirmer. Cependant, cet effet littérature n'est-il pas suspect ? On pourrait se demander si les choix de Fabre ne sont pas orientés différemment. Il est en effet difficile de ne pas se laisser emporter vers une représentation imagée et animée de ce microcosme, et de rêver à ce qu'apportent dans ce contexte où elles sont inattendues ces hallebardes arborées par les centaurées, dont le signifiant à lui seul comporte déjà son propre univers de représentation (puisque découverte selon la tradition hellénique par le Centaure Chiron). C'est aussi la propre vision que Fabre se fait de ce microcosme à laquelle la métaphore nous donne accès.

L'ÉCRITURE DU VIVANT

Jean-Henri Fabre est un fin observateur de la nature, et des insectes en particulier, son principal sujet d'étude. Pour employer un terme actuel, c'est l'observateur du vivant. En effet, la description qui est faite des insectes ne se détache jamais du « milieu » dans lequel il est observé. C'est cette saisie sur le terrain, dans son contexte, dans son milieu, qui fait de la description de Fabre, une médiation singulière, facilitant l'adhésion du lecteur. La description va toujours du général au particulier de la vie et des comportements de l'insecte. Le terme englobant, vivant, correspond bien pour décrire l'entreprise narrative et scientifique de l'entomologiste provençal. Ce caractère vivant se retrouve également dans son style, dont l'*energeia*, le souffle peuvent surprendre. Nous allons regarder quelques procédés qui concourent à la création de cette vitalité stylistique.

Les présentatifs abondent sous la plume de l'entomologiste, et servent particulièrement bien le projet d'écriture posé dans le petit paragraphe de l'Harmas, dans lequel Fabre plaide pour une écriture simple, sans fard, à même de dire la vérité des choses. Or, les présentatifs sont des marqueurs ambivalents, tout à fait adaptés à une énonciation fortement embrayée comme celle de Fabre, et s'inscrivant également dans une démarche épistémique fondée sur le sens de la vue. Voici un passage où l'on peut observer cet usage des présentatifs au service de la progression et surtout du relief de la description des insectes :

> Quel est celui-ci ? C'est un Anthidie. Il ratisse la tige aranéeuse de la centaurée solsticiale et s'amasse une balle de coton qu'il emporte fièrement au bout des mandibules. Il s'en fera sous terre des sachets en feutre d'ouate pour enfermer la provision de miel et l'œuf. – Et ces autres, si ardents au butin ? Ce sont des Mégachiles, portant sous le ventre la brosse de récolte, noire, blanche, ou rouge de feu. Elles quitteront les chardons pour visiter les arbustes du voisinage et y découper sur les feuilles des pièces ovales, qui seront assemblées en récipient propre à contenir la récolte. – Et ceux-ci, habillés de velours noir ?
>
> Ce sont des Chalicodomes, qui travaillent le ciment et le gravier. Sur les cailloux de l'harmas aisément nous trouverions leurs maçonneries. – Ceux-ci encore, qui bourdonnent bruyamment avec un essor brusque ? Ce sont les Anthophores, établies dans les vieux murs et les talus ensoleillés du voisinage.
>
> – Voici maintenant les Osmies[17].

Les présentatifs permettent de répondre à la question rhétorique qui ouvre le paragraphe, comme si un promeneur ou un jeune élève accompagnait le maître dans sa découverte de l'harmas et lui posait des questions. Grâce au présentatif, le nom (la dénomination se réalise) et le nom qui suit le présentatif est toujours un nom scientifique (*Anthidie, Mégachiles, Anthophores, Osmies*), alors que la relative qui suit, est une vraie relative adjective et non pas une relative de clivage, qui apporte les éléments descriptifs, sous la forme d'une expansion contenant l'inventaire des différentes caractéristiques (*qui travaillent le ciment et le gravier ; qui bourdonnent bruyamment avec un essor brusque ; portant sous le ventre la brosse de récolte, noire, blanche, ou rouge de feu*). La relation d'identification-classification s'appuie sur la présence d'un déterminant (défini ou indéfini à valeur de nombre[18]), car,

17 *Ibid.*

18 On notera que la construction du passage ne laisse rien au hasard, la construction *C'est* + dét. + N commence par une série de déterminants indéfinis (*C'est un Anthidie*) puis

sans déterminant, aucun membre n'est repéré à l'intérieur d'une classe. Le présentatif est construit en anaphore rhétorique avec variation (*C'est, ce sont, voici*), ce qui permet à la fois de mimer la découverte de l'insecte (approche épistémique) et la progression dans l'espace de l'harmas, en jouant sur les degrés de proximité et d'éloignement qu'offre leur valeur étymologique. Cette approche et cet usage des présentatifs présentent un avantage supplémentaire, non sans lien avec la définition du lectorat que souhaite Fabre pour ses écrits, c'est qu'elle inscrit l'écriture dans une perspective didactique.

Fabre joue de l'alternance *d'asianisme* et de *copia*. Cette alternance savamment orchestrée assure une grande variété rythmique et confère au style une énergie, un souffle mimétique de l'enthousiasme de l'entomologiste et du vivant qu'il décrit :

> Le robuste Lézard ocellé, qui, traqué de trop près, court sus, gueule béante, tant à l'homme qu'au chien, s'y était choisi un antre pour guetter le scarabée passant ; le Motteux Oreillard, costumé en dominicain, robe blanche et ailes noires, perché sur la pierre la plus élevée, y chantait sa courte et rustique chansonnette. Dans le tas, quelque part, devait être le nid, avec ses œufs bleus, couleur de ciel. Avec les amas de pierres, le petit dominicain a disparu. Je le regrette : c'eût été un charmant voisin. Je ne regrette pas du tout le Lézard ocellé[19].

Les séquences courtes alternent avec les phrases plus longues ou périodiques. Dans la citation précédant celle-ci, les interrogations directes partielles scandaient le passage par la brièveté de leur énonciation, alors que les présentatifs suivis des relatives extensionnelles apportaient le détail de l'information suivant la mention du nom des insectes. Souvent la caractérisation éthologique et comportementale des animaux se fait par touches, ce que les constructions détachées rendent parfaitement « Dans le tas, quelque part, devait être le nid, avec ses œufs bleus, couleur de ciel ». Presque coloriste ou impressionniste, si nous étions dans un tableau de Monnet, les touches de Fabre conviennent pour dire le

---

par des déterminants définis (*Ce sont les Antophores, voici les Osmies*), comme si l'on passait, de manière très didactique de l'inconnu au connu, comme si également l'observateur de rapprochait de son milieu d'étude et si un effet de loup opérait parvenant à identifier la grande variété d'insectes évoluant dans le petit champ d'observation).

19 Jean-Henri Fabre, *Nouveaux souvenirs entomologiques*, Livre II, chapitre I, « L'Harmas », *op. cit.*

côté aérien, léger, discret et souvent fragile des animaux qu'il décrits, insecte ou oiseau. De cette alternance entre le court et le long naît le mouvement de flux et de reflux qui assure la variété stylistique. On y ajoutera, dans la citation ci-dessus les jeux d'asyndète, qui rapprochent les deux insectes phares : *le robuste lézard; le motteux Oreillard*, comme si la narration suivait la mobilité de l'œil de l'entomologiste tout occupé à son étude. À l'intérieur des deux phrases, l'asyndète se poursuit sous la forme de nombreuses constructions détachées entre virgules, qui sont soit des épithètes détachées (*traqué de trop près, costumé en dominicain, perché sur la pierre la plus élevée*), des constructions absolues détachées (*gueule béante, robe blanche et ailes noires*). Un mot rapide sur l'usage des constructions absolues détachées, qui ressemblent à des appositions, mais ont pour spécificité de fonctionner sur un modèle métonymique (relation de la partie au tout, souvent parties du corps). Elles ont sous la plume de Fabre une valeur pictive intense.

Ce jeu sur les effets de manque et de prolixité culmine dans les listes que l'entomologiste aime réaliser au cœur de ses récits.

> Jamais, en mes chasses entomologiques, je n'avais vu réunie en un seul point pareille population ; tous les corps de métier s'y donnent rendez-vous. Il y a là des chasseurs en tout genre de gibier, des bâtisseurs en pisé, des ourdisseurs en cotonnades, des assembleurs de pièces taillées dans une feuille ou les pétales d'une fleur, des constructeurs en cartonnage, des plâtriers gâchant l'argile, des charpentiers forant le bois, des mineurs creusant des galeries sous terre, des ouvriers travaillant la baudruche ; que sais-je enfin[20] ?

La réflexion, ou pour mieux dire la réflexion-description recueille des choses vues comme elle accueille les prolongements méditatifs que suscite cette observation du vivant, plantes et insectes confondus. Elle consigne et théorise ce qu'elle a consigné. De là se crée une perpétuelle et productive tension entre le concret et l'abstrait, l'image et l'idée, le souci des particularismes et la volonté de généralisation, toujours conformes au projet didactique de Fabre, de ne jamais ennuyer, d'éduquer son lecteur sans pédantisme aucun. Les effets de liste se construisent souvent sur des métaphores, c'est-à-dire ici du vocabulaire prosaïque pour décrire les insectes avant de les nommer par leur nom savant. La description revêt alors un relief particulier et le texte devient saynète,

20 *Ibid.*

et s'ouvre à une dramatisation toute littéraire. Dans la citation qui précède, le terme générique et neutre « population » est détaillé selon les principes de l'approche par genre voisin recommandée par Aristote. Il est segmenté en tous les éléments qui le composent. La métaphore se met en place par le terme pivot « corps de métiers » permettant ainsi la transvalorisation entre l'univers thème et l'univers phore est exactement l'inverse de celle qu'on trouve chez la Fontaine, par exemple. Pour valoriser les insectes, pour dire son amour et son admiration, mais aussi pour faire comprendre au lecteur (à tout lecteur) comment vivent les insectes, la métaphore des corps de métiers œuvrant à la construction d'une cité où vit cette « population » se fait au bénéfice des insectes, pour rendre hommage à leurs compétences techniques élevées. Se déploie alors sous nos yeux sidérés par le découpage en éléments micro-lexicaux la liste quasi infinie de ces corps de métiers : chasseurs, bâtisseurs, ourdisseurs, assembleurs, constructeurs, plâtriers, charpentiers, mineurs, ouvriers. On notera le choix des vrais pluriels pour déployer la richesse sémantique interne de l'hyperonyme « population », tout comme les effets, plus littéraires ou pour le moins rhétoriques, d'homéotéleute qui rapproche pour faire entendre la musique de ces ouvriers acharnés les termes par leur syllabe finale. La liste dit autant la richesse du vivant que le goût du savant cultivé pour les mots et les choix des mots. À la série des dérivés en *-eurs* succède celle des dérivés en *-iers*. La métaphore humaine du travail[21] est propre à caractériser le projet éthologique de Fabre, et devient sous sa plume une forme sens. L'image (ou l'analogie) des corps de métiers dit le comportement, le montre sans recours à un vocabulaire technique, et fait comprendre l'organisation de la société des insectes, par analogie avec la société humaine. Elle est au service de l'entreprise éthologique, totalement novatrice à son époque et absente des préoccupations plus anatomiques des autres savants contemporains.

Ce travail proprement littéraire sur les mots, sur le signifiant, sur l'ordonnancement des termes dans la phrase, mais aussi les jeux d'alternance de la narration et de la description affectent le rythme

21 Notre propos n'est pas de commenter ici les stéréotypes sociaux ou religieux qui peuvent transparaître dans les choix des métiers ou dans le choix de la métaphore. C'est le processus même de la métaphorisation comme principe stylistique qui nous intéresse ici, et non l'imaginaire propre de Fabre, auquel cette métaphore donne sans doute aussi accès.

même de l'écriture. Les recherches sur la variété rythmique montrent qu'écrire et composer est aussi important pour Fabre que voir et étudier.

> Le robuste lézard ocellé (9[22]), qui (1), traqué de trop près (5), court sus (2), gueule béante (3), tant à l'homme qu'au chien (6), s'y était choisi un antre pour guetter le scarabée passant. (17)

La phrase progresse en cadence majeure et s'étale lentement comme le lézard sortant ou fuyant de sa place. Chaque membre bref (5 – 2 ou 3 syllabes) permet de caractériser le lézard, de le donner à voir dans des effets discrets, mais bien choisis de diatypose.

> Le Motteux Oreillard, (5) costumé en dominicain (8), robe blanche et ailes noires (8), perché sur la pierre la plus élevée (10), y chantait sa courte et rustique chansonnette (12).

Privilégiant les groupes ternaires en construction détachée (8 – 8 – 10), presque isocholique, cette phrase anticipe sur les caractérisations éthologiques et anatomiques et laisse le verbe à la fin de la description, le conjuguant à l'imparfait non sécant, ce qui allonge encore plus la cadence majeure et laisse la phrase se déployer. On pourrait multiplier les exemples, pris au hasard dans l'ensemble de l'œuvre et on constaterait ce travail sur le style et l'écriture qui font des récits des *Souvenirs entomologiques* de petits contes ou fables ou saynètes dont la lecture est aisée pour un public profane et qui a dû déconcerter les savants de son temps.

Cette autre citation suffira à le montrer :

> Les Guêpes, sinon toujours, du moins souvent, élèvent la famille avec une nourriture animale ; mais, au lieu d'amasser d'avance, dans chaque cellule, une provision de gibier, elles distribuent la nourriture aux larves, une à une et plusieurs fois par jour ; elles les servent de bouche à bouche, leur donnent la becquée, ainsi que le font le père et la mère pour les oisillons[23].

L'alliance de l'asyndète et des constructions détachées, la progression rejetant le verbe le plus loin possible du thème (sujet grammatical, les

---

22 Nous suivons la méthode d'Henri Morier dans son *Dictionnaire de rhétorique*, qui utilise le comptage syllabique de la prose pour rendre compte des mouvements qui rythment la phrase.

23 Jean-Henri Fabre, *Souvenirs entomologiques*, Série 1, chapitre 9, « Les hautes théories », en ligne, https://www.e-fabre.com/e-texts/souvenirs_entomologiques/hautes_theories.htm [consulté le 25/10/2021].

guêpes), la cadence majeure, le recours à l'analogie concourent à créer à la fois une saynète vivante et dynamique et à caractériser l'éthologie animale.

Les écrits scientifiques de Jean-Henri Fabre, notamment les *Souvenirs entomologiques*, possèdent un style immédiatement reconnaissable et surtout, totalement inattendu pour des travaux savants portant sur la vie et les comportements des insectes. Les titres des chapitres semblent autant de monographies techniques et savantes sur les abeilles, les guêpes, les chalicodomes et les scarabées. Mais une fois que le lecteur a franchi la barrière hermétique de ces titres, dont les termes sont parfois rares, il entre dans l'univers singulier de Jean-Henri Fabre et se trouve pris par la vivacité et la simplicité de la narration, qui, comme dans un conte ou un documentaire, nous emmène à hauteur d'insecte dans un monde aussi brouillon que vivant, haut en couleurs, riche en formes diverses. Grâce au choix très simple d'une narration autobiographique à la première personne, nous vivons autant les aventures de l'entomologiste que celles des insectes qu'il observe avec amour et précision. L'ancrage systémique de la narration matricielle dans une énonciation à la première personne facilite l'adhésion du lecteur. De même pour les longues descriptions, elles sont toujours rattachées ou à cette source perceptuelle qu'est la première personne ou à la narration matricielle (le plus souvent aux deux d'ailleurs). De ce fait, les descriptions ne sont jamais statiques ni faites pour elles-mêmes. L'art de Fabre est de peindre le milieu et le contexte de l'insecte avant de se livrer à la caractérisation de son éthologie. Loin du formol et des casiers du muséum, les souvenirs entomologiques bruissent des crépitements des élytres et sentent la Provence de la fin du XIXe siècle. L'ouvrage n'a pas pris une ride, grâce, entre autres, à la vitalité et variété de son style, où tous les procédés rhétoriques concourent à rendre compte du vivant en lui rendant hommage.

Frédéric CALAS
Université Paul-Valéry
– Montpellier 3

NABOKOV ET SES PAPILLONS

Si les couvertures de romans de Nabokov sont parsemées de papillons, bien que le titre du livre ne soit pas en lien explicite avec ces insectes, c'est parce que Vladimir Nabokov, en sus d'être un très grand écrivain de langue russe et de langue anglaise, était aussi un entomologiste professionnel, spécialiste de papillons – un lépidoptériste reconnu par ses pairs au niveau international. Parfois qualifié de « lépidoptériste le plus célèbre du monde », Nabokov fut l'un de ces rares esprits à être parvenus à un niveau d'excellence dans les domaines scientifique et artistique. Il évoqua cette deuxième carrière lors de l'émission « Apostrophes » en 1975 :

> B. Pivot : Donc écrire a toujours été la grande affaire de votre vie, ça on s'en doutait un petit peu ; mais concevez-vous une deuxième vie dans laquelle vous n'écririez pas ?
> V. Nabokov : Je conçois très bien une autre vie, une vie dans laquelle je ne serais pas romancier, locataire heureux d'une tour de Babel en ivoire, mais quelqu'un de tout aussi heureux, d'une autre manière – dont d'ailleurs j'ai tâté – un obscur entomologiste qui passe l'été à chasser des papillons dans des contrées fabuleuses, et qui passe l'hiver à classifier ses découvertes dans un laboratoire de musée[1].

Cette autre carrière correspond aux années 1940. Une fois arrivé à New York en mai 1940, il se mit très rapidement à travailler bénévolement auprès de grands musées tels l'American Museum of Natural History à New York et le Museum of Comparative Zoology de Harvard, où il obtint le statut de « *Research Fellow* » en 1942. C'est dans ce dernier musée que Nabokov devint un lépidoptériste professionnel, conduisant ses recherches tout en réorganisant les collections de lépidoptères du musée, qui étaient fort en désordre.

---

1 *Les Grands Entretiens de Bernard Pivot : Vladimir Nabokov*, Paris, Gallimard/INA, DVD, 2004, de 04'04" à 04'49".

Il s'agira, dans les pages qui vont suivre, de retracer tout d'abord la carrière scientifique relativement courte de Nabokov, à partir de quatre ouvrages[2] qui rendent compte de cette carrière scientifique. Puis nous reviendrons brièvement sur la postérité scientifique de son travail d'entomologiste, et proposerons enfin une analyse de sa manière de mettre le monde en mots, que ce soit dans ses publications scientifiques ou dans ses écrits littéraires.

LA CARRIÈRE DE LÉPIDOPTÉRISTE DE VLADIMIR NABOKOV

Rappelons que Nabokov n'a jamais fait d'études de biologie, mais qu'il fut un autodidacte précoce. Le goût pour les sciences naturelles lui fut donné par ses parents. Sa mère partagea avec lui sa passion pour la botanique et la mycologie, et son père pour l'entomologie et les papillons en particulier. C'est lui qui montra à son fil, âgé alors de sept ans, comment étaler un papillon pour le conserver. Nabokov eut très tôt l'ambition de découvrir une espèce encore inconnue de la science. À neuf ans, il envoya une lettre au grand lépidoptériste russe Nikolay Kuznetsov pour lui suggérer une nouvelle sous-espèce de Nymphale du Peuplier. Le savant lui répondit en deux lignes qu'il s'agissait d'une espèce déjà nommée, et lui en donna les références. À douze ans, il envoya une description d'une « nouvelle phalène » au journal *The Entomologist* mais l'éditeur lui répondit qu'elle avait déjà été décrite[3]. Nabokov était un grand collectionneur de papillons (aux deux sens du mot « *collect* » en anglais, à la fois chasser ou ramasser, et collectionner), et il perdit plusieurs collections au fil des exils qui marquèrent sa vie prise dans

2 *Nabokov's Blues : The Scientific Odyssey of a Literary Genius*, New York, McGraw Hill, 2000, co-écrit par Kurt Johnson, lépidoptérologue américain du AMNH, et Steven Coates, journaliste ; Brian Boyd & Robert M. Pyle (éd.), *Nabokov's Butterflies : Unpublished and Uncollected Writings*, Boston, Beacon Press, 2000, rassemble tous les écrits de Nabokov relatifs aux papillons, dont des textes inédits ; Stephen Blackwell, *The Quill and the Scalpel : Nabokov's Art and the Worlds of Science*, Columbus, Ohio State University Press, 2009 ; *Fine Lines : Vladimir Nabokov's Scientific Art*, New Haven, Yale University Press, 2016, édité par S. Blackwell, reproduit les dessins scientifiques de Nabokov.

3 Boyd et Pyle (éd.), *Nabokov's Butterflies*, *op. cit.*, p. 4.

les tourments du vingtième siècle. Fuyant la Russie en 1918, il emporta quelques-uns de ses plus rares spécimens, dont une chrysalide qu'il avait conservée deux ans, et le papillon émergea dans la chaleur du train en direction de la Crimée. Il assembla une nouvelle collection au fil des années passées en Europe, entre Cambridge, Berlin et la France, mais dut la laisser derrière lui quand vint le moment de quitter Paris (quinze jours avant l'entrée de l'armée nazie dans la capitale). Une fois installé aux États-Unis, Nabokov ne fit jamais l'acquisition d'un logement. Pendant l'année universitaire, il louait la maison d'un collègue en congé sabbatique, puis passait ses étés à sillonner les États-Unis, chassant les papillons la journée, et écrivant le soir, en voiture, ou les jours de pluie. Il fit don à des musées de ses collections américaine puis suisse après son installation à Montreux en 1961. Nabokov chassa les papillons toute sa vie, même à plus de soixante-dix ans sur les pentes alpines, et c'est suite à une chute lors de l'une de ces expéditions qu'il fut hospitalisé et mourut d'une infection pulmonaire contractée à l'hôpital.

Aux États-Unis, à l'American Museum of Natural History et au Museum of Comparative Zoology, il s'auto-forma pour passer de l'amateur éclairé au scientifique professionnel, devenant expert des techniques de dissection et d'observation au microscope, et put (enfin) nommer son premier papillon, le *Lysandra Cormion Nabokov*. Il avait trouvé ce papillon lors d'un séjour à Moulinet (Alpes Maritimes) avant son départ d'Europe, et dès son arrivée aux États-Unis avait demandé à avoir accès aux collections du musée de New York pour évaluer sa prise. Cet événement fut l'occasion d'un poème, intitulé *A Discovery* [*Une découverte*] :

> Je le trouvai en une terre légendaire
> toute de rocaille et lavande et touffes d'herbes
> où il s'était posé sur du sable mouillé
> durci par le torrent d'un col de montagne.
>
> Les traits qu'il combine indiquent qu'il est neuf
> pour la science : forme et couleur – la nuance unique,
> semblable au clair de lune, qui tempère son bleu,
> le dessous brunâtre, le bord à damier.
>
> Mes aiguilles ont extrait son sexe sculpté ;
> les tissus corrodés ne pouvaient plus dissimuler
> la particule sans prix qui creuse la convexe
> et limpide larme sur une lame plus claire.

Sans à-coup, une vis est tournée ; hors de la brume
deux crochets d'ambre se courbent symétriquement,
ou des écailles semblables à des palots d'améthyste
traversent le cercle enchanté du microscope.

Je le trouvai et le nommai, étant versé
en latin taxonomique ; et devins ainsi
parrain d'un insecte et son premier
descripteur – et n'y cherchai pas d'autre renommée.

Déployé sur son épingle (quoique profondément endormi)
et à l'abri de cousins rampants et de la pourriture,
dans la forteresse recluse où l'on garde
les spécimens type, il transcendera sa poussière.

Sombres tableaux, trônes, pierres baisées par les pèlerins,
poèmes qui mettent mille ans à mourir,
tous ne font que parodier l'immortalité de cette
étiquette rouge apposée sur un petit papillon[4].

Dans ce poème, il évoque toutes les étapes du travail entomologique : chasse, dissection au microscope, description, nomination, et passage à la postérité – une immortalité qu'il place au-dessus de celle des œuvres d'art. Il y a mentionné aussi l'étiquette rouge des holotypes, c'est-à-dire les spécimens qui servent de base à la première description.

En classification entomologique, il existe deux fonctions liées l'une à l'autre : la systémique (plus théorique, et qui s'intéresse aux questions de théorie et de méthodologie organisationnelle), et la taxonomie, c'est-à-dire la codification et l'application de règles qui permettent la classification biologique. Nabokov était un taxonomiste, par choix mais aussi par inclinaison naturelle[5], car il avait un esprit plus analytique que synthétique. En effet, la taxonomie recherche le spécifique, le détail infime qui fait la différence, et elle requiert un œil très affûté. Elle correspond parfaitement à Nabokov, qui abhorrait les généralisations de tous ordres, et se délectait des détails ; il affirma ainsi : « Dans l'art le plus élevé comme dans la science la plus pure, c'est le détail qui fait tout[6] », ou déclara

4 *A Discovery*. Poème composé le 15 mai 1943, extrait du recueil *Poems* (1959), Londres, Lowe and Brydone, 1961, p. 15 (ma traduction).

5 Kurt Johnson & Steven Coates, *Nabokov's Blues*, *op. cit.*, p. 48.

6 Vladimir Nabokov, *Parti pris*, V. Sikorsky (trad.), Paris, Julliard, 1999, p. 198. « In high art as in pure science, detail is everything » (Vladimir Nabokov, *Strong Opinions*, New York, McGraw Hill, 1973, p. 168).

encore : « En tant qu'artiste et en tant que chercheur, je préfère le détail spécifique à la généralisation, les images aux idées, les faits obscurs aux symboles clairs, et le fruit sauvage découvert à la confiture de synthèse[7] ».

Pour comprendre l'apport de Nabokov à la lépidoptérologie, il est nécessaire de rappeler les principes de la classification des insectes. Tout d'abord, rappelons que les lépidoptères forment l'un des groupes les plus complexes et les plus riches du règne animal[8], qui regroupe les papillons et les phalènes. L'étymologie de leur nom en grec signifie « ailes couvertes d'écailles ». Comme tous les autres insectes, les lépidoptères ont un corps composé d'une tête, d'un thorax, de six pattes, de quatre ailes, et d'un abdomen. Ils se distinguent des autres insectes par les écailles qui recouvrent leurs ailes, et la trompe qui leur permet de boire le nectar des fleurs. Le papillon correspond à l'animal adulte, qui pond ses œufs sur des plantes spécifiques, qui vont nourrir sa chenille, ou larve, éclose des œufs. La chenille subit ensuite plusieurs métamorphoses par mue : elle cesse de manger et s'immobilise dans un cocon sous forme de chrysalide ou pupe, étape au cours de laquelle se forme le papillon, qui en émerge.

La classification des espèces poursuit les principes établis par Linné, et se compose de noms en latin. Le premier nom, qui fournit le genre de l'animal, est en quelque sorte le nom de famille de ce dernier. Le deuxième nom est celui de l'espèce elle-même, et constitue son prénom. Ce nom d'espèce peut être donné à d'autres animaux d'un genre différent (par exemple : *melissa*). Puis ces deux noms sont suivis de celui de l'auteur de la première description et de la nomination de l'animal : *Lysandra Cormion Nabokov*. Nabokov explique : « Le concept d'"espèce" est le concept de différence ; le concept de "genre" est le concept de similarité. Ce que l'on essaie de faire lorsque l'on "érige un genre", comme le veut l'expression, c'est en fait la tentative paradoxale de démontrer que certains objets qui sont dissemblables d'un certain côté sont similaires d'un autre[9] ». Il y a donc une certaine part de subjectivité dans

---

7 Vladimir Nabokov, *Ibid.*, p. 6 ; « As an artist and a scholar, I prefer the specific detail to the generalization, images to ideas, obscure facts to clear symbols, and the discovered wild fruit to the synthetic jam » (*Strong Opinions*, *op. cit.*, p. 7)

8 Les coléoptères (scarabées) sont un groupe encore plus complexe, et constituaient un domaine qui intéressait également beaucoup Nabokov.

9 Ma traduction de Nabokov : « The idea of 'species' is the idea of difference ; the idea of 'genus' is the idea of similarity. What we do when trying to 'erect a genus', as the saying goes, is really the paradoxical attempt to demonstrate that certain objects that

l'appréciation des différences et des similitudes, dont Nabokov était parfaitement conscient.

La définition de ce qu'est une espèce est un sujet qui a suscité beaucoup de divisions entre les savants dans l'histoire des sciences. D'un point de vue théorique, une espèce est un groupe d'animaux qui peuvent se reproduire et donner des individus viables (c'est-à-dire non stériles : contrairement aux mules, par exemple). Cette définition est la définition dite biologique. Le problème est que ce critère est très difficile à établir pour les taxonomistes qui travaillent à partir d'organismes morts. Nabokov insistait donc sur l'importance de la morphologie pour établir les espèces, et donc sur l'importance de la dissection des spécimens. Cela est d'autant plus nécessaire pour les papillons qu'il y a chez eux de très nombreux cas de mimétisme, où des animaux ont l'air parfaitement identiques à l'extérieur. Cependant, une fois leur intérieur révélé, ils se trouvent non seulement ne pas appartenir à la même espèce, ni parfois pas au même genre. D'où la remarque de Nabokov : « Je ne m'oppose en rien au concept d'espèce biologique. Mon objection réside dans l'usage de ce concept comme méthode qui prime sur les autres[10] ».

Pour pouvoir établir la classification taxonomique des papillons qu'il étudiait, Nabokov procédait à de minutieuses observations anatomiques au microscope, et notamment de l'appareil génital des Bleus, ou Lycénides, dont il était spécialiste. Il fut le premier à souligner l'importance de l'appareil génital des femelles pour la classification, et produisit des dessins qui sont des modèles. Nabokov a aussi a donné leur nom à de nombreuses parties de cette complexe anatomie, qui sont demeurés à l'usage des lépidoptéristes, car en science observer implique de dénommer : pour qu'un élément appartienne au champ des connaissances, la médiation par le langage est nécessaire, en une forme de naissance/baptême, qui rappelle l'action d'Adam nommant les créatures produites par le créateur dans la *Genèse*. L'observation d'un nouvel objet dans l'étendue des éléments connus par l'humanité s'accompagne immédiatement d'un acte de nomination. Sans nom, pas d'existence (re)connue.

---

are dissimilar in one way are similar in another » (cité par Johnson, *Nabokov's Blues*, *op. cit.*, p. 54).

10 Ma traduction de Nabokov : « I do not object to the concept of the biological species. My objection is its being used as a primary method » (cité par Johnson, *Nabokov's Blues*, *op. cit.*, p. 51).

Pour ses recherches, Nabokov passait jusqu'à quatorze heures par jour au microscope, ce qui ruina sa vue. Il développa une sorte d'addiction à la recherche entomologique, comme il le disait à Edmund Wilson :

> Je consacre trop de temps à l'entomologie (jusqu'à quatorze heures par jour) et bien que ce je suis en train d'accomplir dans ce champ ait une certaine portée et importance scientifiques, je me sens parfois comme un ivrogne qui, dans ses moments de lucidité, se rend compte qu'il est en train de manquer tout un tas d'opportunités merveilleuses[11]

Il expliqua plus tard dans un entretien : « Depuis mes années au Musée de Zoologie comparée de Harvard, je n'ai pas touché à un microscope, sachant que si je m'y risquais je me noierais à nouveau dans son puits de lumière[12] ». Peu de lépidoptéristes sont allés aussi loin que Nabokov dans leurs observations au microscope : il comptait les rangs d'écailles sur les ailes, ce qui est un travail très chronophage et particulièrement éprouvant pour la vue. Ses publications scientifiques sont peu nombreuses (dix-sept articles en dix ans, dont huit sur les Bleus), car il partageait son temps à cette époque entre ses cours de littérature à Cornell, l'écriture de ses romans, la traduction de ses œuvres et d'*Eugene Onéguine* de Pouchkine, qu'il accompagna de plus de mille pages de notes érudites. De ses dix-sept publications, qu'a retenu la science entomologique ?

11 Ma traduction de Nabokov : « I am devoting too much time to entomology (up to fourteen hours per day) and although I am doing in this line something of far-reaching scientific importance I sometimes feel like a drunkard who in his moments of lucidity realizes that he is missing all sorts of wonderful opportunities » (Lettre à Edmund Wilson, citée par Johnson, *Nabokov's Blues*, *op. cit.*, p. 128).

12 Ma traduction de Nabokov : « Since my years at the Museum of Comparative Zoology in Harvard I have not touched a microscope, knowing that if I did I would drown again in its bright well » ; Gerald Clarke, "Checking in with Vladimir Nabokov", *Esquire* (Chicago, Illinois), 84 (1), juillet 1975, p. 69.

LE LEGS ENTOMOLOGIQUE DE NABOKOV

Nabokov était l'un des plus fins spécialistes des Bleus d'Amérique du Nord, mais il conduisit aussi des recherches sur les espèces tropicales et subtropicales. Deux articles en particulier ont marqué les connaissances sur ces animaux : « Nearctic Forms of *Lycaeides Hübner*[13] », qui établit les principes toujours en usage de l'analyse des organes génitaux des Bleus, et « Notes on Neotropical Plebejinae[14] » (qui compte soixante pages). Dans cet article, il procède à ce que l'on appelle une « première révision ou révision primaire », c'est-à-dire une réorganisation globale de la sous-famille des *Plebejinae*, appelés aujourd'hui les *Polyommatini*. Malgré le très petit nombre de spécimens à sa disposition dans les années 1940, cet article est un texte fondateur pour la classification des genres de ces papillons d'Amérique centrale et du Sud, comme l'a prouvé le travail de toute une équipe de lépidoptéristes qui a poursuivi ses recherches.

L'ouvrage de Kurt Johnson et Steven Coates, *Nabokov's Blues : The Scientific Odyssey of a Literary Genius*, se présente comme une histoire scientifique passionnante (et souvent assez haletante) qui retrace à la fois les découvertes de Nabokov, et leur prolongement à travers l'étude de papillons d'Amérique centrale et du Sud, auxquels l'écrivain n'eut jamais accès dans leur milieu naturel (c'était un voyage qu'il rêvait de faire). Malgré un échantillon assez limité, le travail de Nabokov était d'une telle qualité que ses classifications ont pu passer le test de recherches beaucoup plus approfondies, notamment des analyses ADN réalisées dans les années 2000 qui ont confirmé ses hypothèses de migration des papillons d'Asie vers l'Amérique en passant par le détroit de Bering[15].

Comme l'explique Johnson, la taxonomie est une discipline souvent un peu déconsidérée. Elle manque de reconnaissance, du fait du travail méticuleux et obscur qu'elle implique. Selon Johnson toutefois, le travail taxonomique est vital à l'heure de la disparition des espèces et

13 Vladimir Nabokov, « Nearctic Forms of *Lycaeides Hübner* », *Bulletin of the Museum of Comparative Zoology*, 101, mars 1949.

14 Vladimir Nabokov, « Notes on Neotropical Plebejinae » *Psyche* 52, mars-juin 1945.

15 Carl Zimmer, « Nonfiction: Nabokov Theory on Butterfly Evolution Is Vindicated », *New York Times*, 25 janvier 2011, [en ligne] https://www.nytimes.com/2011/02/01/science/01butterfly.html.

des dangers qui pèsent sur la biodiversité. Longtemps la taxonomie des Bleus s'est basée sur des ouvrages plus anciens que son travail mais qui faisaient autorité. Comme il n'a publié que des articles, la communauté scientifique méconnaissait ses courtes publications. N'étant pas titulaire d'un doctorat, n'ayant pas fait d'études de biologie, et étant par ailleurs très célèbre pour un autre domaine, la reconnaissance de son apport à la classification des Bleus dut attendre les années 1990. En outre les Lycénides forment une famille particulièrement complexe : ils ne sont pas tous bleus, mais sont souvent très pâles ou bruns, voire orange dans certaines espèces subtropicales par mimétisme avec d'autres espèces d'une toute autre famille.

En décembre 1990, les travaux de Nabokov sortirent de leur oubli. Kurt Johnson (chercheur à l'American Museum of Natural History) reçut une lettre d'un collègue hongrois, Zsolt Balint, lui demandant son avis sur quelques espèces de Bleus. Johnson n'était pas reconnu comme un spécialiste de ces papillons-là, mais il le devint au bout de ce qui allait s'appeler « The Nabokov Project ». Balint et Johnson commencèrent en effet la recherche, identification et classification systématique de spécimens qui dormaient dans les réserves de musées d'histoire naturelle européens. Puis Johnson développa le projet, en lien avec des collègues du Pérou et d'Israël. Vers la fin du projet de publication d'envergure, Balint s'aperçut qu'un autre chercheur était venu disséquer des Bleus du British Museum : c'était un lépidoptériste italien du nom de Balletto, qui préparait une publication sur une petite portion de ces animaux. Johnson le contacta alors pour qu'il rejoigne l'équipe de chercheurs qui travaillait depuis 1990, mais celui-ci ne répondit d'abord pas, puis dit que cela ne l'intéressait pas. Début 1993, trois semaines avant la publication des travaux de Balint et Johnson, Baletto publia son article, qui non seulement ne prenait pas en compte la classification méticuleuse de Nabokov, mais la contredisait largement, avec de nombreuses erreurs. Or, selon le Code de la publication scientifique, le premier à nommer fait autorité. Le travail de Johnson et Balint était bien plus large en envergure, et préservait la plupart des classifications de Nabokov (quelques révisions ont été faites au cours des recherches, ce qui est normal puisqu'il eut accès à peu de spécimens). Le sort du travail de Baletto fut toutefois scellé par le directeur du Musée d'Histoire naturelle du Pérou, qui établit que Baletto avait violé l'une des règles du code, pour des questions techniques de nature *grammaticale* (voilà qui aurait plu à Nabokov), car le code en vigueur exige que pour nommer un nouveau genre, le nom doit être grammaticalement un substantif en latin, or Baletto avait surtout utilisé des adjectifs, ce qui constituait une violation du code. Du coup, ce sont les noms donnés par Johnson et Balint, basés sur les noms donnés par Nabokov, qui l'emportèrent dans la taxonomie (sauf pour trois noms donnés par Baletto). Ceci permit de préserver les distinctions génériques établies par Nabokov.

Beaucoup de nouvelles espèces furent découvertes par l'équipe du Nabokov Project : quatre-vingts par rapport aux dix-neuf que Nabokov avait identifiées à partir des spécimens conservés dans les musées américains. Mais sa classification en six genres, à partir desquels neuf genres finaux furent établis, a résisté à l'épreuve d'une recherche d'envergure. Et afin de rendre hommage à Nabokov pour avoir jeté les bases de connaissance d'un groupe de papillons mal connu, les chercheurs nommèrent un grand nombre de leurs découvertes à partir des personnages de Nabokov, comme par exemple :

- *Itylos luzhin* ;
- *Nabokovia ada* ;
- *Paralycaeides shade* ;
- *Madeleina lolita* ;
- *Poltheclus cincinnatus* ;
- *Pseudolucia humbert* ;
- *Pseudolucia charlotte.*

Une attention toute spéciale fut prise pour l'espèce *humbert*, afin que dans la nature Lolita soit toujours loin et libre de Humbert, en assignant cette espèce à un genre séparé, dont l'habitat est à plus de 25000 km de la zone où l'espèce *lolita* peut être rencontrée[16].

16 Kurt Johnson, *Nabokov's Blues*, *op. cit.*, p. 261.

METTRE LE MONDE EN MOTS

Nabokov était trilingue (russe, anglais, français), et de ce fait il était particulièrement conscient de la manière différente dont le monde se partage d'une langue à l'autre, et de l'inadéquation irréductible du langage à la richesse de notre environnement. Son obsession pour le détail, tant en entomologie qu'en littérature, s'inscrit dans cette conscience de l'inadéquation des mots, car elle marque la tentative de l'écrivain de parvenir à une combinaison de lexèmes qui s'approche le plus exactement possible de ce qu'il tente de décrire. Cette obsession pour le détail s'étendait à tous les aspects de sa vie, et à son œuvre. Plus d'un traducteur ou éditeur eut à subir les exigences de Nabokov, notamment lorsqu'il s'agissait de papillons, comme l'illustre cet extrait d'un courrier relatif à la couverture de son recueil *Collected Poems* :

> J'aime les deux papillons sur la couverture, mais ils ont des corps de fourmi ; or aucun effet de style ne saurait excuser une simple erreur. [...] je serai la risée de mes collègues entomologistes s'ils voyaient ces hybrides impossibles. [...] Quoi qu'il en soit, leur corps devrait se présenter comme sur le dessin que je joins, et les ailes doivent être attachées au thorax et non à l'abdomen. [...]
>
> Maintenant, concernant le papillon sur la page-titre : sa tête est celle d'une Petite Tortue, et le motif de ses ailes est celui du Piéride du Chou commun (alors que le papillon de mon poème est clairement décrit comme faisant partie d'un groupe de petits papillons bleus aux dessous d'ailes mouchetés), ce qui a aussi peu de sens, dans ce cas précis, qu'en aurait un thon sur la couverture de *Moby Dick*. Je me dois d'être clair et franc : je n'ai rien contre les effets de style, mais je m'oppose à l'ignorance stylisée[17].

Dans ses cours de littérature, Nabokov ne cesse de souligner l'importance des détails, et, au tableau, il dessine le scarabée de *La Métamorphose* de Kafka. Dans son scénario pour *Lolita*, il se moque de Humbert qui ne maîtrise pas les termes de base d'entomologie, en programmant un caméo à la Hitchcock :

> Humbert se gare sur le bas-côté tout en fleurs.
>
> HUMBERT. – Je n'aurais pas dû tenter de prendre un raccourci. Nous sommes perdus.

17 *Nabokov's Butterflies*, *op. cit.*, p. 527 (ma traduction).

LOLITA. – Demande à ce fêlé avec son filet là-bas.
Le Chasseur de Papillons. Il s'appelle Vladimir Nabokov. Une fritillaire se pose, ailes déployées, sur une haute fleur. Nabokov la capture d'un vif coup de filet. Humbert marche vers lui. D'un pincement précis du pouce et de l'index à travers un pli du filet, il tue sa proie et fait sortir du filet l'insecte mort sur la paume de sa main.
HUMBERT. – S'agit-il d'un spécimen rare ?
NABOKOV. – Un spécimen ne peut être commun ou rare, il peut seulement être de piètre ou de parfaite qualité.
HUMBERT. – Sauriez-vous m'indiquer –
NABOKOV. – Vous vouliez dire « une espèce rare ». C'est un spécimen d'assez bonne qualité d'une sous-espèce assez peu répandue.
HUMBERT. – Je vois. Pourriez-vous me dire si cette route mène bien à Dympleton ?
NABOKOV. – Je n'en ai pas la moindre idée[18].

Par bien des aspects, Nabokov était un maniaque du contrôle, ce qui s'accordait parfaitement avec son penchant pour la taxonomie, car il s'agit de nommer le monde, pour le connaître, mais aussi en contrôler une partie de la complexité. Si les détails sont essentiels dans la description taxonomique pour distinguer une espèce d'une autre, ils ont encore un autre effet en littérature, car ils sont la base même de l'illusion référentielle – les « effets de réel » définis par Barthes, et déjà chez Diderot qui soulignait cette valeur du détail, comme l'a noté Philippe Hamon[19]. Nabokov eut aussi recours aux détails pour créer de la vraisemblance : il effectuait de longues recherches pour que les mondes de ses romans soient les plus réalistes possibles. Pour écrire *Lolita*, il se documenta notamment sur les mesures anatomiques des fillettes, sur la structure

18 Ma traduction de : *Humbert pulls up at the bloomy and lush wayside.* / HUMBERT : I should not have attempted to take a short cut. We're lost. / LOLITA : Ask that nut with the net over there. – THE BUTTERFLY HUNTER. His name is Vladimir Nabokov. A fritillary settles with outspread wings on a tall flower. Nabokov snaps it up with a sweep of his net. Humbert walks toward him. With a nip of finger and thumb through a fold of the marquisette Nabokov dispatches his capture and works the dead insect out of the netbag onto the palm of his hand. – HUMBERT : Is that a rare specimen ? / NABOKOV : A specimen cannot be common or rare, it can only be poor or perfect. / HUMBERT ; Could you direct me– / NABOKOV ; You meant "rare species." This is a good specimen of a rather scarce subspecies. / HUMBERT ; I see. Could you please tell me if this roads leads to Dympleton ? / NABOKOV ; I haven't the vaguest idea. (Vladimir Nabokov, *Lolita : A Screenplay*, (1961) New York, Vintage, 1997, p. 127-128).

19 Denis Diderot, *Œuvres romanesques*, Paris, Garnier, s. d., p. 791-792, cité par Philippe Hamon, in *La description littéraire*, Paris, Macula, 1991, p. 97.

et le fonctionnement d'un revolver, et prenait des notes de l'argot adolescent qu'il glanait. On trouve donc dans ses textes des caractéristiques typiques du roman réaliste du XIXe siècle :

> Dans le programme réaliste, le monde est descriptible, accessible à la dénomination. [...] Ce programme se caractérise aussi par sa volonté d'exhaustivité [...]. On connaît la référence maniaque de très nombreux auteurs au « détail » (Zola : « J'ai l'hypertrophie du détail vrai ») [...][20].

Nabokov fit preuve de la même hypertrophie que Zola, et expliqua combien les détails permettent d'insuffler de la vie aux textes littéraires :

> Au temps où j'étais universitaire, je m'efforçais de fournir à mes étudiants de littérature des informations exactes sur des détails, et sur ces combinaisons de détails qui provoquent l'étincelle sensuelle sans laquelle un livre est mort[21].

Nabokov souligne la nature sensuelle/sensorielle des détails littéraires, et rappelons que pour lui le travail entomologique n'était ni froid ni anesthésié : la chasse aux papillons sur le terrain fut la source de l'un de ses plus intenses plaisirs, et même en laboratoire il évoque les « délices tactiles de la délinéation précise[22] ». Les détails sont particulièrement essentiels en taxonomie, car ces descriptions ont une fonction très particulière, celle d'être la première description d'un animal ou d'une plante, c'est à dire LA référence pour les identifications futures et la recherche de l'entière communauté scientifique. Par conséquent, la description scientifique implique un type d'écriture très particulier, qui requiert une relation signifiant/signifié aussi serrée que possible : les mots doivent coller au monde au plus près. Quelles furent donc les solutions stylistiques trouvées par Nabokov pour répondre à cette exigence ?

Si les premiers textes de fiction et premiers poèmes de Nabokov furent rédigés en russe, ses premiers textes *publiés* en anglais, avant même sa métamorphose officielle en écrivain américain furent des publications lépidoptérologiques dans des revues scientifiques. À plusieurs reprises, il expliqua combien l'anglais était un meilleur outil pour les descriptions précises, comme dans cette lettre à Edmund

20 Philippe Hamon, « Un discours contraint », in *Littérature et réalité*, Paris, Éditions du Seuil, 1982, p. 162.

21 Vladimir Nabokov, *Parti pris*, *op. cit.*, p. 187.

22 *Ibid.* 91 ; « The tactile delights of precise delineation » (*Strong Opinions*, *op. cit.*, p. 78).

Wilson datant de 1943, où il fait l'éloge de cette langue qui était en train de devenir la sienne :

> Un résumé d'une partie de mon travail scientifique sur les Bleus (du genre des Lycénides, les « Bleus ornés d'argent » en anglais), dans lequel je mets en relation les sujets néo-arctiques et les sujets paléoarctiques, va paraître dans une semaine ou deux. Le travail que cela impliqua fut énorme, le nombre de fiches rédigées excède le millier de références – pour à peine une demi-douzaine d'espèces (très polytypiques) ; j'ai disséqué et dessiné les organes génitaux de 360 spécimens et ai déroulé des aventures taxonomiques qui se lisent comme un roman. Cela a été un entraînement merveilleux dans l'usage de notre (si je puis le dire aujourd'hui) sage, précise, plastique, belle langue anglaise[23].

Examinons un premier exemple du style scientifique nabokovien, tiré de la description d'un Lycénide appelé le *Melissa Melissa* :

> *A darkish form with discernible insulae and a peculiar underside: hoary grayish fawn with a generous spread of pale greenish-blue dusting from base in secondaries and very large golden-green paeterminal blotches*[24].

On observe ici deux traits stylistiques typiques de Nabokov : l'accumulation adjectivale, et la présence d'adjectifs composés, que l'on peut trouver dans ses autres articles scientifiques[25]. *The Gift (Le Don)*, chef d'œuvre moderniste rédigé en russe (1938), est l'un des romans où la lépidoptérologie tient la plus grande place, car le père du narrateur Fyodor (jeune poète russe en exil à Berlin) est lépidoptériste. Ces deux personnages masculins constituent donc les incarnations des deux passions de Nabokov, et sont deux doubles de lui-même. Le roman abonde ainsi en descriptions de papillons, de leur habitat, comportements, sons, ou odeurs, et dans une partie non publiée du roman, intitulée « Les papillons de mon père », Fyodor développe des réflexions autour des concepts d'espèce et de mimétisme. Voici un exemple de description littéraire de papillon :

---

23 Ma traduction d'un passage d'une lettre à Edmund Wilson datée du 28 novembre 1943 et citée dans *Nabokov's Butterflies*, *op. cit.*, p. 296-297.

24 Vladimir Nabokov, *Psyche* 50, p. 87-91, cité dans *Nabokov's Butterflies*, *op. cit.*, p. 286. Ma traduction : « Une silhouette sombre avec des insulae discernables et une surface inférieure particulière : fauve grisâtre argenté avec une généreuse zone de saupoudrage bleu verdâtre pâle depuis la base des ailes secondaires, et de très larges tâches pré-terminales vert-dorées ».

25 Voir notamment la description du *Neonympha dorothea* Nabokov, publiée dans *Psyche* 49, 80, et citée dans *Nabokov's Butterflies*, *op. cit.*, p. 254.

> *He but also the other riders* […] *work their way fearlessly up the rocks, in pursuit of the white, blue-ocellated butterfly which they catch at last; and there it is in my father's fingers, dead, its hairy yellowish incurved body resembling a willow catkin, and the glazy underside of its crisp folded wings showing the blood-red maculation at their roots*[26].

Notons ici la présence de nombreux adjectifs, certains parmi eux sont composés, et une interminable séquence syntaxique typique de Nabokov, et inhabituelle en anglais (ce qui lui vaut en partie sa réputation d'auteur difficile). Nabokov avait aussi conscience de son utilisation très particulière du point-virgule[27] pour cadencer ses descriptions (notamment entomologiques), et son utilisation presque incontrôlable des parenthèses[28]. Le style de Nabokov, tant de ses publications scientifiques que littéraires, se caractérise par de longues phrases complexes, comme si, pour approcher la « réalité » (mot que Nabokov ne supportait qu'affublé de guillemets), le langage se devait de bifurquer et re-bifurquer afin de rendre compte des complexités du monde. Chez lui, les substantifs simples (article + nom) sont rares, ce qui reflète une esthétique accordant une large importance au détail et à la précision, mais aussi à l'ornement, comme l'illustrent la multitude d'adjectifs, les nombreuses subordonnées, les parenthèses qui abondent dans son écriture. Cette esthétique de l'accumulation permet ainsi d'affûter le signifié en densifiant le signifiant.

Dans *Bend Sinister* (*Brisure à senestre*), deuxième roman rédigé en anglais, et écrit dans les années 1940, alors qu'il était au sommet de son activité entomologique, relevons un passage qui procède par parallèles syntaxiques entre la jeune Olga et une phalène qu'elle tient précautionneusement entre ses mains :

> *You wore a striped (dingy white and pale-blue) sleeveless jersey, a dark-blue girl-scout skirt, untidy orphan-black stockings and a pair of old chlorophyl-stained tennis*

---

26 Vladimir Nabokov, *The Gift*, (1939/1963), New York, Vintage, 1991, p. 118. Traduction de Raymond Girard « *[Lui et] les autres cavaliers, intrépides [...] se fraient aussi un chemin jusqu'au sommet des rochers, à la poursuite du papillon blanc, ocellé de bleu, qu'ils attrapent enfin ; et le voici, mort entre les doigts de mon père, mort, son corps incurvé, jaunâtre et velu, ressemblant à un chaton de saule, et le dessous glacé de ses ailes repliées laissant voir la maculation rouge sang à leurs racines* », *Le Don*, Paris, Gallimard, « Bibliothèque de la Pléiade », vol. II, p. 127.

27 Voir ses remarques reproduites dans *Nabokov's Butterflies*, *op. cit.*, p. 210.

28 Voir son courrier adressé le 16 avril 1947 au lépidoptériste Cyril Dos Passos, qu'il compliment et dont il envie la clarté du style en comparaison du sien qui se noue dans les subordonnées et les parenthèses (lettre citée dans *Nabokov's Butterflies*, *op. cit.*, p. 402).

> *shoes. Between the pillars of the porch geometrical sunlight touched your reddish brown bobbed hair, your plump neck and the vaccination mark on your sunburned arm.* [...] *From various mirrors your cupped hands and lowered head came towards you and your movements were mimicked behind your back. Your aunt, a lay figure, was writing a letter.*
>
> *"Look," you said.*
>
> *Very slowly, rosewise, you opened your hands. There, clinging with all its fluffy feet to the ball of your thumb, the tip of its mouse-gray body slightly excurved, its short, red, blue-ocellated inferior wings oddly protruding forward from beneath the sloping superior ones which were long and marbled and deeply notched*[29].

Les miroirs dupliquent l'image de la jeune fille, et rappellent les effets de reflets entre Olga et l'insecte. Les ailes symétriques du papillon font écho aux « *cupped hands* » dans lesquelles elles sont enchâssées, et alors qu'Olga est décrite de haut en bas, les ailes inférieures de la phalène sont décrites avant les supérieures. Un système d'échos organise les détails de la description : la marque de vaccination rappelle les ocelles, la couleur du coup de soleil celle des ailes inférieures, et les ailes marbrées et crénelées sont dupliquées dans le pull rayé et sans manches. Notons à nouveau les adjectifs composés, très précis et inédits, qui se trouvent dans cet extrait : « *chlorophyl-stained* », « *orphan-black* », « *blue-ocellated* ». Il est frappant de constater la récurrence et la quantité d'adjectifs composés chez Nabokov. Ce type d'adjectif permet à la fois condensation du sens et grande précision, associant plusieurs éléments pour faire émerger le sens. La syntaxe anglaise les permet, mais pas le russe ou le français[30]. Dans sa transformation en écrivain américain, Nabokov s'est saisi de cette possibilité avec une grande créativité, et à profusion. La création

29 *Bend Sinister*, Harmondsworth, Penguin, 1974, p. 117. Traduction de Gérard-Henri Durand : « Tu étais vêtue d'un jersey rayé sans manches (blanc cassé et bleu pâle), d'une jupe bleu marine d'éclaireuse, de chaussettes d'orpheline, noires et tire-bouchonnées, et d'une paire de tennis verdies par la chlorophylle. Entre les piliers du portique un rayon géométrique vint effleurer ta chevelure relevée en chignon, brune avec des reflets roux, puis ta nuque épaisse, et la marque du vaccin sur ton bras doré, cuit par le soleil. [...] Dans des miroirs, tes mains serrées, ta tête baissée venaient à ta rencontre et derrière ton dos des reflets imitaient tes mouvements. Ta tante, personnage secondaire, écrivait une lettre. / "Regarde", dis-tu. / Et, avec lenteur, une rose qui s'ouvre, tu as déployé tes doigts. Là, accroché sur le bout de ton pouce de ses six petites pattes duveteuses, l'extrémité de l'abdomen gris souris légèrement relevée, les ailes postérieures trapues, rouges, ocellées de bleu, qui faisaient bizarrement saillir de dessous les antérieures qui tombaient, longues, marbrées, creusées de stries profondes ». *Brisure à senestre*, Paris, Gallimard, « Bibliothèque de la Pléiade », vol. II, 2010, p. 720.

30 La traduction vers le français de ces adjectifs composés est souvent désastreusement lourde.

d'adjectifs composés inédits est aussi le signe d'un travail particulièrement appuyé du signifiant[31].

Dans la description du *Lycaeides sublivens* femelle, les caractéristiques observées plus haut sont reprises :

> *Upperside of a rather peculiar, smooth, weak brown, with an olivaceous cast in the living insect; more or less extensively dusted with cinder-blue scales; triangular greyish blue inner cretules generally present in the hindwing and often accompanied by some bluish or greyish bleaching in the radial cells of the forewing; aurorae reduced: short and dullish in the hindwing, blurred or absent in the forewing, tending to disappear in both wings and almost completely absent in 3specimens; underside similar to that of the male*[32].

Phrases longues et complexes, grand nombre de points-virgules, accumulation d'adjectifs, adjectifs composés, extrême précision lexicale : ces traits stylistiques semblent donc former l'arsenal stylistique éprouvé par Nabokov pour tenter une adéquation du signifiant et du signifié.

Les activités entomologiques de Nabokov constituaient une forme de fusion de l'art et de la science :

> Et croyez-moi, l'émotion de reconnaître dans une prairie alpine un papillon que l'on sait être différent d'un autre et d'observer son comportement unique – cette émotion est un sentiment dans lequel les côtés scientifique et artistique se rejoignent en un apex de vif plaisir qui est inconnu de l'homme qui déambule sous des arbres qu'il n'est même pas capable d'identifier[33].

---

31 On note également la prédilection de Nabokov pour les adjectifs composés dans les révisions des traductions de ses œuvres russes vers l'anglais. Par exemple, dans la nouvelle « A Nursery Tale » (« Conte de la mère l'oie »), il remplace « *silky calves* » (« mollets soyeux ») qu'avait choisi le traducteur par « *silk-hosed calves* » (« mollets dans des collants de soie ») et préfère « *short-skirted beauties* » (« beautés aux jupes courtes ») à « *girls* » (Vladimir Nabokov, « A Nursery Tale », *Tyrants Destroyed and Other Stories*, (1974), Harmondsworth, Penguin, 1993, p. 46 et 47).

32 *Nabokov's Butterflies*, *op. cit.*, p. 482, publié initialement dans *Lepidopterist's News* 6 (août 1952). Ma traduction : « surface inférieure d'un brun pâle assez unique, lisse, d'une nuance olivâtre chez l'insecte vivant ; plus ou moins extensivement saupoudré d'écailles bleu cendré ; blanchissement bleuâtre ou grisâtre des cellules radiales des ailes antérieures ; aurores réduites : courtes et ternes sur les ailes postérieures, fondues ou absentes sur les ailes antérieures, ayant tendance à disparaître sur les deux ailes et presque totalement absentes chez 3 spécimens ; surface inférieure similaire à celle du mâle ».

33 Ma traduction de : « And believe me, the emotion of recognizing in an alpine meadow a butterfly one knows to be different from another and whose special comportment one

La lépidoptérologie nourrissait aussi son goût pour les motifs, et notamment les motifs cachés ; il aimait les apparences trompeuses dans la nature (le mimétisme), le jeu cosmique de cache-cache qu'elle propose à l'œil humain, et offrait un jeu similaire aux lecteurs de ses romans. Les activités scientifiques de Nabokov lui ont donné une conscience très aiguë de la manière dont la « réalité » nous échappe. Toutefois, il ne faudrait pas confondre cette conscience de l'impossibilité de connaître et comprendre le monde qui nous entoure avec du nihilisme, ou la conscience moderniste de l'échec du langage. Au contraire, ses travaux de dissection et de dessin minutieux des organes génitaux des papillons montrent combien il se délectait de la complexité du monde, qui se reflète dans celle de ses romans à multiples motifs et multiples niveaux de lecture. Grâce à son expérience scientifique, Nabokov comprit qu'il était impossible d'atteindre une quelconque vérité, puisque derrière chaque couche enlevée une autre, encore plus mystérieuse et complexe, s'y trouvait : plus l'on découvre, plus l'on trouve de choses que l'on ne connaît pas[34].

Marie Bouchet
Université Toulouse 2

---

observes –this emotion is a feeling in which the scientific and the artistic side join in an apex of sharp pleasure unknown to the man walking under trees he cannot even name » (*Nabokov's Butterflies*, p. 671, texte tiré d'un entretien à Gaetano Tumiati, 30 octobre 1969).

34 « an infinite succession of steps, levels of perception, false bottoms » (*Strong Opinions*, *op. cit.*, p. 11), traduit par Vladimir Nabokov, *Parti pris*, *op. cit.*, p. 13 : « Une succession infinie d'étapes, de niveaux de perception, de doubles fonds ».

L'OBSERVATION DANS LES APHORISMES LITTÉRAIRES

Le cas de Ramón Gómez de la Serna et de ses *Brouhahas* entomologiques

> Notre âme est faite de *Brouhahas* et si l'on pouvait l'observer au microscope – on le pourra, un jour –, nous verrions vivre, circuler et vibrer en elle, comme son unique vie organique, des millions de Brouhahas[1].

Les quelques pages qui suivent visent à analyser le fonctionnement de l'observation dans la forme littéraire de l'aphorisme contemporain au travers des *Greguerías* (en français, *Brouhahas*[2]) du madrilène Ramón Gómez de la Serna (1888-1962), recueil de fragments à la fois ludiques et poétiques peuplé d'insectes.

Si le genre de l'aphorisme comme « pensée qui donne à penser[3] » semble particulièrement indiqué pour l'étude de la faculté d'observation et de description dans une œuvre littéraire, il faut reconnaître que les *Brouhahas* ramoniens sont un cas bien particulier d'aphorismes, qui évitent soigneusement toute apparence sentencieuse. Leur auteur écrivait, d'ailleurs, de façon tout à fait – peut-être trop ? – catégorique, que « les aphorismes sont emphatiques et sentencieux. Je ne suis pas un auteur d'aphorismes[4] ». Néanmoins, comme nous le verrons, les *Brouhahas* se situent, tout comme les aphorismes, à mi-chemin entre l'expression d'une subjectivité et la recherche de la connaissance ; une connaissance qui, comme le signale Alain Montandon, « fuit l'habitude,

---

1 « Nuestra alma está hecha de Greguerías, y si se la pudiese observar al microscopio – alguna vez se podrá –, veríamos vivir, como su única vida orgánica, un millón de Greguerías », Ramón Gómez de la Serna, *Greguerías. Muestrario (1917-1919)*, Barcelone, Galaxia Gutenberg, 1997, p. 45.

2 C'est en tout cas la traduction que je propose et je reviendrai sur le sens de ce titre à la fin de ce chapitre.

3 Alain Montandon, *Les formes brèves*, Paris, Classiques Garnier, 2018, p. 83.

4 Ramón Gómez de la Serna, *Greguerías* | *Brouhahas*, Paris, Classiques Garnier, 2018, p. 81.

les préjugés et la convention » et se présente, au contraire, comme « une pensée ouverte par excellente[5] ». En ce sens, on pourrait rapprocher Gómez de la Serna de Lichtenberg et de son ambition de « chercher à voir dans chaque chose ce que personne n'y a encore vu ou ce à quoi personne n'a jamais pensé[6] ». On en voudra pour preuve ces quelques exemples, qui sont, en réalité, la meilleure façon de définir ce que sont les *Brouhahas* ramoniens :

> Les grillons semblent passer leur temps à scier des grelots.
>
> L'insecte caché dans la salade est l'inspecteur des champs dépêché pour voir si nous allons la manger avec appétit ou non.
>
> Retenez une mouche prisonnière dans le creux de votre main et vous aurez l'impression d'avoir attrapé un murmure ou un fourmillement.
>
> Un papillon passe et c'est le beau temps qui nous fait un clin d'œil[7].

Ces exemples appellent une première remarque en lien avec la question de la description. De toute évidence, les *Brouhahas* sont une forme brève aux antipodes d'une description littéraire traditionnelle. Il ne s'agit pas d'offrir une description minutieuse et complète des insectes ici évoqués, mais, au contraire, de mettre en exergue un détail, ou plus précisément une trouvaille, dont la formulation concise fonctionne, selon l'auteur, comme une « révélation[8] ». En d'autres termes, la brièveté est l'une des clefs du fonctionnement textuel des *Brouhahas* ramoniens. Or, comme le signale Alain Montandon, « [l]e bref ouvre le dialogue de l'absence et de la présence, du réel et de l'image retrouvant ainsi la leçon du peintre : "cligner des yeux… pour apprendre à voir"[9] ».

C'est bien à apprendre à voir autrement le monde que nous invite la prose de Gómez de la Serna et je voudrais, dans un premier temps,

---

5 Montandon, *op. cit.*, p. 83.

6 Cité par Montandon, *id.*, p. 80.

7 « Los grillos parece que están serrando un cascabel », « El insecto en la ensalada es el inspector que envía el campo para ver si la comemos o no con apetito », « Si a las pulgas no se les hubiese dado por ser saltarinas, serían irresistibles », « Tener una mosca cogida en la mano es como haber pillado cautivo un murmullo o un calambre » et « En la mariposa que pasa nos guiña un ojo el tiempo bueno », Gómez de la Serna, *Greguerías | Brouhahas*, *op. cit.*, p. 282-283, 336-337, 190-191, 200-201 et 438-439 respectivement.

8 Gómez de la Serna, *Greguerías | Brouhahas*, *op. cit.*, p. 139.

9 Montandon, *op. cit.*, p. 13.

revenir sur la place centrale de l'observation et du sens de la vue dans ce genre littéraire que l'auteur espagnol a cultivé durant plus de cinquante ans (1912-1963) et qu'il avait, dans un premier temps, envisagé d'intituler *Regards* (*Miradas*) ou *Ressemblances* (*Parecidos*). Cela nous amènera ensuite à considérer Gómez de la Serna comme une figure originale d'écrivain-entomologiste, à observer la constellation d'insectes qui peuple ses *Brouhahas* et à réfléchir au choix qu'il a fait de la forme brève pour mener à bien cette entreprise littéraire. Enfin, nous verrons les liens qui existent entre les *Brouhahas* et la définition de dictionnaire et analyserons le fonctionnement de la description-« révélation » ramonienne pour mesurer combien l'observation, chez Gómez de la Serna, vise à aiguiser notre perception du réel pour aller vers plus de sens.

L'OBSERVATION AU CŒUR DES *BROUHAHAS* RAMONIENS

Dans son premier autoportrait littéraire, en 1912, Ramón Gómez de la Serna faisait le choix de se présenter, plutôt que comme un écrivain, comme « un *mirador*[10] », c'est-à-dire comme celui qui regarde ou observe le monde et, pour définir sa démarche créatrice, il employait l'image – analogue à celle du « chasseur d'images » qui ouvre les *Histoires naturelles* de Jules Renard – du « pêcheur de balcon[11] », qui passe son temps à observer minutieusement la ville et la vie en contrebas. Il est vrai que l'image du pêcheur nous éloigne un peu de l'entomologie, mais cette pratique de la « chasse-pêche[12] » d'images poétiques suggère bien le rôle essentiel du sens de la vue et de la faculté d'observation dans le processus créatif de l'auteur madrilène, qui considérait le regard (« *la mirada* ») comme son « méridien[13] ».

10 Ramón Gómez de la Serna, « Tristán (Propaganda al libro *Tapices*) », *Prometeo*, 12, 1912, p. 211.

11 « Pescador de balcón », image citée par Francisco Umbral, *Ramón y las vanguardias*, Madrid, Espasa-Calpe, 1978, p. 192.

12 Dans l'un de ses derniers manuscrits, Gómez de la Serna se définissait, en effet, comme « cazador pescador » (manuscrit édité et traduit dans *Greguerías | Brouhahas*, *op. cit.*, p. 516).

13 « [La mirada] nos corresponde como nuestro meridiano », Ramón Gómez de la Serna, « Palabras en la rueca » [« Les mots sur le métier »], *Prometeo*, 35, 1911, p. 1033.

De nombreux témoignages des contemporains de Ramón Gómez de la Serna insistent sur cette importance de l'exercice toujours minutieux de la faculté d'observation pour cet auteur. Ainsi, dans une conférence, le photographe Alfonso (fils), qui illustrait de ses photographies les chroniques ramoniennes publiées dans le journal *Luz* au début des années trente, décrivait la « méthode » de travail de Gómez de la Serna en ces termes : « Il observait tout et écrivait sur tout. Combien il m'a appris à regarder et à voir[14] ! ». Outre les derniers mots, particulièrement remarquables dans la bouche d'un photographe, l'insistance sur ce « tout » me semble significative de l'attention que l'auteur madrilène portait au(x) détail(s), jusqu'au plus petit – l'échelle qui nous intéresse ici et sans laquelle on ne saurait comprendre la poétique des *Brouhahas*. Gómez de la Serna réclamait d'ailleurs à ce collaborateur des clichés de tout ce « qu'on ne croise pas facilement tous les jours[15] ». Ce souci du détail imperceptible et cette inlassable observation de « tout » l'ont accompagné jusqu'à la fin de sa carrière littéraire, puisque, dans une lettre qu'il adressait à l'hispaniste Rodolfo Cardona en 1958, il évoquait encore son temps bien occupé par « les articles à écrire et la semaine *contemplative* pour mes 45 Brouhahas hebdomadaires[16] ».

Aussi n'est-il pas anodin que Ramón Gómez de la Serna ait élaboré toute une théorie de l'observation et de l'image poétique dans les années vingt et trente. C'est non sans humour qu'il posait les premiers jalons de cette théorie en 1923, dans un texte intitulé « Le monocle sans verre », où il affirmait :

> Nous sommes tellement habitués à regarder les arbres, les maisons et le monde à travers nos yeux et à accepter ce que nous voyons avec un naturel si pernicieux et si impersonnel que, moi, pour rester sur mes gardes et pour ne

14 « Observaba todo y escribía de todo. ¡Cómo me enseñó a mirar y a ver ! », extrait d'une conférence inédite citée par Ricardo Fernández Romero, dans *Ramón Gómez o el mercader de imágenes*, Madrid, Carpe Noctem, 2021, p. 512.

15 Il demandait, en effet, dans une de ses lettres au photographe, « menos [...] cosas que salen fácilmente al paso » (citée par Fernández Romero, *id.*).

16 « Los artículos y la media semana contemplativa para mis 45 greguerías semanales no me dejan tiempo », lettre citée par Rodolfo Cardona, « Del archivo de Ramón en la Universidad de Pittsburgh », *Boletín de la Fundación Federico García Lorca*, 5, 1989, p. 19, je souligne. Je précise que, depuis les années vingt, Gómez de la Serna a toujours vécu de sa plume, en particulier grâce à la publication de Brouhahas, d'abord quotidienne puis hebdomadaire, dans la presse espagnole et latino-américaine.

> rien accepter de ce que je vois dans sa nature excessivement pure et simple, j'ai adopté un monocle sans verre, qui me sert à [...] mieux percevoir les choses[17].

Au-delà de l'évidente boutade (il convient de rappeler que Ramón Gómez de la Serna est alors reconnu, en Espagne, comme une figure d'humoriste[18]), cet instrument d'observation à rebours qu'est le monocle sans verre doit être lu dans le prolongement des essais publiés par l'auteur autour de sa « conception d'une nouvelle littérature[19] », comme une volonté de libérer les mots – et les choses que ceux-ci représentent – de leur apparente univocité[20]. À ce stade, il s'agit avant tout de revendiquer une observation « sur ses gardes » et un besoin de « vivifier et stimuler le regard[21] ».

---

17 « Estamos tan hechos a mirar y aceptar los árboles, las casas y el mundo a través de nuestros ojos con una naturalidad tan perniciosa y tan poco personal, que yo, para estar sobre aviso, y para no aceptar nada con su excesiva monda y lironda naturaleza, he adoptado un monóculo sin cristal que me sirve para [...] calar bien las cosas. [...] Ahora a todo hay que encontrarlo su parecido », *in* Ramón Gómez de la Serna, « Mi monóculo sin cristal », *Nuevo Mundo*, Madrid, 14-XII-1923, p. 36.

18 Voici ce que déclarait Gómez de la Serna à Frédéric Lefèvre dans l'entretien que ce dernier lui consacra en janvier 1928 : « La société me fit humoriste. Au début, je n'acceptai ce titre qu'en maugréant. Par la suite, j'ai été forcé de l'encadrer dans un de ces cadres tristes où l'on place les titres universitaires, encore que je croie que l'humour seul peut guérir la gravité de dire n'importe quoi au public », entretien publié dans le cinquième volume de Frédéric Lefèvre, *Une heure avec...*, Paris, Gallimard, 1929, p. 190.

19 « El concepto de la nueva literatura » est le titre du tout premier essai littéraire de Ramón Gómez de la Serna, lu en conférence, puis publié en 1909, dans la revue *Prometeo*. Pour une analyse plus approfondie de ces essais, je renvoie à trois ouvrages : Ana Martínez-Collado, *Una teoría personal del arte*, Madrid, Tecnos, 1988 ; Eloy Navarro Domínguez, *El intelectual adolescente*, Madrid, Biblioteca Nueva, 2003 et Laurie-Anne Laget, *La fabrique de l'écrivain*, Madrid, Casa de Velázquez, 2012.

20 Rappelons que Ramón Gómez de la Serna est l'auteur d'un essai intitulé « Mots sur le métier » (« Palabras en la rueca », 1911), dans lequel il dit regretter le peu de cas que l'on fait du mot – unité sémantique apparemment trop petite pour qu'on lui prête l'attention qu'elle mériterait pourtant. Rejetant « cette chose si orthodoxe et si vaine que l'on pourrait appeler "le devoir du mot" » [« esa cosa tan ortodoxa y tan vana que pudiera llamarse "el deber de la palabra" »], lorsque celui-ci est figé par un dictionnaire ou enfermé au sein d'une phrase, Gómez de la Serna y revendique le mot comme « singulière présence [...] d'une individualité solitaire et indocile au milieu de la phrase » [« la extraña presencia de una palabra en su lugar [...] debe ser siempre una cosa azarosa, dura y peregrina, de una individualidad sola y díscola en medio de la frase »], Ramón Gómez de la Serna, « Palabras en la rueca », *Prometeo*, 35, p. 1033-1034.

21 « Ahora, siempre que comienzo a escribir lo que merece mucha atención, me pongo el monóculo, aviva mi mirada y la instiga », *in* Gómez de la Serna, « Mi monóculo sin cristal », *op. cit.*, p. 36. Je précise que l'objet existe vraiment et que Ramón Gómez de la Serna l'incluait régulièrement dans ses conférences. C'est d'ailleurs sur une réflexion à propos du monocle sans verre que s'ouvre le court-métrage de Feliciano Manuel Vitores, *El Orador*,

C'est en 1936, dans l'essai *Las palabras y lo indecible* [*Les mots et l'indicible*], que Gómez de la Serna reviendra plus précisément sur le mode d'observation nouveau qu'il prétend mettre en œuvre dans ses aphorismes poétiques. Il choisit de le présenter au travers d'une image, certes, sans lien direct avec l'entomologie, mais tout de même intéressante à la fois par l'échelle à laquelle elle nous place et par la méthode qu'elle propose : celle de l'éponge « aux mille yeux » qui offre à l'écrivain une vision « multiorbitaire[22] ». L'auteur justifie ce nécessaire changement de perspective en reprenant la prémisse du texte de 1923 :

> Un point de vue unilatéral ne nous convainc plus [...].
> Le point de vue de l'éponge, c'est la vision plurielle, neutre, sans prédilections, multipliée [...] capable de percevoir des rapports insoupçonnés entre les choses[23].

Il s'agit, en somme, d'une vision analogique, qui nous invite à prêter attention à ce qui se trouve en-deçà de la surface apparente des choses et à le faire de façon libre, puisqu'elle n'hésite pas – ajoute Gómez de la Serna – à « bouleverser toutes les séquences et les conséquences, faire délirer la réalité, se distraire dans l'insouciance, créer de la fixité dans l'arbitraire, faire entrevoir l'indéniable[24] ». Ce qui m'intéresse particulièrement est que l'essai de 1936 mêle théorie et pratique (littéraire) en insérant au cœur de la réflexion des Brouhahas :

> Il faut lutter contre les mots inertes, qui sont devenus inertes [...]. Cette superposition réussie qu'est le langage mérite d'être désagrégée pour que se fraye la lumière à travers sa matière compacte. (Les paysages enneigés sont remplis de nus)[25].

© Hispano de Forest Fonofilms, 1928, consultable en ligne sur la chaîne Youtube du Ministère espagnol de la culture : <https://www.youtube.com/watch?v=ImV7mBATAro> [consulté le 15/08/2021].

22 « Desde lo multiorbicular se alcanzan derredores simultaneados », Ramón Gómez de la Serna, « Las palabras y lo indecible », *Revista de Occidente*, Madrid, CLI, 1936, p. 66.

23 « Un punto de vista unilateral no nos convence [...]. El punto de vista de la esponja es la visión varia, neutralizada, sin predilecciones, multiplicada [...] apreciando relaciones insospechadas entre las cosas », Gómez de la Serna, *ibid.*, p. 64.

24 « El punto de vista de la esponja [...] trastorna todas las secuencias y consecuencias, desvaría la realidad, se distrae en lo despreocupado, crea la fijeza en lo arbitrario, deja suponer lo indesmentible », Gómez de la Serna, *ibid.*, p. 65.

25 « Hay que reaccionar contra las palabras inertes, que se quedaron inertes [...]. Esa superposición lograda que es el lenguaje merece una disgregación que abra luces en su compacta materia. (Las nevadas están llenas de desnudos) », Gómez de la Serna, *ibid.*, p. 58-59.

Donner à voir par le langage l'association visuelle entre la douce rondeur des formes d'un paysage recouvert de neige (et il convient de préciser que, dans le texte original, l'espagnol joue sur le féminin du mot « nevadas ») et les courbes d'un corps mis à nu, c'est bien l'enjeu du Brouhaha qui clôt ce paragraphe. Malgré son apparence anecdotique, cette image reflète la façon dont Ramón Gómez de la Serna conçoit l'observation dans la « nouvelle littérature » qu'il prétend inaugurer en Espagne. Il s'agit de donner une nouvelle chance à l'expressivité des mots et de recourir à l'analogie poétique pour transmettre une perception renouvelée de la réalité. Et il est intéressant à ce titre que Ramón Gómez de la Serna ait consacré de nombreux Brouhahas aux insectes :

> Les fourmis sont les globules rouges de la terre.
>
> Le papillon, c'est comme un regard qui s'échappe de nous.
>
> Les mites changent notre gilet en un ciel étoilé[26].

La « vision multipliée » de l'écrivain nous dévoile ces « rapports insoupçonnés entre les choses », ici au travers de trois analogies visuelles, qui nous invitent à porter un regard neuf sur le fourmillement des insectes – changé en fourmillement vital d'une terre devenue organisme vivant –, sur le battement d'ailes d'un papillon – qui révèle ses motifs comme un œil qui s'ouvre – ou encore sur le gilet dévoré par les mites, malicieusement transformé en « ciel étoilé » – transformation inscrite, en quelque sorte, dans la matière verbale de ce Brouhaha, puisque les mots « chaleco » et « cielo » riment en espagnol. L'observation nouvelle des insectes, tout à la fois ludique et expressive, est bien en ce sens emblématique de la poétique de l'image littéraire que l'auteur madrilène met en œuvre dans ses aphorismes et dont il donnera une version plus éloquente et synthétique dans un dernier court essai des années trente, intitulé « Logarithme d'images » (1933) :

> L'image d'une seule chose ne veut presque plus rien dire. Il faut la compliquer, la greffer dans d'autres images [...] ; il nous faut compliquer la transparente bonhomie des choses.

26 « Las hormigas son los glóbulos rojos de la tierra », « La mariposa es como una mirada que se nos escapa », « La polilla convierte nuestro chaleco en un cielo estrellado », Ramón Gómez de la Serna, *Total de Greguerías*, Madrid, Aguilar, 1962, p. 386-387, 234-235 et 776-777, respectivement.

> Les artistes et les écrivains veulent réussir le difficile carambolage des images les plus disparates[27].

Deux points me semblent intéressants pour notre réflexion sur le rôle de la faculté d'observation dans l'écriture de Ramón Gómez de la Serna. Tout d'abord, le fait que la logique à l'œuvre ici soit celle de l'expérimentation et de la découverte. L'image de la greffe, dans la citation qui précède, est significative en ce sens, et il est bon de rappeler que l'auteur avait conçu une sorte d'espace de recherche expérimentale pour créer ses analogies poétiques, en transformant son bureau en « estampario » [album ou collection de vignettes], sorte de palimpseste éclectique de photographies, reproductions d'œuvres d'art ou illustrations de traités d'entomologie, de botanique et d'anatomie. Dans ses mémoires, il disait avoir besoin de cet espace saturé de stimulations visuelles pour guetter l'inspiration et ajoutait :

> Dans cette juxtaposition de gravures et de photographies, on arrive à deviner les choses les plus fantaisistes et il m'est arrivé de voir comment s'opéraient des rapprochements entre des méduses et des bouches ou entre des mains et des cactus[28].

On le voit, non seulement la faculté d'observation est à l'origine du processus créatif ramonien, mais le fait de voir (« il m'est arrivé de voir comment… ») débouche sur une découverte de ce qui se cache sous la surface des apparences visibles et met au jour ces « rapprochements » par lesquels l'auteur madrilène donne une nouvelle chance au regard sur les choses et les êtres.

Le second élément qui m'intéresse particulièrement est, comme le suggère cette dernière citation, le fait que ce regard neuf se porte souvent sur le petit (le détail des bouches, par exemple), voire, le minuscule, et c'est à ce titre que l'on pourrait considérer Ramón Gómez de la Serna comme une figure originale – farfelue, peut-être ? – d'écrivain-entomologiste.

---

27 « La imagen de una sola cosa ya no quiere decir apenas nada. Es necesario complicarla, injertarla en otras […], necesitamos complicar la bonachona transparencia de las cosas. / Los artistas y los escritores quieren lograr la carambola difícil de las imágenes más dispares », Ramón Gómez de la Serna, « Logaritmos de imágenes », *Sur*, 7, 1933, p. 153.

28 « En esta yuxtaposición de grabados y fotografías se logran suponer las más peregrinas cosas y he visto cómo se relacionaban las medusas y las bocas así como las manos y los cactos », Gómez de la Serna, *Automoribundia*, *op. cit.*, p. 646.

Inlassable observateur de notre quotidien, l'auteur des *Brouhahas* épingle dans ses aphorismes poétiques tout ce qu'il a d'infime, d'éphémère, et parfois aussi de trivial dans le monde qui nous entoure, en veillant toujours à changer de perspective afin de nous donner à voir par le langage des observations nouvelles.

RAMÓN GÓMEZ DE LA SERNA COMME FIGURE D'ÉCRIVAIN-ENTOMOLOGISTE

> Chesterton a dit : « Le télescope rapetisse le monde ; seul le microscope l'agrandit[29]. »
>
> Cela justifie le travail de l'observateur de l'infiniment petit et de l'instantané.
>
> La littérature devient atomique pour la même raison pour laquelle toute la curiosité de la vie scientifique vibre autour de l'atome, après avoir abandonné de plus grandes abstractions et avoir trouvé le secret de la création dans le mystère de l'atome.
>
> À l'échelle de l'atome, la différence entre l'or et le plomb ne tient qu'à quelques électrons. C'est fou l'importance que peut avoir un élément si subtil ! Il suffit d'une nuance pour transmuer la qualité et la valeur d'une chose[30].

Il n'est pas étonnant que Ramón Gómez de la Serna aimât à citer Chesterton et le titre d'« observateur de l'infiniment petit » qu'il évoquait dans le prologue de sa *Somme de Brouhahas* (*Total de Greguerías*, 1962) est essentiel pour comprendre ses aphorismes poétiques consacrés aux insectes. Dès son tout premier essai littéraire de 1909, Gómez de la Serna rejetait toute littérature dans laquelle « on nous exile[, où] [t]out est transcendant, tout manque de velléités, de bibelots et de toutes nos

29 Cette citation de G. K. Chesterton apparaît dans *Heretics*, à propos de R. Kipling : « The telescope makes the world smaller ; it is only the microscope that makes it larger ».

30 « Chesterton ha dicho : "El telescopio empequeñece el universo. Es el microscopio el que lo agranda." / Esto justifica la labor del observador de lo ínfimo y de lo instantáneo. / La literatura se vuelve entonces atómica por la misma razón por la que toda la curiosidad de la vida científica palpita alrededor del átomo, abandonadas más amplias abstracciones, buscando el secreto de la creación en el misterio del átomo. / El que en el mundo atómico se dé el oro en vez del plomo solo se debe a unos cuantos electrones. ¡Hay que ver la importancia de lo sutil! Con un matiz más se trasmuta la calidad y el valor », Gómez de la Serna, *Greguerías | Brouhahas*, *op. cit.*, p. 100-101.

petites affaires. Tout le monde a oublié la quotidienneté de la vie[31] ». Il y a dans le processus d'écriture des *Brouhahas* une volonté de saisir l'essence de la vie dans ce qu'elle a plus tangible : le « petit » (les petits êtres et objets du quotidien) et l'« instantané » (la mesure du temps est ainsi ramenée à la valeur d'une unité immanente, plus proche du présent fugace dans lequel s'enracine la vie humaine). Derrière la confusion de voix des *Brouhahas*, c'est une vie bouillonnante qui cherche à s'exprimer, comme pour fixer le plus grand nombre possible de toutes ces petites parcelles d'existence auxquelles d'ordinaire nous ne prêtons pas attention[32]. En d'autres termes, les *Brouhahas* ramoniens proclament une sorte de défense et illustration des « petites choses » :

> Les petites obsessions du présent [...], les contingences du monde jouent un rôle crucial dans les Brouhahas. Les petites choses ont la même valeur que les grandes et méritent l'attention constante de l'écrivain, qui ne saurait rejeter ce qui se situe à l'échelle de l'atome pour se consacrer à ce qui est de l'ordre de l'hypothèse et de l'abstraction.
>
> Il est absurde de résister à la fragmentation car la constitution du monde est en soi fragmentaire : son principe est atomique, sa vérité est pure dissolution.
>
> Ces fleurs de l'air qu'il nous faut cueillir, ces médailles que nous décernent les arbres à notre passage, ces montres que le vent dérobe avant de les glisser à la hâte dans notre poche, tout en s'échappant... Tout cela, ce sont des Brouhahas[33].

Cette grandeur des petites choses, pour ainsi dire, certains Brouhahas – plus précisément ceux consacrés aux insectes – la revendiquent explicitement :

31 « Nos destierran. Todo es trascendental, carece de veleidades, carece de *bibelots* y de nuestros pequeños enseres. Todos se olvidaron del cuotidianismo de la vida », Ramón Gómez de la Serna, « El concepto de la nueva literatura », *Prometeo*, 6, 1909, p. 16.

32 On se souviendra, ici, que Gómez de la Serna était un fervent admirateur d'Apollinaire, qui affirmait dans *L'esprit nouveau et les poètes* qu'« il n'est pas besoin pour partir à la découverte de choisir à grand renfort de règles, même édictées par le goût, un fait classé comme sublime. On peut partir d'un fait quotidien : un mouchoir qui tombe peut être pour le poète le levier avec lequel il soulèvera tout un univers », *Œuvres en prose complètes*, Paris, Gallimard, 1991, t. II, p. 951-952.

33 « Las pequeñas obsesiones del presente [...], las insistencias del mundo, adquieren valor vital en las greguerías. Las cosas pequeñas tienen valor de cosas grandes y merecen la fijeza del escritor que no puede rechazar lo atómico para dedicarse a lo supuesto o a lo abstracto. / Reaccionar contra lo fragmentario es absurdo, porque la constitución del mundo es fragmentaria, su fondo es atómico, su verdad es disolvencia. Hay flores del aire que hay que recoger, medallas que dan los árboles al pasar, relojes que roba el viento y nos mete apresuradamente en el bolsillo mientras él huye... Todo eso son greguerías », Gómez de la Serna, *Greguerías | Brouhahas*, *op. cit.*, p. 102-103.

> Une puce vue au microscope ressemble à un éléphant et, pourtant, il serait bien impossible de voir un éléphant au microscope.
>
> Le bacille est le géant le plus petit et le plus féroce qui soit[34].

Ces textes s'inscrivent dans une logique métapoétique et visent non seulement à dire l'« attention constante » qu'ils portent aux « petites choses » mais aussi à le faire de façon auto-réflexive, en explorant, au travers de ces mêmes « petites choses », les ressorts de leur écriture. Ainsi, dans le premier exemple cité, c'est au travers du regard de l'écrivain observateur de l'infiniment petit (« La pulga *vista… parece* ») que la puce – insecte qui est, avec le papillon et la mouche, l'un des plus présents dans les *Brouhahas* ramoniens – rivalise avec l'éléphant, sans que celui-ci puisse lui disputer cette victoire (la formulation est sans appel : « al elefante *no se le puede ver* »). C'est bien cette perspective sur le monde, délibérément située à une échelle microscopique, que mettent en œuvre les *Brouhahas.*

On ajoutera que le fait que la forme littéraire retenue par Ramón Gómez de la Serna soit une forme brève et fragmentaire n'est pas non plus un hasard. Telle une collection de spécimens d'entomologiste, les Brouhahas ramoniens s'attachent à « recueillir des choses très locales, très passagères, très éphémères[35] », toujours sur le mode de la nuance :

> Le Brouhaha n'est rien d'autre qu'une nuance parmi toutes les nuances, la nuance d'un pluriel, d'un petit mot – « dites, j'ai un petit mot à vous dire » –, d'une virgule ou d'un accent, de quelque chose qui pourrait être une incorrection, un mot inutile, une gaffe, un balbutiement, un petit chef-d'œuvre, un caillou, une incartade, une erreur. […]
>
> Le Brouhaha, c'est ce qu'il y a de plus fortuit dans la pensée, c'est ce point que l'on n'atteint que par des chemins jonchés de serpents, de fourmis ou de vers du bois qui, seuls, permettent de le découvrir[36].

---

34 « La pulga vista al microscopio parece un elefante, y, sin embargo, al elefante no se le puede ver al microscopio », « El bacilo es el gigante más pequeño y más feroz », Gómez de la Serna, *Total de Greguerías, op. cit.*, p. 98 et 679.

35 « La greguería […] debe recoger cosas muy locales, muy pasajeras, muy efímeras », *Greguerías. Muestrario, op. cit.*, p. 48.

36 « La Greguería no consiste más que en un matiz entre todos los matices, el matiz de un plural, de una palabrita – "oiga, que le voy a decir *una palabrita*" –, una virgulilla, una tilde, algo que podrá ser una incorrección, un ripio, una pifia, un balbuceo, una virguería rotunda, una piedrecita, un desplante, un error. […] / La Greguería es lo más casual del pensamiento, al que hay que conducir, para encontrarla, por caminos de serpiente, de hormiga o de carcoma, hasta este punto de casualidad », Gómez de la Serna, *Greguerías | Brouhahas, op. cit.*, p. 108-111.

Ce sont précisément ces chemins jonchés d'insectes qu'il nous faut à présent explorer plus en détail. Au sein de l'ensemble des *Brouhahas* ramoniens, ceux plus précisément consacrés aux insectes ont recours essentiellement à deux mécanismes d'écriture : la formulation d'une analogie reposant sur l'imagination visuelle (que l'on retrouvera dans les deux premiers exemples qui suivent) et celle d'une association d'idées, auxquels s'ajoutent, dans une bien moindre mesure, les jeux sur la matière sonore des mots (dans le dernier exemple cité ci-après).

> Bien souvent, on dirait que les papillons sont les lunettes des fleurs.
>
> Les papillons d'automne, aux couleurs cuivrées de feuilles mortes, se font emporter par le même vent que ces dernières.
>
> La mouche sur la fenêtre rêve qu'elle vole en plein ciel.
>
> La vrillette, avec son petit tire-bouchon, s'applique à déboucher les meubles.
>
> Le vrombissement du bourdon s'approche de nous comme un murmure de médisance[37].

On le voit tout particulièrement dans les derniers exemples cités, Ramón Gómez de la Serna est un écrivain-entomologiste qui tend à l'anthropomorphisme, ce qui n'est pas innocent si l'on considère de façon plus globale le fonctionnement textuel de ses *Brouhahas*[38]. Si je ne peux pas m'attarder sur ce point qui nous éloignerait du

---

37 « Muchas veces la mariposa parece los lentes de la flor », « La mosca en el cristal sueña que vuela en cielos más altos », « La carcoma, con su pequeño sacacorchos, va descorchando los muebles », Gómez de la Serna, *ibid.*, p. 254-255, 110-111 et 412-413 ; « Las mariposas de otoño salen con el color rojizo de las hojas secas, y las barre el mismo viento a unas y otras », « El runruneo del moscón se nos acerca como murmullo de calumnias », Gómez de la Serna, *Total de Greguerías*, *op. cit.*, p. 550-551 et 1067.

38 En effet, au-delà des insectes, nos moindres gestes donnent lieu, sous la plume de Ramón Gómez de la Serna, à une association d'idées et intègrent sa collection de *Brouhahas* ramoniens, l'élevant de ce fait au statut d'entomologiste des siens. En voici quelques exemples : « Froncer les sourcils, c'est chausser les lunettes invisibles de la perspicacité et de la gravité » [« Al fruncir el entrecejo parece que nos ponemos los lentes invisibles de la perspicacia y de la gravedad »] ; « Quand on tarde à nous servir au restaurant, nous nous transformons en xylophonistes de l'impatience » [« Cuando nos tardan en servir en el restaurante nos convertimos en xilofonistas de la impaciencia »] ; « Qui mange du poisson avec beaucoup d'arrêtes, mange en épelant son repas » [« El que come pescado con muchas espinas, come deletreando »] ou encore « La timidité, c'est comme un costume mal taillé » [« La timidez es como un traje mal hecho »], Gómez de la Serna, *Greguerías | Brouhahas*, *op. cit.*, p. 248-249, 262-263 et 222-223.

monde des insectes qui nous occupe ici, en revanche, il me semble intéressant de signaler que, davantage que dans le reste des *Brouhahas*, l'accent est clairement mis sur la sphère du quotidien, voire, sur la trivialité. Dans ses *Brouhahas* entomologiques, Ramón Gómez de la Serna s'inscrit en butte contre la pesanteur d'une transcendance aliénante et se propose de nous ramener à une mesure plus simple et libératrice : celle de la trivialité et des « petites réponses » qu'elle nous offre. C'était, du reste, le programme qu'il énonçait dans la préface de sa première anthologie de *Brouhahas* et que, significativement, il applique jusqu'à la fin de sa carrière littéraire aux *Brouhahas* consacrés aux insectes :

> Affirmer ce qu'il y a de trivial dans l'homme, c'est l'inviter à n'être ni rigoureux, ni déloyal, ni méchant, ni fanatique, ni inébranlable face à quoi que ce soit. Accepter la trivialité c'est devenir transigeant, compréhensif, facile à satisfaire. [...] Ce ne sont pas d'abstraits principes révolutionnaires, mais bien la trivialité qui – une fois admise – créera la liberté spirituelle, en résolvant tous les problèmes insolubles, qui deviendront solubles plutôt que par la solution, par la franche dissolution, par l'incongruité et les petites réponses qui semblaient à peine avoir affaire avec eux[39].

Ramón Gómez de la Serna prétend créer les conditions propices à une liberté de l'esprit nouvelle et, pour cela, l'un des mots-clefs de son œuvre est le terme d'incongruité (à laquelle il consacra l'un de ses romans favoris, *El Incongruente* [*Gustave l'incongru*], en 1922). Selon l'auteur, il faut en passer par elle pour mieux révéler la complexité de l'univers en explorant toutes les possibilités du langage :

> C'est en bouleversant le sens de chaque chose par un adjectif lointain qui ne lui correspond pas ou bien, en juxtaposant deux choses de sorte que ce voisinage implique une troisième chose hésitante, monstrueuse, que l'on trouve la beauté des mots et la chimie de leurs combinaisons [...]. (Le goulot de la bouteille de champagne a de faux airs de tête de serpent argenté).

39 « Afirmar lo que de trivial hay en el hombre es inducirle a no ser ni riguroso, ni desleal, ni malo, ni fanático, ni inconmovible para nada ni ante nada. Aceptar la trivialidad es hacerse transigente, comprensivo, contentadizo. [...] No los principios abstractamente revolucionarios, sino la trivialidad admitida será lo que cree la libertad espiritual, resolviendo todos los problemas insolubles, que serán solubles más que por la solución por la franca disolución, por la incongruencia y las pequeñas contestaciones que apenas parecen tener que ver con ellos », Gómez de la Serna, *Greguerías. Muestrario*, *op. cit.*, p. 45.

> C'est une libération par l'incongruité qui amènera une congruence supérieure des éléments[40].

L'ambition de Gómez de la Serna est bien de mieux comprendre les êtres et les objets qui l'entourent et de proclamer cette connaissance nouvelle dans chacun de ses Brouhahas. Il le fait au travers d'une forme de langage poétique qui lui permet de prendre toute liberté face à la logique rationnelle. Fuyant les lointains « principes abstraits », il veut nommer les choses autrement, démultiplier les perspectives au hasard des détours d'une imagination foisonnante. Il crée alors des images dont il reconnaît le caractère souvent humoristique, mais qui n'en sont pas moins convaincantes, comme celles-ci :

> Dans leur vol, les mites illuminent la conscience de notre négligence.
>
> Le grillon prend le pouls de la nuit.
>
> Nos larves ne se changeront jamais en papillons[41].

Il s'agit de réinventer le réel par le détour de l'imagination. Ce qui m'intéresse ici, c'est que l'observation et la description ramoniennes prétendent donner lieu à une « révélation » (tantôt légère comme dans le premier exemple cité, tantôt macabre comme celle du caractère irrémédiable et définitive de la mort dans le dernier). Comme nous le verrons à présent, l'observation ressemble, chez Gómez de la Serna, à une activité de déchiffrement, visant à trouver un sens caché sous les apparences et à aiguiser notre perception du réel pour aller vers plus de sens – raison pour laquelle on peut, à mon sens, inclure les *Brouhahas* ramoniens dans le cadre d'une réflexion sur une épistémologie générale.

---

40 « Se encuentra la belleza de las palabras, y la química de sus combinaciones, trastornando el sentido de cada cosa con un adjetivo lejano que no le corresponde, o poniendo cosa con cosa en una vecindad que supone una tercera cosa dubitante, monstruosa [...]. (El gollete de la botella de Champagne tiene una cosa de cabeza de serpiente plateada.)/ Es una liberación por la incongruencia que va a llevar a una congruencia de materias conseguida en un plano superior », Gómez de la Serna, « Las palabras y lo indecible », *op. cit.*, p. 69.

41 « La polilla al volar ilumina la conciencia de nuestro descuido », Gómez de la Serna, *Total de Greguerías*, *op. citi*, p. 558 ; « El grillo mide las pulsaciones de la noche », « Nuestros gusanos no serán mariposas », Gómez de la Serna, *Greguerías | Brouhahas*, *op. cit.*, p. 204-205 et 282-283.

« LE BROUHAHA, C'EST DONNER À CHAQUE CHOSE SON NOM LE PLUS JUSTE[42] »

Ramón Gómez de la Serna décrivait son travail d'écrivain de *Brouhahas* comme un « rigoureux et poétique passage en revue de la vie » avec, chaque fois, « une nouvelle trouvaille[43] ». Or, les aphorismes poétiques qu'il collectionne de la sorte ne se contentent jamais d'être simplement la formulation d'une image, certes, nouvelle, mais gratuite ; ils visent, avant tout, à dire une version plus expressive du réel. L'observation aspire à y être créatrice de sens. Ainsi, par exemple :

> La cigale remonte l'horloge du temps.
>
> Le papillon séché reste à jamais figé dans le rêve de son dernier vol[44].

Assurément, on bien loin du traité scientifique et Gómez de la Serna est, sans aucun doute, un entomologiste farfelu, mais il faut lui reconnaître qu'il parvient toujours à gagner l'assentiment de ses lecteurs qui, en le lisant, se laissent convaincre, pour reprendre les exemples que je viens de citer, que le rythme du chant des cigales qui cadence les journées d'été naît des tours d'une clef d'horloge ou que les papillons aux ailes déployées d'une collection d'entomologiste sont paisiblement endormis, dans une attitude où ils sont à la fois immobiles (« figés ») et actifs, puisque plongés dans un rêve – tension plus marquée encore dans l'original espagnol où la fixité de « *se quedan* » perd de sa force au fil de la lecture puisque ce verbe est, en réalité, le semi-auxiliaire du verbe rêver, « *soñando* », dans sa forme progressive, qui impose, à la fin de la phrase, la vie « à jamais » du papillon par le rêve. L'intention est bien de donner à *re*-connaître le monde en jouant sur une tension créatrice entre d'une part, l'inconnu, le nouveau, le poétique et, de l'autre, le familier, le cliché, le quotidien. La première impression insolite que provoquent les Brouhahas est nécessaire

42 « La Greguería es el nombre más apropiado de las cosas », Gómez de la Serna, *ibid.*, p. 146-147.

43 « Greguería : repaso estricto y poético de la vida y después de ese repaso número veinte mil un nuevo hallazgo », Gómez de la Serna, *id.*

44 « La chicharra da cuerda al tiempo », « La mariposa disecada se queda soñando su último vuelo », Gómez de la Serna, *Total de Greguerías*, *op. cit.*, p. 653 et 926.

pour saisir l'esprit du lecteur et le préparer à accepter une lecture imagée de la réalité qui le séduira. Il s'agit toujours de rechercher ce que Ramón désignait parfois comme une « épiphanie[45] » en faisant surgir à partir d'un terreau de banalité quotidienne un élément de dépaysement radical : le Brouhaha tire son effet du télescopage de ces deux réalités dans un texte littéraire extrêmement concis qui finit par imposer sa lecture – sa description-« épiphanie » ou révélation – dans l'esprit du lecteur. Soigneusement motivés par une analogie poétique (« Les taons sont les taches d'encre de l'air[46] ») ou une association d'idées (« La piéride est si coquette qu'elle se poudre les ailes pour voler[47] »)[48], les Brouhahas suscitent l'adhésion du lecteur en l'invitant à changer son regard sur le monde.

Mais au-delà de cette complicité qu'il crée avec ses lecteurs, il y a, chez Gómez de la Serna comme chez tout savant entomologiste, une volonté de définir le monde – ou précisément, dans ce cas, de le *re*-définir. Il s'agit de parvenir, par les détours les moins conventionnels de la pensée, à saisir une essence des choses et des êtres – y compris les plus infimes, comme les insectes qui nous intéressent ici. De nombreux *Brouhahas* ressemblent ainsi aux entrées d'un dictionnaire sur le modèle « Mot : définition » ; par exemple :

> Papillon : ticket de tramway du vent.
>
> Clignement : battement d'ailes de papillon des yeux[49].

ou bien ils se présentent comme une définition, toujours imagée, articulée autour d'un verbe d'état :

> La sauterelle *est* un épi de blé en fuite qui s'est mis à faire des bonds démesurés.
>
> La paire de lunettes oubliée sur la table *ressemble à* un insecte en train de voleter[50].

45 « Epifanía », Gómez de la Serna, « Palabras en la rueca », *op. cit.*, p. 1035.

46 « Los tábanos son borrones del aire », Gómez de la Serna, *Total de Greguerías*, *op. cit.*, p. 386.

47 « Es tan coqueta la mariposa que se pone polvos para volar », Gómez de la Serna, *ibid.*, p. 594.

48 Pour une présentation plus approfondie de cette question de la motivation de la parole poétique dans les Brouhahas, on pourra se référer au chapitre III de mon ouvrage *La fabrique de l'écrivain*, *op. cit.*, notamment p. 329-364.

49 « Mariposa : billete de tranvía del viento », Gómez de la Serna, *Greguerías | Brouhahas*, *op. cit.*, p. 504-505.

50 « El saltamontes es una espiga escapada que ha comenzado a dar brincos descomedidos », Gómez de la Serna, *ibid.* p. 216-217.

Gómez de la Serna applique son regard inventif sur le réel pour le dire autrement, poétiquement, c'est-à-dire, selon lui, avec plus de justesse. Si l'on considère l'avant-dernier exemple cité, dont le texte original est le suivant : « *El saltamontes es una espiga escapada que ha comenzado a dar brincos descomedidos* », on découvre que l'ordre naturel se trouve bouleversé par le phénomène d'hybridation entre les règnes animal et végétal : la plante (d'ordinaire immobilisée en un point précis) s'émancipe de sa nature végétative grâce au qualificatif « *escapada* » (qui reprend certains sons du mot « *es*-*p*i-*ga* », tout en allongeant ce dernier d'une syllabe, comme pour préparer les « bonds démesurés » de la fin de la phrase), de sorte que l'épi de blé prend vie. Or, ce même élan libérateur affranchit le langage des conventions analytiques. Les mots s'entraînent les uns les autres selon une cohérence interne : le terme de « bonds » (« *brincos* ») répète en écho détourné celui de « *saute*-relle » (« salta-*montes* ») et la fin de la phrase s'apparente à une prise d'élan (« *ha comenzado a dar…* ») qui se parachève sur une gradation du rythme dans les deux derniers mots, où l'accent tombe sur la première syllabe de « *brincos* », puis sur la quatrième de « *descomedidos* », suggérant l'allongement des sauts « démesurés », comme si les mots eux-mêmes étaient contaminés par le mouvement ascendant de l'épi de blé devenu insecte.

Aussi ne faisait-il pas l'ombre d'un doute pour le critique Joaquín de Entrambasaguas que « ce que voit le regard de Ramón [Gómez de la Serna] ne pourra plus être vu d'une autre façon […] ; ses définitions définissent plus qu'aucune autre[51] ». L'auteur applique son regard créateur sur le réel pour donner aux objets et aux phénomènes qui le composent un nom juste, c'est-à-dire pour arriver à en avoir une pleine connaissance. Brouhaha après Brouhaha, il cherche, comme le dit la critique Ana Martínez-Collado, à « parvenir à une connaissance plus profonde de la réalité et à une transformation de celle-ci[52] ».

Le moment est alors venu de commenter brièvement ce titre si curieux de *Greguerías* [*Brouhahas*], soigneusement choisi par l'auteur. Contrairement à ce que l'on pourrait penser, il ne s'agit pas d'un néologisme, mais d'un mot qui désigne en espagnol une rumeur confuse, que l'on peine à comprendre et qui produit l'effet d'une langue étrangère. Il est apparenté

---

51 Joaquín de Entrambasguas, *Las mejores novelas contemporáneas*, t. VIII, Planeta, Barcelone, 1961, p. 1009.

52 Ana Martínez-Collado, *Una teoría personal del arte*, *op. cit.*, p. 10.

par l'étymologie avec le mot « *griego* » [grec] et il faut savoir qu'en espagnol l'expression « *hablar en griego* » [parler grec] est l'équivalent de notre « c'est du chinois ! ». Ce titre fonctionne donc comme une métaphore de l'effet que les Brouhahas cherchent à produire sur le lecteur. Ils se présentent, en effet, comme un défi à relever – analogue à celui de déchiffrer une langue que l'on ne comprend pas au premier abord. Ils sont une invitation à prêter attention à chaque texte jusqu'à ce que surgisse l'« épiphanie » du sens. En rapprochant des éléments disparates, mais en donnant toujours au lecteur la clé de cette relation inédite, les Brouhahas échappent à la logique analytique et, au contraire, choisissent de jouer avec elle pour imposer leurs propres règles et formuler un nouvel ordre des choses, où le livre devient « un mille-feuilles d'idées[53] ».

Dans l'un de ses derniers Brouhahas, Ramón Gómez de la Serna affirmait :

> Les naturalistes connaissent le nombre exact de pétales d'une fleur, mais ils ne l'ont jamais sentie.

L'auteur madrilène serait ainsi non seulement cet entomologiste farfelu que l'on a évoqué ici, mais aussi un écrivain avec l'ambition de proposer à ses lecteurs des lectures nouvelles, capables de parler davantage à leur sensibilité et de leur permettre d'accéder à une réalité plus profonde et plus cohérente, à une sorte d'intimité des choses. Il conçoit ses *Brouhahas* comme une façon de redécouvrir le monde en passant par le détour, l'inattendu, l'insolite (sans pour autant jamais tomber dans l'arbitraire) et par la richesse du langage poétique.

Ce qui est finalement en jeu dans les *Brouhahas* que Ramón Gómez de la Serna consacre aux insectes, c'est la transmission de connaissances nouvelles par la parole poétique. On pourrait songer ici à la définition que donnait Gaston Bachelard dans la *Poétique de l'espace* de « l'apparition d'une image poétique singulière » comme « cet événement singulier et éphémère [...] capable de réagir – sans aucune préparation – sur d'autres âmes, dans d'autres cœurs, et cela, malgré tous les barrages du sens commun, toutes les sages pensées, heureuses de leur immobilité[54] ». Le

53 « Libro : hojaldre de ideas », Ramón Gómez de la Serna, *Nuevas Greguerías*, Madrid, La Fábrica, 2019, p. 143.

54 Gaston Bachelard, *La poétique de l'espace*, Paris, PUF, p. 2.

rôle de l'observation et le résultat de la description-« révélation » dans les *Brouhahas* ramoniens sont une invitation aux lecteurs à exercer leur curiosité et à s'ouvrir à une autre façon de dire le monde pour se le réapproprier. Comme l'écrivait l'auteur madrilène dans l'un de ses derniers manuscrits, « sous l'apparente insignifiance des Brouhahas, se trouve la définition de nos expériences vitales : cette capacité à *voir des choses différentes* et à *reconnaître les mystérieuses analogies qui les lient entre elles*[55] ».

Laurie-Anne LAGET
Sorbonne Université, IUF

55 « En la aparente insignificancia de la greguería está la definición de nuestras vivencias, el ver cosas diferentes y encontrar entre ellas misteriosas analogías », Gómez de la Serna, *Greguerías* | *Brouhahas*, *op. cit.*, p. 514-515, je souligne.

LES TRAVAILLEURS DE LA MORT

Notes sur les insectes nécrophores au XIXe siècle

À l'âge romantique, mal aimé et mal connu, l'insecte nécrophore fait l'objet d'études scientifiques sérieuses, de traités d'observations érudits dans une perspective d'entomologie médico-légale. Cette pratique n'en est qu'à ses balbutiements au début du siècle, même si les recherches de plusieurs médecins et leur apport dans ce domaine sont à l'origine des sciences forensiques modernes. Dans la production littéraire du XIXe siècle (et en particulier la production romantique), rares sont les descriptions de cadavres mangés par les insectes nécrophages. La figuration de l'entomologie macabre n'est cependant pas totalement absente de la production littéraire. Mais quand une œuvre évoque ce processus naturel, ce n'est que sporadiquement, de manière lapidaire. Un tabou, voire un dégoût empêche de décrire les insectes nécrophages dans les œuvres de fiction du premier XIXe siècle. L'entomologie médico-légale n'est entrée en littérature qu'assez récemment, notamment dans le roman policier ou par le biais du cinéma. Cette évolution de la représentation tient d'une part aux progrès scientifiques de la médecine légale et à la diffusion auprès d'un large public des processus judiciaires. L'observation des insectes sur les scènes de crime inspire les écrivains du polar noir ou les scénaristes de séries américaines bien connues, voire des cinéastes esthètes, à l'image de Peter Greenaway qui dans son film *Zoo* décrit la fascination de deux frères siamois pour la décomposition des corps. D'autre part, elle repose sur notre capacité à accepter que la littérature et les arts représentent l'horreur de la dévoration des corps par des insectes nécrophages, les travailleurs de la mort.

Comment la connaissance de cette faune s'est-elle développée au XIXe siècle et de quelle manière les résultats des investigations ont-ils été diffusés auprès du grand public, qu'il s'agisse d'ouvrages de vulgarisation, d'articles de presse, ou de pages de fiction ? Le discours porté sur les « travailleurs de la mort » est singulier car ces insectes dévoreurs de cadavres résistent à toute forme d'empathie de la part du lecteur ; comment parler de ceux qui ont partie liée avec la mort et sont entourés d'une forme de tabou ? La littérature, et en particulier la littérature du XIXe siècle, intègre-t-elle les avancées de l'entomologie médico-légale ? Se pose ici la question de la représentabilité de certaines étapes de la vie *post-mortem* ; jusqu'à quel point la littérature, fût-elle noire, cadavéreuse ou frénétique, peut-elle décrire le « cadavre », jusqu'à quel niveau de détail le régime descriptif peut-il pousser le souci de l'observation ? Il s'agit donc de repérer les phénomènes de descriptions littéraires et/ou artistiques, qui évoquent les insectes mangeurs de cadavres, de préférence de cadavres humains. Or ces descriptions figurent d'abord dans des ouvrages de vulgarisation scientifique, qui constituent l'essentiel du corpus.

Au seuil de cette enquête au cœur des morts et des vivants, trois postulats se font jour. Des sondages dans des ouvrages spécialisés aboutissent à un constat formel : un ton et une rhétorique spécifiques sont adoptés pour observer et décrire cette catégorie si particulière d'insectes, les nécrophores. Le recours à l'analogie avec la société des hommes est presque systématique. Les descriptions développent des discours sur l'humain en tentant de décrire ce qui, d'un point de vue moral et esthétique, relève de l'horreur ou à tout le moins du tabou. Il y a donc un « style » et une « manière » de parler de l'effroi des corps dévorés par les insectes.

AU COMMENCEMENT ÉTAIT ORFILA

Le célèbre docteur Mathieu Orfila (1787-1853), savant espagnol naturalisé français en 1818, fut pionnier en matière de médecine légale et inspira aussi bien Balzac, Jules Janin que les romanciers réalistes. Les recherches du docteur Orfila figurent parmi les premières à intégrer l'entomologie médico-légale, même si c'est à la marge qu'il s'est penché sur ses questions. Son rayonnement, son importance dans le domaine scientifique invitent à formuler quelques constats sur l'observation de l'entomologie médico-légale. Les travaux d'Orfila, publiés entre 1824 et 1851, relèvent principalement de la toxicologie. En mars 1819, Orfila devient professeur de médecine légale à la Faculté de médecine de Paris, chaire qu'il occupera toute sa vie. Ce poste lui permet de développer ses théories pionnières en matière de médecine légale. Il publie successivement en 1821 ses *Leçons de médecine légale*, base de son célèbre *Traité de médecine légale*, très souvent réédité et traduit sous la monarchie de Juillet. Comme le note l'historien Frédéric Chauvaud, « [...] il est à la fois le porte-parole du pouvoir, la première personnalité du monde médical, un administrateur infatigable, un créateur de musée anatomique admiré, un chirurgien recherché, un chimiste renommé, un expert judiciaire sollicité. Il règne sans partage, "enivré d'encens", sur un petit monde[1]. » Orfila est notamment l'une des vedettes de *La Gazette des tribunaux*, journal fondé en 1825, où ses expertises médico-légales font la joie des lecteurs avides de sensations fortes ; il fut notamment l'expert diligenté pour prouver que Marie Lafarge avait bien empoisonné son époux à l'arsenic, ce qu'il démontra brillamment – dans un de ses articles, Balzac revient longuement sur ce fait divers. L'influence du docteur Orfila est telle qu'il devient une référence, y compris dans les œuvres littéraires ou dans les œuvres critiques. Jules Janin fut son ami ; il le cite dans un chapitre consacré à Molière[2] et échangea une correspondance avec le médecin qui témoigne de leur proximité[3]. La personnalité d'Orfila est digne d'un personnage de roman hoffmannien. Touche à tout de génie, il était aussi doué en expertise des cadavres qu'en déchiffrage de partitions. Sa renommée de musicien était bien connue dans Paris : il joue au salon de la duchesse de Maillé, il exécute des morceaux dans les meilleurs salons de Paris. Jules Janin rapporte que dans les années 1840, le salon du docteur Orfila est l'un des meilleurs pour écouter de la musique.

Dans son *Traité des exhumations juridiques* publié en 1831, Orfila consacre un chapitre aux insectes. Il décrit en particulier ses découvertes d'arthropodes créophages sur les cadavres qu'il a lui-même enterrés, selon les époques de l'année. Au moment de l'inhumation, il note un certain nombre de données, notamment des indications relatives à l'âge, aux

---

1 Frédéric Chauvaud, « "Cet homme si multiple et si divers" : Orfila et la chimie du crime au XIXe siècle », *Sociétés & Représentations*, vol. 22, n° 2, 2006, p. 172.

2 Jules Janin, *Histoire de la littérature dramatique*, Paris, Michel Lévy, 1855, vol. 2, p. 40.

3 Jules Janin, *Correspondance*, Paris, Librairie des Bibliophiles, 1877, p. 189.

conditions de décès, le sexe, l'état physique du défunt au moment de sa disparition. Il intègre aussi des données géologiques qui permettent de justifier la présence de tel ou tel insecte nécrophage. Sa conclusion est sans appel :

> On ne saurait donc nier l'influence de la ponte des insectes à la surface du corps sur la marche de la putréfaction.
>
> Ce serait ici le cas de se demander quelle est dans toutes les saisons de l'année l'origine de ces larves de ces nymphes et de ces insectes, surtout de la *musca tachina simplex* de Meigen que nous avons si souvent rencontrée à l'ouverture de cadavres enterrés à la profondeur de quatre à six pieds depuis plusieurs mois, et même depuis quelques années[4].

Hélas ! si passionnants soient les travaux du légiste mélomane, ils ne prennent pas suffisamment en compte la question de l'insecte pour fournir la matière à un développement digne de ce nom. Ce qui est toutefois remarquable dans ces balbutiements de l'entomologie médico-légale, c'est la clarté avec laquelle le vulgarisateur donne accès à des savoirs qui véhiculent un imaginaire repoussant et des images insupportables. La neutralité de l'enquête, la simplicité même de l'observation rendent accessibles des domaines *a priori* peu attirants ou des phénomènes physiques et biologiques complexes. L'observateur est ici un excellent vulgarisateur.

PUIS VINRENT BERGERET D'ARBOIS ET MÉGNIN

Moins mondains et moins artistes qu'Orfila, Bergeret d'Arbois et Mégnin ont fourni à l'histoire de l'entomologie légale de très nombreuses découvertes. Les questionnements d'Orfila sont restés au stade de l'observation sans devenir objets d'applications juridiques, mais il a fait des émules. Après sa mort en 1853, l'entomologie légale se développe rapidement, représentée par deux figures majeures des sciences. C'est tout d'abord Bergeret d'Arbois (1814-1893). Ce médecin ami de Pasteur fut l'un des premiers à observer les insectes nécrophages dans une perspective d'enquête judiciaire. Il doit son succès à la publication

4 Mathieu Orfila, *Traité des exhumations juridiques*, Paris, Béchet, 1831, p. 332.

chez Jean-Baptiste Baillière d'*Infanticide, Momification naturelle du cadavre*. Cet écrit revient sur une sombre affaire d'infanticide, durant laquelle Bergeret a observé des insectes vivants et morts sur le corps d'un nouveau-né. Ses examens lui ont permis de proposer une datation du décès de l'enfant et ainsi d'incriminer les parents, anciens locataires des lieux au moment de la mort. Dans le récit de ses observations, il constate que ce sont deux espèces d'insectes qui lui ont permis d'aboutir à ses conclusions : un diptère et un lépidoptère l'ont aidé à dater le cadavre. En 1868, dans son *Étude médico-légale sur l'infanticide*, le professeur de médecine Ambroise Tardieu commente avec enthousiasme la découverte de son confrère Bergeret et la manière dont l'observation des insectes peut faire jaillir la vérité judiciaire. La réalité qu'il décrit est digne d'un récit d'Edgar Poe :

> Au mois de mars 1850, on découvrait le cadavre d'un enfant nouveau-né dans une cheminée où il s'était momifié sous l'influence d'un milieu chaud et sec. Pendant les trois années précédentes, quatre locataires s'étaient succédé dans cette chambre ; le plus ancien y avait séjourné quatre ans. La taille, la présence du point osseux établissait que l'enfant était né à terme. Les organes intérieurs avaient disparu, dévorés par des larves d'insectes sortis de nymphes dont on retrouvait les coques dans les cavités splanchniques. Dans l'épaisseur des muscles, il existait des larves ou des vers vivants. Il était important de déterminer l'époque de la mort, afin de pouvoir rapporter le crime au temps de l'occupation de l'un des quatre locataires successifs. M. Bergeret mit très heureusement à profit pour cette détermination la présence et le développement des insectes : d'une part, des coques vides, deux seulement renfermaient des mouches mortes ; de l'autre des larves vivantes. Il était évident que deux générations d'insectes, représentant deux révolutions annuelles, s'étaient succédé sur le corps de cet enfant, très probablement mort durant l'été 1848. Cet exemple était bon à citer pour montrer combien, dans ces questions si souvent obscures, il importe de ne rien négliger. Celle qui a pour objet la détermination de l'époque de la mort du nouveau-né est certainement de ce nombre, et appelle de la part de l'expert une attention toute spéciale et une étude appropriée à chaque cas particulier[5].

Lors du procès, l'expertise d'entomologie médicale n'a été jugée ni probante ni suffisante, et la mère a été relaxée. En vérité, des scientifiques contemporains ont noté que Bergeret avait commis une erreur car il ignorait que les diptères nécrophages ont plusieurs générations

5 Ambroise Tardieu, *Étude médico-légale sur l'infanticide*, Paris, Baillière, 1868, p. 202.

annuelles… On le voit, les tentatives d'imposer l'expertise entomologique se heurtent aux lacunes des sciences naturelles. Le nom de Bergeret est cependant important dans l'histoire de ces insectes mal aimés. Il a tenté de théoriser l'idée selon laquelle la présence des insectes permettait une datation fiable. Trente ans avant la poésie de Fabre dans ses descriptions de la « mouche à viande », les scientifiques tentent de rendre compte avec la plus grande clarté du rôle central des insectes nécrophages dans le devenir des dépouilles.

Il appartient en effet à la génération suivante, celle de Jean-Henri Fabre, de faire de l'entomologie médico-légale une science à part entière à l'appui d'une méthode rationnelle d'observation des cadavres. Il faut ici s'arrêter sur la personnalité d'un contemporain de Fabre, le médecin vétérinaire Pierre Mégnin (1828-1905). Ce dernier choisit la carrière militaire et a exercé son art auprès des chevaux et des chiens – il s'est notamment spécialisé dans l'étude des canidés auxquels il a consacré de nombreux ouvrages. Mais il a surtout laissé une trace durable dans l'entomologie médico-légale à travers ses observations de la faune des cadavres. Il fait paraître près d'une quinzaine de publications sur ce sujet, dont le célèbre *Faune des tombeaux*, considéré comme l'ouvrage fondateur de l'entomologie médico-légale. Mégnin a mis au jour la théorie des escouades d'insectes nécrophages et des colonisations successives des cadavres de mammifères. Il est le premier à mettre en évidence qu'un cadavre exposé à l'air libre est la proie de myriades d'insectes, qui se succèdent dans un ordre précis et immuable, et qui correspond à toutes les étapes de la dégradation d'un cadavre. Les scientifiques du XXe siècle ont ensuite démontré que cette technique était insuffisante et erronée, mais son principe est demeuré comme la base du calcul de l'intervalle entre la mort et l'exhumation, qui permet la datation de la mort. Certes d'autres médecins et scientifiques ont fait évoluer la science de l'entomologie médico-légale, mais Orfila, Bergeret et Mégnin en sont incontestablement les précurseurs. Ils ont marqué leur temps en diffusant leurs travaux auprès du lectorat.

LES TRAVAILLEURS DE LA MORT

Dans les très nombreux traités dédiés aux insectes qui paraissent entre 1820 et 1870, les mœurs des insectes nécrophages font l'objet d'une attention particulière et d'un régime descriptif singulier pour au moins trois raisons : la première concerne leur mode d'alimentation ; la seconde concerne leur rapport à l'humain ; la troisième affecte la manière dont on décrit leur travail. Les discours scientifiques sur les nécrophores et l'étude des mœurs pittoresques des insectes constituent un genre d'observation à part entière. Mais quel sort réserver aux travailleurs de la mort, à ces insectes mal aimés car dévorateurs de cadavres ? Comment parler de ce qui, *a priori*, répugne à l'observation et à la lecture ? Dans son introduction aux *Mœurs pittoresques des insectes*, Victor Rendu utilise une série de prétéritions pour annoncer son sujet et préparer son lecteur. Il s'agit en d'humaniser, de dédiaboliser le processus qui conduit certains insectes à vivre des morts.

Faire à la fois entrer le rôle de ces « bestioles » dans les mœurs scientifiques et auprès du grand public nécessite des tours rhétoriques et de nombreuses modalités de personnification. Jean-Henri Fabre sait parler d'eux avec poésie ; avant lui, la plupart des essais scientifiques parus entre 1830 et 1860 tentent eux aussi de rendre lisible – autrement dit acceptable – la description du travail de ces insectes. Pour faire admettre cette vie aux dépens des morts, les médecins et vulgarisateurs utilisent bien souvent la comparaison avec l'organisation des sociétés humaines, la personnification permettant de rendre accessible aux émotions du lecteur le grouillement des insectes sur les cadavres. Cette technique descriptive invite en outre à intégrer la vie de ces insectes mal aimés dans des ouvrages voués à une très large diffusion. C'est le cas des « Lectures du soir » du *Musée des familles* qui incorporent à leur très large éventail de textes, des descriptions de la vie des nécrophores à la rubrique assez ironiquement intitulée « Prévoyance et provisions ». Dans un numéro de 1837, Pierre Boitard rend accessible la description au destinataire du *Musée des familles*, en mettant en lumière l'instinct maternel des nécrophores, qui mettent tout en œuvre pour mettre à l'abri leur progéniture :

> Ce sont encore les insectes qui nous fournissent les exemples les plus extraordinaires de prévoyance. Nous ne parlons pas ici de ceux qui ainsi que l'abeille font des provisions pour eux, mais bien de ceux qui en font pour leurs enfants. Parmi ces derniers, le nécrophore fossoyeur (*Necrophorus vespillo*, Cuv.) est un des plus remarquables ; cet insecte est long de deux centimètre, noir, avec deux bandes orangées transverses et dentées sur les élytres. Lorsque la femelle veut pondre elle s'associe à trois ou quatre individus de son espèce, et ils cherchent en le cadavre d'un petit animal ordinairement d'un rat ou d'une taupe[6].

Ce texte sera repris par Boitard en 1862 dans les *Curiosités d'histoire naturelle et astronomie amusante.* La vie des travailleurs de la mort circule d'une feuille destinée aux lectures familiales du soir à des ouvrages qui oscillent entre science et anecdotes. Le point commun de toutes ces publications, c'est la comparaison presque systématique entre l'industrie des insectes nécrophages et les mœurs de la société humaine. Ainsi, le chapitre III des *Mœurs pittoresques des insectes*, publié par l'ampélographe Victor Rendu (1809-1877) en 1870, s'intitule « nos auxiliaires ». Il met au jour le rôle d'adjuvant indispensable de cette catégorie d'insectes mal aimés, grâce à une succession de processus anthropomorphiques ; dans la description qui suit, l'auteur file la comparaison des fossoyeurs, profession réputée mal aimée et cependant utile :

> Fossoyeurs de leur métier, les Nécrophores ont pour charge d'enterrer les morts de la gent animale. Qu'une taupe, qu'un mulot ou une musaraigne gise sur le sol, il n'y restera pas longtemps ; le nécrophore averti par un odorat subtil accourt sans plus tarder et se met aussitôt à l'œuvre. Avec ses pattes dentelées et épineuses, il creuse la terre au-dessous du mort, suivant exactement tous les contours de son corps et rejetant chaque pelletée à la surface ; la fosse se creuse ainsi sans déranger sensiblement le défunt. Quand ce dernier est enfoui à une profondeur plus ou moins grande selon la consistance et l'humidité du sol, on le recouvre de terre ; l'enterrement est achevé. Le mort, par aventure, est-il un gros personnage, trop lourd pour les forces d'un seul fossoyeur, le nécrophore appelle à son aide une escouade de travailleurs de bonne volonté ; insectes ne chôment point. Trois ou quatre compagnons se dévouent ; quelques coups d'ailes les portent au rendez-vous ; la besogne se fait vite et en commun. Au dehors pas un seul ouvrier, mais au-dedans l'affouillement va son train, le cadavre enfonce de plus en plus ; en moins de vingt heures, il est rendu à sa dernière demeure. Les funérailles sont terminées ; à la troupe maintenant de se payer de sa peine : elle festine joyeusement à travers les entrailles du mort ; les femelles y pondent

6 « Lectures du soir », *Musée des Familles*, 1836-1837, vol. 4, p. 76.

> leurs œufs ; c'est le berceau de famille des nécrophores ; c'est aussi le buffet des larves. À l'abri de tout péril dans cette funèbre salle à manger, elles achèvent le repas commencé par leurs pères et mères ; le moment venu de se changer en nymphes, elles s'enfoncent en terre, enduisent leur logis d'une matière visqueuse, et en sortent après un mois de sommeil, parées comme des gens qui vont à la noce : sous une si brillante livrée, qui soupçonnerait de lugubres croque-morts[7] ?

L'humour et la personnification dédramatisent et rendent ici moins horrible une activité naturelle qui, le plus souvent suscite le dégoût, ou, à tout le moins, le rejet. En 1870, on ne peut s'empêcher de lire en filigrane une projection idéologique dans cette vie des insectes représentés en « bons ouvriers » qui travaillent collectivement pour le bien-être de leur communauté. On trouvait sensiblement une même approche de style et de ton du phénomène nécrophore dans *Les Animaux raisonnent. Organisation, mœurs et faits les plus intéressants de leur ouvrage*, d'Alphonse de Chesnel, paru en 1844. Une rubrique ironiquement intitulée « fait divers » décrit les mœurs des nécrophores en ces termes, qui rappellent le ton des physiologies :

> Les Nécrophores, dit le docteur Virey, enterrent toujours un cadavre destiné à la nourriture de leurs larves. C'est le plus souvent une taupe ou une grenouille ou quelque animal de même taille. Lorsque la troupe est assemblée pour cette opération, elle tourne autour du cadavre comme pour s'assurer de ses dimensions et des moyens qu'il faut employer pour accomplir le travail. On examine aussi le terrain pour voir s'il est convenable. Si par événement il se trouve trop pierreux, on s'occupe de transporter le cadavre plus loin. Toute la société se glisse alors sous la bête morte et on la voit marcher comme par enchantement. Si durant le trajet quelque obstacle vient à se présenter plusieurs des porteurs viennent l'examiner et vont transmettre à leurs compagnons les renseignements nécessaires pour franchir cet obstacle. Lorsque la place convenable à l'ensevelissement est trouvée, on travaille à la sépulture. Tous les nécrophores se mettent alors à gratter la terre au-dessous d'eux avec leurs pattes de devant en sorte que le cadavre s'enfouit insensiblement. Roesel rapporte qu'un observateur s'amusa un jour pour contrarier ces insectes dans leur opération à attacher une taupe à un bâton fiché en terre. Les nécrophores s'épuisèrent en effet assez longtemps sans fruit pour enlever le cadavre ; mais ayant enfin reconnu la cause qui trompait leurs efforts ils firent une excavation autour du bâton et le renversèrent[8].

7 Victor Rendu, *Mœurs pittoresques des insectes*, Paris, Hachette, 1870, p. 11.

8 Alphonse de Chesnel, *Les Animaux raisonnent*, Paris, Dondey-Dupré, 1844, p. 365.

Traités dans la rubrique des « faits divers », ces travailleurs de la mort sont rendus accessibles soit par l'objectivité de l'observation, quand il s'agit d'ouvrages scientifiques, soit par le parallèle avec les sociétés humaines dans les ouvrages de vulgarisation. Dans tous les cas, comme le montrent avec *maestria* les écrits de Jean-Henri Fabre, le style et le ton permettent d'aborder le sujet délicat des travailleurs de la mort.

DU DISCOURS SCIENTIFIQUE AU DISCOURS LITTÉRAIRE

Qu'en est-il du passage du discours scientifique au discours littéraire ? La littérature romantique, en renouvelant en profondeur le goût du macabre, a en effet façonné l'image du cadavre et de sa représentation. Elle introduit dans le régime de la description l'horreur de la dévoration des corps. Au siècle où la médecine légale et l'observation des morts font des progrès considérables, la représentation du cadavre et sa description gagnent la production littéraire dans un mélange de fascination et de répulsion. Ce que la critique désigne comme « la littérature cadavre » dans les années 1830 résulte ainsi d'un attrait nouveau pour la mort, domaine où le corps mort est placé au centre des regards et du dispositif énonciatif. Le secours de la science produit de nouvelles images sidérantes propres à fasciner le lecteur, ou à le révulser. Cette dilection est à mettre en lien avec les progrès de la médecine et des sciences naturelles. Le corps inerte y apparaît comme un objet d'observations scientifiques et fait du cimetière l'antichambre du laboratoire. À travers la vie des insectes nécrophages, le lecteur découvre la face sombre d'un siècle scientiste où la dépouille, devenue objet d'examen, se négocie, se vend et s'expose dans les salles de dissections. Les amphithéâtres des universités font ainsi de la mort un spectacle ; le corps décomposé, dévoré, entre dans la représentation de la mort, mais en défiant l'interdit et en brisant le tabou entourant le cadavre pour dévoiler les secrets de la nature, les héros se heurtent à une vérité inacceptable. Dans *L'Âne mort et la Femme guillotinée*, Jules

Janin décrit ainsi le devenir du corps de sa bien-aimée, qui finit sous le scalpel des carabins.

Le caractère réaliste des insectes dévoreurs de cadavres, où l'horreur le dispute à la fascination morbide, entre-t-il dans ce nouveau régime de représentation ? Pas vraiment, ou du moins pas à l'âge romantique. Il faut en effet attendre la fin du siècle pour que les insectes nécrophores soient plus clairement convoqués dans les descriptions. La présence des insectes sur les cadavres pose en effet constamment la limite entre le représentable et l'irreprésentable, entre le dicible et l'indicible, entre l'acceptable et le tabou. Peut-on en effet décrire le travail des insectes nécrophages dans une œuvre littéraire (avant le naturalisme) et donner à voir le grouillement des insectes nécrophores sur un corps romanesque ? Il est rare, pour ne pas dire exceptionnel, de trouver dans le corpus romantique la description des insectes nécrophages à l'œuvre. Ce travail de dévoration semble tout bonnement impossible moralement à retranscrire, ou à tout le moins inacceptable, y compris dans le registre de l'horreur. Quelques lieux communs cependant, telle que la mention du cadavre rongé par les vers, sont présents dans les récits horrifiques. On trouve par exemple dans le roman *Sous les tilleuls* d'Alphonse Karr, la description d'un cadavre mangé par les vers. Ayant promis de lui offrir un baiser *post-mortem*, le narrateur recule face à la réalité du cadavre :

> Avec la pioche, il détache une planche puis deux. Il voit une forme blanche ; le linceul, déchiré, trahit les contours du cadavre ; d un mouvement convulsif il arrache le drap, qui cède et se déchire : le corps est nu. Il ne peut respirer ; son cœur bat comme un marteau ; un nuage épais cache la lune ; il attend.
>
> Le corps est nu, ce corps si beau, si souple, si gracieux, qu'une fois seulement il a tenu dans ses bras. Le nuage glisse lentement.
>
> Cette bouche, dont le sourire était si doux, dont les baisers crispaient le cœur ; ces yeux dont un regard avait plus de prix que l'empire du monde.
>
> La lune va bientôt reparaître ; l'extrémité du nuage est bordée d'une frange d'argent.
>
> Ce corps, il vient le prendre encore dans ses bras ; ces yeux, il vient les revoir encore ; cette bouche, il vient lui donner un dernier baiser, un baiser d'adieu et de pardon.
>
> C'est la dernière volonté de la morte.
>
> Il vient appliquer sa bouche sur la bouche de la morte et lui donner un baiser qu'elle ne rendra pas, qu'elle ne sentira pas.

> Le vent souffle légèrement, et fait trembler les feuilles, et achève de chasser le nuage ; la lune éclaire tout le cimetière d'une mystérieuse lueur ; il se penche sur la tombe ; mais il jette un cri et s'enfuit, car il a vu le corps.
>
> Le corps, les chairs tombent en lambeaux et des vers rongent ses yeux[9].

Le *topos* du cadavre rongé par les vers appartient en propre à la veine frénétique de la production romantique – même si on trouve des représentations de cadavres rongés par les vers dans des éléments d'architecture, dès le Moyen-âge. Mais à l'âge romantique, la description des insectes nécrophores ne va guère plus loin que l'image du cadavre rongé. À cet égard, *Une charogne* de Baudelaire et sa « vermine / Qui vous mangera de baisers » reprend un lieu commun de l'horreur en l'exacerbant, en lui conférant un nouvel érotisme macabre :

> Les mouches bourdonnaient sur ce ventre putride,
> D'où sortaient de noirs bataillons
> De larves, qui coulaient comme un épais liquide
> Le long de ces vivants haillons[10].

À moins de les traiter avec l'ironie du fantastique, il paraît difficile de mettre sous le nez du lecteur les larves et les insectes qui mangent les morts avant Baudelaire. À cet égard, *Une Histoire sans nom* de Barbey témoigne de l'évolution du macabre entomologique, mais peut-être aussi de l'influence la charogne érotique de Baudelaire sur les représentations des corps dévorés. Au dénouement du roman, l'héroïne, Lasthénie de Ferjol s'identifie aux insectes nécrophages :

> Elle trouva sans peine la fosse qu'elle recherchait. Le cimetière était désert, et la fosse du dernier trappiste décédé, creusée dans les hautes herbes, était bien la fosse de Riculf. Elle s'en approcha jusqu'au bord et regarda dedans avec ces yeux que la haine a comme l'amour, ces yeux qui dévorent tout, et elle vit le mort dans le fond de sa fosse. Malgré les pelletées de terre éparpillées autour du visage, et dont le plus grand nombre avait porté sur la partie inférieure du cadavre, on voyait encore la face d'un homme Ah ! elle le reconnut, malgré cette barbe qui avait blanchi, et ces yeux sans regard que les vers rongeaient déjà dans leurs orbites. Elle enviait se sort de ces vers[11].

9 Alphonse Karr, *Sous les tilleuls*, Paris, Gosselin, 1832, t. 2, p. 224-225.

10 Charles Baudelaire, « Une charogne », éd. John E. Jackson, Paris, Le Livre de Poche, 1999, p. 77.

11 *Une histoire sans nom*, éd. Philippe Berthier, Paris, GF-Flammarion, 2019, p. 118.

Signe que les mœurs littéraires évoluent à la fin du siècle parallèlement à l'inspiration littéraire, les programmes de révisions scolaires qui reflètent certes les préoccupations des pédagogues mais rendent également compte de l'air du temps. En 1886, dans le *Nouveau recueil des narrations françaises*, ancêtres de nos « mémobacs » et autres ouvrages pour bachoter avant les épreuves, on trouve un curieux objet de composition. Le sujet proposé s'intitule « Le mulot du nécrophore ». Voici l'intitulé à partir duquel doivent plancher les élèves :

> SUJET
>
> Un naturaliste se promène dans les champs. Il s'arrête tout à coup et oublie ses recherches pour observer un curieux spectacle : un nécrophore s'efforce mais vainement, car en cet endroit le sol est dur, de creuser une fosse pour enterrer le cadavre d'un mulot. Il finit par abandonner la place et recommence son travail un demi mètre plus loin. Cette fois, le trou est creusé mais nouvel embarras : le mulot est trop lourd pour y être transporté. Le nécrophore prend alors son vol. Quand il revient quelques instants après il est accompagné d'une demie douzaine d'insectes de son espèce. À eux sept ils achèvent la besogne. Le naturaliste s'éloigne pensif[12].

On le voit, ce sujet littéraire est directement inspiré des traités d'entomologie consacrés aux insectes nécrophores. Les indications fournies pour aider l'élève à développer sa pensée sont riches d'enseignement. Il s'agit pour rendre vivante et plausible la démonstration de décrire les acteurs et leur attitude :

> Ce serait trop dire que de parler de sentiments à prêter aux nécrophores. Contentez-vous de rendre d'une manière expressive leurs mouvements et leur tactique qui, varieront dans chacune des divisions du sujet. *1re partie du développement* : dans le 1er paragraphe, montrez-nous le nécrophore se glissant sous le mulot ; les secousses imprimées à celui-ci nous révèlent les efforts du fossoyeur ; dans le 2e paragraphe, il cherche un sol plus friable ; incertitude de son allure ; mesures prises pour que le trou soit assez grand ; la fosse se creuse peu à peu. *2e partie* : 1er paragraphe ; il tente d'ébranler le cadavre si gros pour lui ; son embarras nous sera rendu sensible par ses allées et venues autour du mulot ; 2e paragraphe : Que pense le naturaliste quand l'insecte s'envole et disparaît ? Représentez la petite escouade arrivant à la rescousse, les dispositions pour mener à bien l'entreprise ; la marche lente et souvent

12 A. Morlet et H. Lémonon, *Nouveau recueil de narrations françaises contenant 80 sujets*, Paris, Delagrave, 1886, p. 5.

> interrompue du cadavre que soulèvent les nécrophores. Donnez un tour vif animé à ce dernier paragraphe qui doit avoir quelque chose de l'entrain apporté par les travailleurs à leur tâche[13].

On ne peut qu'admirer l'inventivité des concepteurs de tels sujets, directement inspirés des découvertes de l'entomologie. À la fin du siècle, il semble que les insectes nécrophages soient entrés dans le domaine de la littérature et des arts. Un récit champêtre méconnu, intitulé *Ce qu'il y a au bord d'une mare* de Loïc Petit (1866), met même en scène un vieux nécrophore, personnage principal de la nouvelle, dont les mœurs sont décrites au sein d'une fiction divertissante.

Parvenu au seuil du XXe siècle, l'insecte nécrophore n'est plus tout à fait un sujet tabou en littérature et il fait désormais partie des sciences d'investigation médico-légales. De la même manière, les cadavres rongés et décomposés ont intégré la description littéraire, ce qu'hélas confirmeront bientôt les bouleversements de l'Histoire. Les horreurs des tranchées mettront sous les yeux des soldats l'incessant labeur de ces travailleurs de la mort, dont Henri Barbusse décrit la sordide réalité dans *Le Feu*. Dans un récent ouvrage publié en 2014, *Insectes, cadavres et scènes de crimes*, Damien Charabidze et Matthias Gosselin formulent un constat qui pourrait servir de conclusion à notre propos : « L'étude des insectes nécrophages présente un double intérêt. D'un point de vue fondamental, il s'agit d'espèces communes mais relativement peu étudiés, leur mode de vie ayant réussi à dissuader la majorité des entomologistes[14]. » Marginalisés parce qu'intrinsèquement liés au devenir des corps, les travailleurs de la mort conservent une part de leur irréductible mystère : dans la fiction, ils sont cantonnés au registre de l'horreur réaliste, sauf à servir de sujet d'entraînement pour un devoir d'imagination.

Sylvain LEDDA
Université de Rouen – CÉREdI

13 *Ibid.*, p. 6.

14 Damien Charabidze et Matthias Gosselin, *Insectes, cadavres et scènes de crimes*, Paris, de Boeck, 2014, p. 7.

L'ENTOMOLOGIE À HAUTEUR D'ENFANT

Figures, médiations, enjeux

S'ils sont moins visibles que les mammifères – les Babar, Petit ours brun, Pif le chien, loups et lapins divers, etc. –, point n'est besoin d'une loupe pour prendre la mesure de l'omniprésence des insectes dans les publications pour la jeunesse. Sans aller tout à fait jusqu'à dire que l'enfant est naturellement entomologiste, force est de constater que, petit parmi les grands, il se penche volontiers sur le domaine de l'infiniment petit grâce aux qualités qu'on lui reconnaît : « une faculté d'étonnement, une curiosité, un don d'observation très réels[1] ». La littérature de jeunesse se plie à son usage en adoptant le point de vue enfantin et en soulignant les effets d'échelle, comme dans les contes où un tout petit protagoniste est confronté à des insectes, la Poucette d'Andersen ou le Tom Pouce britannique. D'ailleurs, la réflexion sur les insectes s'accompagne régulièrement d'une référence au premier voyage de Gulliver qui emblématise la situation de l'homme observant des êtres minuscules, décrivant leur comportement et s'interrogeant sur leurs intentions[2].

Or, comme l'écrit Jean-Marc Drouin, « les Insectes apparaissent comme des êtres de nature perçus à travers le filtre de la culture[3] » et la participation de l'insecte aux textes fictionnels n'est pas forcément le fruit d'une observation digne de ce nom. Aussi les entomologistes font-ils preuve de réserve devant les insectes littéraires : on se souvient de Jean-Henri Fabre relisant « La Cigale et la Fourmi » en soulignant « les

1 Daniel Raichvarg, « La Bibliothèque des Merveilles, l'explosion de la littérature scientifique pour la jeunesse dans la deuxième moitié du XIXe siècle », *Revue des Sciences Humaines*, « L'enfance de la lecture », Francis Marcoin (dir.), 1992-1 n° 225, p. 153 (137-158).

2 Voir Thierry Hoquet, « Le philosophe à Lilliput », « Critique » 2014/4 n° 803, p. 293-305 ainsi que Christophe Bouget et Gérard Goujon, *Secrets d'insectes*, Versailles, Éditions Quae, 2017 / « Si ces lilliputiens fascinent à ce point les gullivers que nous sommes… » (4e de couverture).

3 Jean-Marc Drouin, *Philosophie de l'insecte*, Paris, Seuil, « Science ouverte », 2014, p. 51.

grossiers non-sens qui font le tissu de la fable[4] », ou encore de l'ironie de Nabokov à l'égard des traducteurs de Kafka, lui qui cherche à identifier précisément, dessins à l'appui, l'insecte qu'est devenu Grégoire Samsa[5]. Lorsqu'ils sont anthropomorphisés et instrumentalisés au service d'un enseignement, d'une morale ou d'un symbole, les insectes ne sont ni observés ni décrits : ceux avec lesquels Alice converse au pays des merveilles et de l'autre côté du miroir lui permettent surtout de questionner sa propre identité ; le grillon parlant de *Pinocchio* allégorise la conscience du pantin.

Nous proposons de nous appuyer sur une figure souvent mise en avant dans l'édition pour la jeunesse lorsqu'il est question d'insectes, celle d'un médiateur informé, en l'espèce un naturaliste, un entomologiste. Dans un secteur soumis à la double contrainte de plaire et d'instruire dans le même temps, cette figure se décline sous des formes variées, entre histoire et fiction. Après un retour sur les « récits scientifiques » pour la jeunesse du XIXe siècle, qui voient éclore la figure du naturaliste, nous nous attacherons à différents types d'entomologistes repérables dans les livres pour enfants, aux méthodes, aux instruments et aux pratiques de ces observateurs, à partir du discours conjoint du texte et de l'image, cette dernière s'imposant largement pour prendre en charge « l'art du détail[6] ».

PRÉMISSES DE LA FIGURE DE L'ENTOMOLOGISTE AU XIXe SIÈCLE

Au cours du XIXe siècle, les effets conjugués des avancées sociales, techniques et scientifiques – les lois sur la scolarisation, la fabrication rapide d'ouvrages à grande échelle, le souci de vulgarisation des connaissances – jouent un rôle majeur dans la naissance et le développement d'une production pour la jeunesse, que Francis Marcoin

4 Jean-Henri Fabre, *Mœurs des insectes*, morceaux choisis extraits des *Souvenirs entomologiques*, Paris, Delagrave, 1950, p. 2.

5 Vladimir Nabokov, *Littératures/*1, trad. Hélène Pasquier, Paris, Fayard, 1983, p. 346-348 [*Lectures on Literature*, 1980]. Il ne s'agirait ni d'un cafard, ni d'une « vermine », mais d'un scarabée, qu'il identifie à ses élytres et à ses fortes mandibules.

6 Romain Bertrand, *L'art du détail : l'art perdu de la description de la nature*, Paris, Seuil, 2019.

désigne du nom de « littérature industrielle[7] ». L'ouvrage collectif *Science in the Nursery*[8], dirigé par Laurence Talairach, montre l'importance de la vulgarisation scientifique en France et en Angleterre du milieu du XVIIIe siècle au début du XXe et on a pu parler d'une véritable « explosion de la littérature scientifique pour la jeunesse dans la deuxième moitié du XIXe siècle[9] ». Lorsqu'il s'agit de transmettre des connaissances, aussi documenté soit le propos, il gagne à recourir aux ressources de la narration et de la fiction pour rendre le savoir plus aimable. Le dosage varie selon les auteurs dont les ouvrages seront en conséquence diversement attractifs. Pour décrire cet équilibre entre volonté éducative et souci de divertir, également inhérents au livre de jeunesse, Christian Chelebourg et Francis Marcoin distinguent deux stratégies différentes :

> Dans le premier cas, le contenu didactique est au premier plan de l'œuvre, il en est donné comme l'objet principal, la raison même ; dans le second, il n'en constitue que l'arrière-plan, sans pour autant rien perdre de sa valeur ni de sa prétention pédagogiques. On peut parler respectivement d'information narrativisée et de narration informée[10].

Daniel Raichvarg analyse les choix opérés par ceux qui proposent « de véritables récits scientifiques » pour familiariser les jeunes lecteurs avec le savoir de manière ludique. La « *fonction mathésique* » de ces récits de vulgarisation scientifique s'exerce à partir d'une mise en scène de la relation pédagogique, « un dispositif d'énonciation particulier[11] » qui confronte le personnage de celui qui sait à celui qui ne sait pas, le premier invitant le second à observer la nature. Dans un article intitulé « La science enfantine et l'apprentissage du regard », Ségolène Le Men[12] analyse l'entrée « Sciences naturelles » rédigée par Georges

7 Francis Marcoin, *Librairie de jeunesse et littérature industrielle au XIXe siècle*, Paris, Honoré Champion, 2006.

8 Laurence Talairach (dir.), *Science in the Nursery : The Popularisation of Science in Britain and France, 1761-1901*, Cambridge Scholars Publishing, Unabridged edition, 2011.

9 Daniel Raichvarg, *op. cit.*

10 Christian Chelebourg et Christian Marcoin, *Littérature de jeunesse*, Paris, Armand Colin, « 128 », 2007, p. 74-75.

11 Daniel Raichvarg, « La Bibliothèque des Merveilles, l'explosion de la littérature scientifique pour la jeunesse dans la deuxième moitié du XIXe siècle », *op. cit.*, p. 155.

12 Ségolène Le Men, « La science enfantine et l'apprentissage du regard », *La Science pour tous*, Paris, RMN, 1994, p. 60-71 et 86-92 (catalogue de l'exposition présentée au musée d'Orsay du 14 mars au 12 juin 1994).

Colomb pour le *Dictionnaire de pédagogie* dirigé par Ferdinand Buisson. Son enseignement vise deux objectifs : il s'agit de « meubler la mémoire de l'enfant de connaissances générales », et surtout de « développer [s]es facultés d'observation [...], et, par la suite, son intelligence, en lui apprenant à regarder, c'est-à-dire à comprendre ce qu'il voit[13]. » Afin de stimuler les qualités de l'enfant, il convient de mettre en œuvre une méthode qui relève de la maïeutique, et qui rappelle la relation pédagogique décrite par Rousseau dans l'*Émile*, ce jeu de questions et de réponses amplement utilisé dans la littérature de jeunesse pour donner accès au savoir à travers dialogues et saynètes. Cette méthode inductive passe par une « théâtralisation du savoir » et par l'adoption de différents codes génériques : soit les auteurs « exploitent *le roman d'exploration*, *"le voyage"* ou son avatar atténué, *la promenade* », soit « ils mobilisent *le conte*, ou, tout au moins, certains motifs appartenant au conte[14]. » Au dénouement, ces récits scientifiques « tirent rapidement la couverture vers la fable [et] n'hésitent pas à avancer une morale ou des préceptes moraux[15]. »

Zulma Carraud publie en 1864 un recueil d'historiettes centrées sur la découverte et l'observation d'insectes par des enfants. Dans « Les guêpes[16] », Armande, une fillette paresseuse, enfermée dans sa chambre pour n'avoir pas étudié sa leçon, voit par la fenêtre son frère « immobile devant un rosier, le regardant si attentivement qu'il semblait retenir son souffle » ; « stimulée par la curiosité », elle apprend vite sa leçon, court le rejoindre et « les deux enfants pass[ent] ainsi en observation le temps de leur récréation » pour assister à la construction d'un nid de guêpes. Ils recourent ensuite à leur père qui explique ce qu'ils ont vu et les invite à poursuivre l'expérience pour distinguer les guêpes des abeilles en observant leur comportement et en comparant leur habitat. Toute une leçon de science naturelle est ainsi développée sur le terrain, sous l'égide paternelle, leçon jalonnée d'épisodes mouvementés, puisque

13 *Ibid.*, p. 66.

14 Daniel Raichvarg, « La Bibliothèque des Merveilles, l'explosion de la littérature scientifique pour la jeunesse dans la deuxième moitié du XIXe siècle », *op. cit.*, p. 153. L'auteur souligne.

15 *Ibid.*

16 Zulma Carraud, « Les Guêpes », dans *Les Métamorphoses d'une goutte d'eau, suivies des Guêpes, de la Fourmi, de la Goutte de rosée, etc.* Paris, Hachette, « Bibliothèque rose illustrée », 1864, p. 73-90.

la fillette et le chien sont piqués, et le nid de guêpes détruit par le feu. L'histoire se conclut par une petite leçon de morale :

> Armande s'intéressa si bien à tout ce qu'elle venait d'observer et d'apprendre, qu'elle pria son père de lui faire connaître les mœurs de quelque autre insecte.
> M. Barrus le lui promit, mais à condition qu'elle travaillerait toujours aussi bien qu'elle le faisait depuis quelques jours.
> Et Armande fit cette promesse de grand cœur.

Dans une autre histoire du recueil, « Les cousins[17] », – ces diptères à longues pattes –, c'est encore le père de famille qui guide le regard des enfants lors d'une promenade, en suivant le même schéma. Le dialogue rapporte d'abord l'étonnement d'un enfant devant quelque chose qu'il ne comprend pas – l'éclosion d'un insecte à la surface de l'eau –, puis le conseil du père : « Observez bien attentivement ce phénomène, mes enfants, il est extrêmement curieux », enfin tout un jeu de questions-réponses permet de décrire et expliquer le spectacle qui se déroule sous les yeux des enfants. Dans « Les forficules », c'est une mère de famille qui examine avec sa fille un perce-oreille, lui explique ses caractéristiques et tente de désamorcer ses préjugés vis-à-vis de l'insecte. Outre la figure parentale, le médiateur pourra être un autre enfant, plus âgé ou mieux informé, ou encore un enseignant, comme la peu darwinienne institutrice Marie Maugeret qui, dans *La science à travers champs*[18], en 1880, conduit ses élèves dans la nature et ne manque pas de rendre grâce au Créateur pour les merveilles qu'elle leur propose d'observer.

Lorsqu'on lit ces récits aujourd'hui en évitant l'écueil de l'anachronisme, on peut saluer leur proposition de familiariser les enfants avec l'univers des insectes. Pour Daniel Raichvarg, « L'idée qui prévaut est de *rendre la science agréable par la mise en place d'une relation de tendresse* entre le thème scientifique et le jeune lecteur[19]. » Ce principe peut être comparé aux nouveaux enjeux présidant aux livres pour la jeunesse du XXIe siècle, dans un contexte où la préoccupation écologique s'est substituée à la morale chrétienne : conditionnée par cet objectif de protection de la nature et de la biodiversité, l'attention aux insectes se teinte aujourd'hui d'une certaine empathie.

---

17 Zulma Carraud, « Les Cousins », dans *id.*, p. 128-134.

18 Marie Maugeret, *La science à travers champs*, Tours, Mame, 1880 (consultable sur gallica).

19 Daniel Raichvarg, « La Bibliothèque des Merveilles, l'explosion de la littérature scientifique pour la jeunesse dans la deuxième moitié du XIXe siècle », *op. cit.*, p. 153. L'auteur souligne.

MÉDIATEURS HISTORIQUES OU FICTIFS

Notre corpus d'ouvrages publiés en France, parfois en traduction, comporte quelques personnalités historiques et des personnages de fiction. Les naturalistes des XVIIIe et XIXe siècles ont connu des fortunes diverses dans les livres pour la jeunesse. Alors que l'*Histoire naturelle* de Buffon ne s'adresse pas aux enfants et n'aborde pas la classe des insectes, il en va autrement après la mort de l'auteur, dans la longue série d'ouvrages qui s'abrite derrière sa caution scientifique : intitulés *Buffon pour enfants*, *Buffon de la jeunesse*, *Buffon du premier âge*, *Buffon des Demoiselles*, *Petit Buffon illustré* etc., ces dérivés se succèdent jusqu'au milieu du XXe siècle et la plupart d'entre eux prennent en compte les insectes[20]. Mais la figure du naturaliste reste désincarnée, puisqu'elle se résume à un nom, en guise de mot de passe. De son côté, l'œuvre de l'abbé Pluche, devenue en son temps un best-seller à l'échelle internationale, fut explicitement écrite pour la jeunesse, en lien avec la fonction de précepteur de l'auteur : son titre, *Le Spectacle de la nature*, invite à l'observation – ou à la contemplation – et son sous-titre en précise la destination : *Entretiens sur les particularités de l'histoire naturelle qui ont paru les plus propres à rendre les jeunes gens curieux et à leur former l'esprit*[21]. Le premier chapitre du premier volume s'ouvre sur l'observation des insectes : « Commençons par ces insectes que l'on méprise si fort, et que vous aimez tant. Je vous dirai qu'ils me réjouissent infiniment par leur diversité, par leurs inclinations, par leurs ruses, par les proportions surprenantes de leurs organes et par cent curiosités que j'y observe[22]. » Pour faciliter la transmission des connaissances, Pluche met en scène des personnages dont le dialogue est propre à favoriser de manière vivante l'approche de la nature par un jeune lectorat[23]. Cependant, l'ouvrage n'a

20 Le dernier titre que nous repérons date de 1953 : *Le Buffon des enfants. Les insectes de chez nous*, texte de Bernard Roy, illustrations de Félix Lorioux, Nantes, Buchet et Vanden Brugge, « Collection des quatre trèfles ».

21 Antoine Pluche, *Le Spectacle de la nature, ou Entretiens sur les particularités de l'histoire naturelle qui ont paru les plus propres à rendre les jeunes gens curieux et à leur former l'esprit*, Paris, Vve Estienne, 1932-1970 (8 tomes et 9 volumes). Planches de Pierre Filloeul.

22 *Id.*, p. 8 (disponible sur gallica)

23 Il s'en explique dans sa préface.

pas été revisité par l'édition pour la jeunesse ultérieure, à l'exception d'un *compendium* publié en 1844 chez Mame, l'éditeur catholique de Tours[24].

En ce qui concerne le tandem des naturalistes britanniques Darwin et Wallace, la balance est tout aussi inégale. Darwin, sa vie et son œuvre ont fait l'objet de très nombreux documentaires alors que ceux qui rendent justice à Wallace sont rares et de publication récente, l'album traduit de l'anglais *Le rival de Darwin*[25] et un épisode de la série *Enquêtes au Muséum*[26]. Autre entrée récente dans le champ de l'édition française pour la jeunesse, celle d'une entomologiste au féminin, Maria Sibylla Merian, présente dans deux bandes dessinées[27]. Cette réhabilitation s'inscrit doublement dans l'air du temps, d'une part en lien avec les préoccupations écologiques contemporaines – l'une des bandes dessinées désigne Maria Sibylla Merian comme « la mère de l'écologie » –, d'autre part pour mettre en valeur des personnages historiques qui sont des femmes de science, en l'occurrence une naturaliste doublée d'une artiste. Romain Bertrand[28] mentionne les noms des sœurs Pasley, qui ont mené une activité d'entomologiste amateur à l'époque victorienne. L'un de leurs arrière-petits-neveux a publié en 1980 des pages de leur album sous le titre *The Adventures of Madalene and Louisa*[29], ouvrage non traduit en français mais qui mérite d'être signalé car il témoigne de manière originale de la passion de deux jeunes filles livrant sous forme de dessins humoristiques le fruit de leur observation des insectes.

Enfin, Jean-Henri Fabre occupe une place privilégiée dans l'édition pour la jeunesse, lui qui a su parler de l'enfant qu'il fut, à la source de sa vocation[30], qui a associé ses propres enfants à ses recherches et qui souhaitait

24 *Beautés du spectacle de la nature ou Entretiens sur l'histoire naturelle des animaux et des plantes* par Pluche ; ouvrage mis au niveau des connaissances actuelles, par L.-F. Jéhan, Tours, Mame et fils, « Bibliothèque des écoles chrétiennes », 1844.

25 Christiane Dorion, ill. Harry Tennant, *Le rival de Darwin. Alfred Russel Wallace et la théorie de l'évolution*, trad. Odile Koenig, Paris, Delachaux et Nietslé, 2020 [*Darwin's Rival : Alfred Russel Wallace and the search for Evolution*].

26 Laurence Talairach, *Enquêtes au Muséum, Le papillon du bout du monde*, Toulouse, Plume de carotte, 2017.

27 Yannick Lelardoux, Maria Sibylla Merian, *La mère de l'écologie*, Paris, Naïve, « Grands destins de femmes », 2014. Emmanuelle Frigueras, ill. Beatrice Veillon, *La nature et les hommes en BD*, Montrouge, Bayard jeunesse, « Images doc », 2021.

28 Romain Bertrand, *L'art du détail : l'art perdu de la description de la nature*, *op. cit.*, p. 36.

29 *The Adventures of Madalene and Louisa*, pages from the album of L. and M. S. Pasley, Victorian Entomologists, Londres, Collins, 1980.

30 Jean-Henri Fabre, *Enfance en Rouergue*, Villelongue-d'Aude, Atelier du Gué, 2002.

que son œuvre soit accessible à tous : « si j'écris pour les savants, pour les philosophes [...], j'écris aussi, j'écris surtout, pour les jeunes[31] ». En témoignent ses très nombreuses publications à destination des écoles, pour donner accès à la science, leçons souvent transmises par l'intermédiaire d'un personnage fictif, « l'oncle Paul ». Les *Souvenirs entomologiques* ont été publiés intégralement et monnayés en morceaux choisis pendant plusieurs décennies par la librairie Delagrave et l'œuvre reste encore vivante en ce début de XXIe siècle : l'ouvrage de l'Américaine Margaret J. Anderson, *Jean-Henri Fabre. Les enfants de l'été*[32], prend la forme d'un récit autobiographique sous la plume de Paul, le fils du deuxième mariage de Fabre ; l'album *Bestioles : bousier glouton, mante religieuse assassine, fourmi ravisseuse et autres souvenirs entomologiques*[33] réunit sous un titre incitatif un florilège d'extraits du texte source, agrémentés d'illustrations.

Comme l'écrit Jean-Marc Drouin,

> L'œuvre de Fabre, prise comme archétype de la description entomologique, emprunte à plusieurs genres littéraires : roman de cape et d'épée, mise en scène fantasmatique de désirs dévorants, scènes de mœurs qui évoquent Balzac ou Pagnol, roman intimiste, et même deux fables en provençal. Au point qu'un écrivain qui lirait entièrement les *Souvenirs entomologiques* y retrouverait – en partie – des formes littéraires familières[34].

De même, dans les livres de jeunesse, le personnage de l'entomologiste s'incarne dans différents genres, parfois hybrides. Il est très présent dans les documentaires fictionnalisés qui peuvent adopter la forme de biographies ou de journaux intimes de naturalistes, ainsi que dans le roman et ses sous-genres, ainsi on trouve des scientifiques de la police dans les nombreuses fictions policières avec insectes[35]. De plus, il est mis à l'honneur dans les genres graphiques : la bande dessinée et l'album, documentaire

31 Jean-Henri Fabre, *Nouveaux souvenirs entomologiques : études sur l'instinct et les mœurs des insectes*, 2e édition, Paris, Delagrave, 1890-1900, 2e série, p. 4. Disponible sur Gallica.

32 Margaret J. Anderson, ill. Marie Le Glatin Keis, *Jean-Henri Fabre. Les enfants de l'été*, trad. de l'américain R. Lombard, Le Pontet, Éditions A. Barthélémy, 2004 (*Children of Summer, Henri Fabre's Insects*, 1997). Margaret Anderson est l'autrice, par ailleurs, d'une biographie de Darwin, non traduite.

33 Jean-Henri Fabre, ill. Sylvie Bessard, *Bestioles : bousier glouton, mante religieuse assassine, fourmi ravisseuse et autres souvenirs entomologiques*, Toulouse, Milan, 2017.

34 Jean-Marc Drouin, *Philosophie de l'insecte*, *op. cit.*, p. 68.

35 Voir le chapitre rédigé par Isabelle Rachel Casta, « Escouades de la mort et parrêsia : les insectes au secours de la Justice ? » dans Christiane Connan-Pintado (dir.), *L'insecte au miroir des livres pour la jeunesse. Présence, représentations, discours* (à paraître).

ou fictionnel, qui pourra prendre la forme du carnet d'entomologiste, entre journal intime et carnet de curiosités. Mais on le trouve aussi en poésie si l'on songe au recueil *Anacoluptères* dans lequel James Sacré décrit une collection d'insectes que l'illustration épingle au fil des pages[36].

Savants ou amateurs, les naturalistes fictifs sont très diversifiés puisqu'il peut s'agir d'hommes, de femmes, d'enfants ou d'animaux. Les quatre séries documentaires imaginées par le prolifique et facétieux créateur d'albums Thierry Dedieu rendent compte de cette diversité. Dans *Les sciences naturelles de Tatsu Nagata*[37]– 36 volumes publiés de 2006 à 2019, dont 8 sur les insectes – Dedieu renonce à son statut d'auteur : c'est le nom de Tatsu Nagata qui figure sur la couverture, celui de Dedieu étant relégué au rôle de traducteur du japonais. En quatrième de couverture s'affiche une brève biographie du savant japonais qui serait « membre du Tokyo Scientific Institute ». Dans une autre série, Dedieu reprend le procédé en s'adaptant aux nouvelles exigences paritaires : il emprunte l'identité d'une certaine Mitsuki Mei, qu'il présente comme une nièce de Tatsu Nagata, une artiste, qui se consacre aux livres pour la jeunesse pour tenter de répondre aux innombrables interrogations posées par les enfants : les titres de ses livres commencent par « pourquoi » et quatre d'entre eux portent sur des insectes charismatiques – abeilles, fourmis, libellules et coccinelles[38] – mais cette fois les réponses, fantaisistes jusqu'à l'absurde, n'ont rien de scientifique. Dedieu met aussi en scène un personnage « surnuméraire », sans équivalent dans le monde réel, le naturaliste polyvalent Magnus Philodolphe Pépin, qui est à la fois botaniste, minéralogiste et entomologiste. Âgé de 327 ans, de taille minuscule, à l'échelle du monde qu'il observe, il a pour assistant un grillon et il livre ses remarques sur la nature dans plusieurs « carnets de curiosités[39] ». Enfin, l'animal figurant souvent en substitut de l'enfant

36 La liste est loin d'être close, par exemple Ségolène Le Men mentionne les chromos publicitaires sur planches du XIXe siècle qui permettaient aux enfants de se constituer des collections, *op. cit.*, p. 65.

37 Thierry Dedieu, *Les sciences naturelles de Tatsu Nagata*, Paris, Seuil Jeunesse, de 2006, à 2019 : Fourmi, Pyrrhocore, Phasme, Abeille, Moustique, Coccinelle, Libellule, Pou.

38 Mei Mitsuki, *Pourkoâ les coccinelles, Pourkoâ les libellules* en 2013, *Pourkoâ les fourmis, Pourkoâ les abeilles* en 2014, Petite plume de carotte.

39 Thierry Dedieu, *Comme une soudaine envie de voler. Carnet de curiosités de Magnus Philodolphe Pépin* ; *Petit carnet de curiosités de Philodolphe Pépin*, Toulouse, Petite Plume de carotte, 2011 et 2014. En petit format, deux albums en 2014 : *Petit carnet de curiosités de Magnus Philodolphe Pépin L'escargot*, et *Le pissenlit.*

dans les livres pour la jeunesse, Dedieu crée pour les tout-petits la série « Bob et Marley » dont les héros sont des oursons qui mènent l'enquête pour aider à comprendre les mystères du monde : dans *L'hôtel à insectes*[40], l'aîné initie le plus jeune à la connaissance et à la protection des insectes.

Signe des temps, on note la présence de plusieurs personnages d'entomologistes au féminin dans les ouvrages publiés au cours de la dernière décennie. L'album de Paul Beck, *Étonnants insectes*[41], traduit de l'américain, porte pour sous-titre *Journal de bord d'une entomologiste*, nommée Randall Barnes, qui dans les années 1920 effectue dans les forêts tropicales d'Amérique Centrale une mission financée par le musée d'Histoire naturelle de Harvard, à Boston. On trouve aussi plusieurs femmes entomologistes dans les romans. Dans *Miss Charity*[42], Marie-Aude Murail s'inspire de la vie de Beatrix Potter (1866-1943) qui se passionna pour l'observation de la nature, mais fut empêchée par son genre de faire une carrière scientifique et devint la célèbre créatrice d'albums que l'on sait, grâce à sa fratrie de lapins. Le roman de Reif Larsen, *L'extravagant voyage du jeune et prodigieux T. S. Spivet*[43], présente toute une lignée de scientifiques : une aïeule initiée à la science à l'époque victorienne, une mère entomologiste rigoureuse et passionnée et le personnage éponyme lui-même, préadolescent surdoué dont les dessins minutieusement légendés prennent place dans les marges du livre.

Plus stimulant pour le jeune lecteur, et dès le XIXe siècle, c'est bien ce personnage d'enfant qui « devient figure et modèle du savant[44] ». Tout absorbés dans l'observation de la nature et des insectes, les entomologistes en herbe racontent l'histoire d'une vocation. Ce qui rejoint le constat de Valérie Chansigaud sur les textes autobiographiques des naturalistes :

---

40 Frédéric Marais, Thierry Dedieu, *L'hôtel à insectes*, Seuil, 2019.

41 Paul Beck, ill. Mark Dando et Ryan Hobson, *Étonnants insectes. Journal de bord d'une entomologiste*, trad. Josette Gontier, Casterman, 2010.

42 Marie-Aude Murail, *Miss Charity*, Paris, L'École des loisirs, 2008.

43 Reif Larsen, *L'extravagant voyage du jeune et prodigieux T. S. Spivet*, trad. de l'angl. (US) par Hannah Pascal, NIL éditions, 2010 [*The Selected Works of T. S. Spivet*, 2009]. Voir l'article d'Alizon Pergher « Une figure d'entomologiste en marge : le Dr Clair à la recherche de la Cicindèle Vampire dans *L'extravagant voyage du jeune et prodigieux T. S. Spivet* » dans Christiane Connan-Pintado (dir.), *L'insecte au miroir des livres pour la jeunesse. Présences, représentations, discours* (à paraître).

44 Ségolène Le Men, « La science enfantine et l'apprentissage du regard », *La Science pour tous*, Paris, RMN, 1994, p. 60-71 et 86-92 (catalogue de l'exposition présentée au musée d'Orsay du 14 mars au 12 juin 1994), p. 61.

> [...] tous, ou presque, ont acquis le goût pour la nature et son observation dès leur plus tendre enfance. Loin d'être un frein à cette fascination, l'acquisition des connaissances scientifiques leur a permis, au contraire, de développer le plaisir qu'ils ressentaient dans la fréquentation de la nature. Qu'ils soient professionnels ou amateurs, les savants continuent toute leur vie à ressentir ce frisson devant les merveilles de la nature. La science ne garantit pas de devenir un meilleur auteur ou un plus fin poète mais elle permet de ressentir bien plus d'émotions devant la complexité du monde simplement parce qu'on est capable de la voir[45].

L'ENFANT ENTOMOLOGISTE

La présentation du numéro de la revue *Critique* consacré aux « vivants minuscules », décrit le regard de l'entomologiste comme « inquiétant, [...], froid, analytique, qui dissèque et écartèle[46] ». Nous verrons que, dans les livres pour la jeunesse, ce regard curieux et fasciné s'accompagne tout au contraire de sympathie, et même d'empathie pour une classe animale pourtant si étrange, si souvent ignorée, redoutée ou rejetée.

Dans la mesure où l'édition pour la jeunesse se développe parallèlement au marché des manuels scolaires, elle se situe à la marge du cadre contraint de l'école et offre parfois pour modèles des héros qui s'en affranchissent pour observer la nature et se mettre à son école. Le récit des sœurs Pasley commence ainsi :

> Quand nous étions enfants, ma sœur Madeleine et moi, nous préférions courir après les scarabées et les papillons que suivre nos cours à l'école. Nous avons expliqué à nos gouvernantes successives que nous préférions étudier l'ENTOMOLOGIE que l'ARITHMÉTIQUE, mais aucune d'entre elles n'était intéressée par les scarabées et toutes ont continué à nous imposer des opérations[47].

---

45 Valérie Chansigaud, *Enfant et nature. À travers trois siècles d'œuvres pour la jeunesse*, Paris, Delachaux et Nietslé, 2016, p. 57-58.

46 « Présentation », *Critique*, n° 803, avril 2014, p. 291.

47 Madalene and Louisa Pasley, *op. cit.* "When we were young my sister Madalene and I preferred chasing beetles and butterflies to lessons in the schoolroom. We explained to a series of daily governesses that we would rather study ENTOMOLOGY than ARITHMETIC but none of them was interested in beetles and all of them persisted in setting us sums." (n. p.)

Dans le roman de Vamba, *Ciondolino*, publié en 1895 et traduit en 1922 sous le titre *Gigi parmi les insectes*, le chapitre inaugural s'intitule « Comment la paresse fit naître chez trois enfants le désir d'être plus bêtes qu'ils n'étaient » et il met en scène deux frères et une sœur qui font le vœu de se transformer en insecte pour échapper à l'étude. Gigi déclare « Plutôt que d'apprendre la grammaire latine, je préfèrerais être changé en fourmi [...], une de ces fourmis qui vont en procession, toutes à la file et qui ne font rien d'autre que de se promener du matin au soir[48] ». Après sa métamorphose, il expérimente la condition de fourmi à son échelle, et sera détrompé sur cette prétendue sinécure, tandis que le lecteur partage son destin tout au long d'un roman qui intrique informations scientifiques et aventures mouvementées.

Dans les ouvrages plus réalistes, partir en quête des insectes pour examiner ces figures de l'altérité implique d'explorer un territoire – le jardin ou la forêt –, de se munir d'instruments – loupe, microscope, filet à papillons –, de mettre en place des dispositifs spécifiques propres à favoriser l'observation sur le terrain, à la manière de Fabre. Les documentaires fictionnalisés qui relèvent de « l'information narrativisée » relatent souvent une excursion naturaliste. En 1974, l'épisode consacré aux insectes de la très pédagogique série « Achille et Bergamote » met en scène un duo mixte d'enfants qui part en forêt à des fins d'observation[49] : la fillette prépare un contrôle pour l'école et son petit camarade, qui vient de recevoir un appareil photo, propose de lui fournir des images pour son cahier de travaux pratiques. Les fragments narratifs et le dialogue des deux personnages ponctuent et animent les pages documentaires illustrées. On note que le comportement des enfants reflète les premières inquiétudes d'une sensibilité écologique au début des années 1970 : lorsqu'un insecte est capturé dans le filet à papillons, c'est uniquement pour être examiné, après quoi il est relâché[50]. Une autre série, très récente, les « Enquêtes au Muséum » de Laurence Talairach, est construite sur le même modèle, tout en privilégiant l'aventure et les péripéties car ses trois héros font en cachette des sorties nocturnes

48 Vamba, *Gigi parmi les insectes*, trad. et adapt. de l'italien par la comtesse de Gendé, Paris, Albin Michel, 1923, p. 7.

49 Alain Grée, *Les insectes*, série « Achille et Bergamote », Casterman, 1974.

50 *Id.*, p. 20 : « C'est une sauterelle. Elle fait de tels bonds que nous ne parviendrons jamais à la photographier. – Attends, je vais chercher mon filet à papillons. Nous lui rendrons sa liberté sitôt la photo prise ».

pour s'introduire dans des musées. Dans l'épisode intitulé *Le papillon du bout du monde*[51], ils visitent une serre aux papillons, en quête du *Troides Croesus* découvert par Wallace en Indonésie. Diffusées chaque fois que les enfants découvrent un insecte étonnant, les explications fournies par les écrans ou les affichages du musée facilitent l'abord des phénomènes observés, par exemple le mimétisme des phasmes. En contrepoint du récit rocambolesque, des annexes documentaires renseignent sur les savants cités et les insectes observés.

Les romans qui tiennent plutôt de la « narration informée », attestent une ambition plus littéraire, et fouillent davantage leurs personnages pour favoriser l'identification du lecteur. Paul Reboux – que l'on connaît surtout pour ses pastiches –, publie en 1932 *Gérard et les fourmis* où il raconte la naissance et le développement d'une vocation quand le héros enfant commence à observer les fourmis, d'abord à l'œil nu, puis muni d'une loupe. Après quelques recherches dans le dictionnaire, il s'interroge sur le comportement intriguant de ces insectes et se donne pour mission de se consacrer à leur observation :

> Comme ces petites bêtes sont drôlement faites ! pensa-t-il. Comme elles sont différentes de nous ! À quel instinct secret obéissent-elles ? Ont-elles un cerveau comme le nôtre ?
>
> Il se promit de passer ses loisirs de vacances à étudier ces fourmis. Il leur avait prêté déjà de l'attention. Aussi, lui paraissaient-elles sympathiques. Nous aimons ce qui nous intéresse[52].

Parti en expédition dans la forêt, il s'arrête devant une fourmilière et « décid[e] de pratiquer une longue et minutieuse observation » pour laquelle il conçoit un ingénieux dispositif : « Il se munit d'un fragment de verre, provenant d'une vitre de serre. Avec une pelle, il enleva une portion de fourmilière. En même temps, il appliqua le verre sur la partie laissée intacte pour l'empêcher de s'effondrer. Ainsi, il put observer, en coupe, ce qui se passait dans la demeure mystérieuse[53]. » Chapitre après chapitre, Gérard multiplie les dispositifs d'observation, se fait offrir un microscope, alterne et confronte documentation livresque et expérimentation,

51 Laurence Talairach, *Enquêtes au Muséum, Le papillon du bout du monde*, *op. cit.*

52 Paul Reboux, ill. A.-M. Lepetit et Jodelet, *Gérard et les fourmis*, Paris, Flammarion, 1932, p. 13-14.

53 *Id.*, p. 16.

explicite et décrit sa méthode à une petite camarade dans des récits qui n'échappent pas à l'anthropomorphisme. Pour donner un exemple, il teinte de bleu de méthylène une goutte de miel qu'il fait goûter à une fourmi « dont le corps jaune, et presque incolore, offrait une transparence utile à » son expérience, puis il replace la fourmi bleuie avec les autres :

> Celles-ci, voyant que la nouvelle venue semblait avoir fait un excellent repas, l'entourèrent aussitôt, et firent mine de l'embrasser gentiment, comme si elles eussent été ravies de la retrouver.
>
> Gérard laissa quelques instants s'écouler. Après cette série d'embrassades, il examina ses prisonnières. Toutes s'étaient également colorées d'azur.
>
> Cela prouvait bien que la provision de miel amassée par la première fourmi avait été généreusement transmise aux autres[54].

Pour résumer rapidement la suite du roman, Gérard poursuit ses investigations en Afrique où son père a été affecté, il prend des notes sur les fourmis tropicales dans un carnet. De retour à Paris, un concours de circonstances lui donne l'occasion de communiquer ses connaissances lors d'une émission à Radio France. En somme, le roman décrit une carrière d'entomologiste à l'usage de l'enfance.

Autre exemple, tout récent cette fois, les deux volumes de Jacqueline Kelly, traduits de l'américain, et centrés sur le personnage de Calpurnia[55], la narratrice, une adolescente que son grand-père initie à l'observation de la nature à la fin du XIXe siècle. La fiction se place sous le parrainage de Darwin car chaque chapitre porte en épigraphe une citation du *Voyage d'un naturaliste autour du monde* pour le tome premier et de *L'origine des espèces* pour le second. À la fois scientifique rigoureux et partisan de la pédagogie active, ce grand-père n'a qu'une seule consigne : « Observe, décris, note, analyse[56] ». Auprès de lui, l'adolescente apprend à regarder et pour faire des découvertes, elle sait, comme Fabre dans son Harmas, qu'il n'est point besoin d'aller bien loin : « Notre monde aurait pu paraître sans intérêt à des yeux inexercés, mais la vie palpitait partout pour qui savait où regarder. Et surtout comment regarder[57] ». Lorsque Calpurnia

54 *Id.*, p. 47-48.

55 Jacqueline Kelly, *Calpurnia*, L'École des loisirs, « Médium », 2013 [trad. de l'angl. Diane Ménard, *The Evolution of Calpurnia Tate*, 2009], 420 p. et *Calpurnia et Travis*, 2017 [trad. de l'angl. Dominique Kugler, *The Curious World of Calpurnia Tate*, 2015], 367 p.

56 Jacqueline Kelly, *Calpurnia et Travis*, *ibid.*, p. 257.

57 *Id.*, p. 7.

s'interroge sur les sauterelles vertes et jaunes du jardin, son grand-père la laisse observer et réfléchir jusqu'à ce qu'elle comprenne ce qui s'est produit :

> Soudain, je compris. Il n'y avait pas de nouvelle espèce. Il n'y avait qu'une seule sorte de sauterelles Celles qui étaient nées un peu plus jaunes vivaient plus longtemps dans la sécheresse. Les oiseaux ne pouvaient pas les distinguer dans l'herbe desséchée. Les plus vertes, celles que les oiseaux repéraient, ne duraient pas assez longtemps pour grossir. Seules les plus jaunes subsistaient, parce qu'elles étaient mieux adaptées à la survie en cas d'été torride. Mr Charles Darwin avait raison. J'en avais la preuve dans mon propre jardin[58].

Incitée à observer la nature, Calpurnia se dote d'un carnet qu'elle montre avec fierté :

> C'est mon carnet de sciences, dis-je pompeusement. [...] J'écris dedans tout ce que je vois. Regardez, c'est la liste de ce que j'ai observé ce matin.
> Observer n'était pas un mot que j'employais normalement dans la conversation, mais je voulais lui montrer mon sérieux[59].

Calpurnia apprend de son grand-père la méthode scientifique : « Bonpapa m'avait appris qu'un carnet de notations scientifiques consistait en un ensemble de faits et que les opinions n'y étaient pas admises[60]. » Elle noircit un carnet entier « d'innombrables Questions et de quelques Réponses, de diverses observations et de croquis[61]. » Les expérimentations sont suivies de mises au point théoriques :

> Il me raconta alors des choses stupéfiantes. Il me parla des méthodes qui permettent de trouver la vérité dans toutes sortes de domaines, et qui ne consistent pas simplement à rester assis et à réfléchir comme Aristote (un monsieur grec intelligent quoique confus), mais à sortir, à regarder de ses propres yeux, à émettre ses propres Hypothèses, à concevoir ses Expériences, à tester par l'Observation, et à aboutir à une Conclusion. Ensuite, il fallait sans cesse remettre en question cette Conclusion[62].

Ce roman qui raconte la naissance d'une vocation de scientifique se situe dans l'Amérique puritaine et corsetée de la fin du XIXe siècle,

58 Jacqueline Kelly, *Calpurnia*, *op. cit.*, p. 29.
59 *Id.*, p. 37.
60 *Id.*, p. 369.
61 Jacqueline Kelly, *Calpurnia et Travis*, *op. cit.*, p. 59.
62 *Id.*, p. 44.

et témoigne de l'engagement récurrent des ouvrages contemporains pour la jeunesse au service de la cause féminine. Calpurnia, à qui on apprend à l'école la broderie et les arts ménagers, regimbe devant le conditionnement que l'on voudrait lui imposer. Lorsqu'elle demande à son grand-père « si les filles peuvent devenir des savants, elles aussi », il énumère des noms des femmes de science qui ont marqué l'histoire, ce qui la réconforte : « Je n'étais pas seule, n'est-ce pas ? J'avais appris qu'il y avait d'autres gens de mon espèce sur terre[63]. »

LA PART DE L'IMAGE

Les deux romans de Jacqueline Kelly ont été adaptés en bande dessinée[64], preuve de leur succès, et de la volonté de diffuser leurs aventures auprès d'un plus large lectorat, grâce aux atouts de l'image, si prégnante en littérature de jeunesse, mais aussi dans ses liens avec la science : Ségolène Le Men rappelle à propos des cabinets anciens que « l'histoire naturelle était jointe à l'histoire de l'art[65] » et Jean-Marc Drouin fait le même constat à propos des insectes et des « multiples images qu'en ont tirées la littérature ou les arts plastiques. L'histoire des sciences rejoint ici l'histoire de l'art[66]. ». La double vocation de Maria Sibylla Merian illustre cette conjonction.

Dans les livres pour la jeunesse, l'image supplée ou étaie la description telle qu'ont pu la pratiquer les naturalistes par le passé pour donner à voir « Le détail du monde ». Il ne s'agit pas seulement de compenser « L'art perdu de la description de la nature », pour citer titre et sous-titre de l'essai de Romain Bertrand, mais de faciliter la transmission des connaissances grâce à un support visuel dont les vertus pédagogiques ne sont plus à prouver. Les descriptions de Fabre, spécialiste de l'ekphrasis,

63 Jacqueline Kelly, *Calpurnia*, *op. cit.*, p. 317-319. Jean-Marc Drouin cite également plusieurs noms de femmes entomologistes, et en particulier de dessinatrices, *op. cit.*, p. 71.

64 Daphné Collignon, *Calpurnia*, Rue de Sèvres, 2 t., 2018. C'est également le cas de *Miss Charity* de Marie-Aude Murail chez le même éditeur, Loïc Clément et Anne Montel, tome 1, *L'enfance de l'art*, 2020.

65 Ségolène Le Men, « La science enfantine et l'apprentissage du regard », *op. cit.*, p. 67.

66 Jean-Marc Drouin, *Philosophie de l'insecte*, *op. cit.*, p. 51.

sont si précises, détaillées et vivantes qu'elles parviennent à faire partager tous les événements d'une vie d'insecte et peuvent se passer d'images ; néanmoins, lorsque ses écrits sont transmis à un jeune lectorat, ils sont systématiquement illustrés. Pour prendre l'exemple des pages consacrées à la Mante religieuse dans l'album *Bestioles*[67]..., illustré par Sylvie Bessard, les choix iconiques et de mise en page miment la description de Fabre pour la mettre en valeur : le découpage du texte s'adapte aux images séquentielles qui montrent les différentes scènes, les changements de format se placent au service de la lecture, avec des inserts pour grossir un détail ou une pleine page pour rendre l'insecte impressionnant lors des moments les plus intenses. Grâce à ces procédés, les amours de la Mante sont habilement scénarisées, assorties de quelques logos : un petit cœur et les symboles du masculin et du féminin accompagnent le moment de la rencontre que Fabre lui-même raconte de manière si imagée que cela justifie les choix de l'illustratrice :

> Le mâle, fluet amoureux, juge le moment propice. Il lance des œillades vers sa puissante compagne ; il tourne la tête de son côté, il fléchit le col, il redresse sa poitrine. Sa petite frimousse pointue est presque un visage passionné. En cette posture, immobile, longtemps il contemple la désirée. Celle-ci ne bouge pas, comme indifférente.

On retrouve dans les documentaires pour la jeunesse les contraintes et les codes de la représentation des insectes tels que les analysent Jacques d'Aguilar et ses co-auteurs[68] : le rôle du dessin, de la photographie et aujourd'hui de l'entomo-infographie, les postures imposées pour relever le défi de donner à voir le mieux possible le détail des formes, des couleurs et des textures. Les trois techniques peuvent se conjuguer, comme dans les « petits carnets de curiosités » de Magnus Philodolphe Pépin, le lutin savant de Thierry Dedieu, qui prennent la forme d'un *leporello* coloré où se mêlent représentations réalistes et fantaisistes, pour répondre à la double vocation du livre de jeunesse. Au-delà de l'image, c'est en trois dimensions que l'album *Étonnants insectes* invite le jeune lecteur à participer à l'aventure entomologique : il est accompagné d'un diorama, dont les volets déploient un paysage de forêt tropicale, et tous

67 Jean-Henri Fabre, ill. Sylvie Bessard, *Bestioles...*, *op. cit.*, p. 38-43.

68 Jacques d'Aguilar, Remi Coutin, Alain Fraval, Robert Guilbot, Claire Villemant, *Les illustrations entomologiques*. INRA Éditions, Versailles, 1996.

les insectes observés (Morpho bleu, Dynaste Hercule, Mante Carolina, Membrax, etc.) sont présentés en pièces détachées, qu'il faut reconstituer pour les replacer dans leur environnement.

La frontière entre documentaire et fiction reste ténue en raison d'une tendance à l'anthropomorphisme propre à faciliter l'accès au monde des insectes. L'artiste Colette Portal s'en explique dans l'introduction de l'album, *La Vie d'une Reine*[69], où elle confie sa fascination pour l'univers des fourmis. Après avoir lu Maeterlinck, von Frisch et Fabre, elle commence à dessiner des fourmis à la plume et, en s'attachant à la réalisation de ses images, elle va jusqu'à dire « je devins fourmi » : « Cette aventure en terre inconnue, au ras du sol, me passionna au-delà de mes ignorances et m'apprit que dans le monde du tout petit peut vivre un royaume. De cette histoire du monde animal où la tendresse ne semble pas apparente, je fis une histoire humaine, où les rites les plus ordinaires ressemblent à ceux des humains. » Documenté avec précision, l'album qui associe encre de Chine, aquarelle et pastel, anthropomorphise les fourmis avec délicatesse, par la station debout, un décor, quelques accessoires, c'est une réussite remarquable qui justifie sa récente réédition, un demi-siècle après sa première publication.

Nos entomologistes de fiction usent aussi des images : dans les marges du roman de Reif Larsen, le jeune T. S. Spivet dessine avec précision et à l'échelle les insectes étudiés par sa mère, le Dr Clair. De même, dans *Muséum. Petite collection d'ailes et d'âmes trouvées sur l'Amazone*[70], journal intime d'un entomologiste poète et esthète, Frédéric Clément reproduit minutieusement les papillons qui sont le tremplin de sa rêverie à chaque étape de l'ouvrage. En revanche, les sœurs Pasley ne se souciaient guère de réalisme lorsqu'elles mettaient en image leur passion des insectes dans leur album. Le mot « album » désigne dans ce cas l'objet éditorial singulier inventé à l'époque romantique[71], un livre blanc, conformément à l'étymologie du mot, qui était offert aux enfants pour recueillir images et morceaux choisis. Alors qu'elles ont entre 12 et 16 ans, les deux jeunes filles font le choix de se représenter en vieilles demoiselles à lunettes,

69 Colette Portal, *La Vie d'une Reine*, Paris, Michel Lagarde, 2016 [Hatier, 1964].

70 Frédéric Clément, *Muséum. Petite collection d'ailes et d'âmes trouvées sur l'Amazone*, Paris, Albin Michel, « Ipomée », 1999.

71 Ségolène Le Men, « Le romantisme et l'invention de l'album pour enfants », *Revue française d'histoire du livre*, n° 82-83, Société des Bibliophiles de Guyenne, 1994, p. 145-175.

chapeaux et ombrelles. De plus, pour se rapprocher davantage de leur objet d'étude, elles se dessinent à l'échelle des insectes qu'elles observent et affrontent au cours de séquences héroï-comiques dont elles rendent compte de manière jubilatoire par le texte et par l'image.

Observer et décrire, ces deux verbes qui résument la démarche de l'entomologiste, renvoient aussi à celle de l'écrivain qui se nourrit de l'observation du monde pour en décrire les rouages à travers le filtre de ses phrases, à celle de l'enseignant qui met en œuvre une pédagogie active, ainsi qu'à celle du critique, donc la nôtre lorsque nous parcourons le champ éditorial du livre de jeunesse que nous nous attachons à observer, décrire et analyser en quête des insectes qu'il recèle.

Les livres pour la jeunesse reflètent la fascination exercée par le monde des insectes qu'il s'agit de regarder de plus près pour familiariser l'enfant avec ses formes et ses rites. Aussi les méthodes les plus récréatives sont-elles privilégiées : tous les moyens sont bons pour intéresser, mettre en valeur, divertir, surprendre en prenant pour guides des savants avérés ou débutants dont le lecteur est invité à partager les émois et les aventures. Si l'observation est requise, la description cède souvent le pas devant la puissance de l'image qui capte et impressionne le regard. Aussi, pour terminer, laisserons-nous la parole à Michel Defourny lorsqu'il décrit le pouvoir des livres d'images qui aident les enfants « à découvrir le monde et à réfléchir » :

> Au lieu de transmettre « la connaissance » à des lecteurs censés apprendre, ces albums éveillent la curiosité et la rêverie, ils entraînent à l'observation, ils révèlent la complexité d'un domaine, ils accusent la règle établie, ils invitent à l'expérimentation, ils suscitent l'imagination interprétative ou développent l'esprit de recherche de l'enfant amoureux de cartes et d'estampes[72].

Christiane CONNAN-PINTADO
Université de Bordeaux

72 Michel Defourny, *De quelques albums qui ont aidé les enfants à découvrir le monde et à réfléchir*, Paris, L'École des loisirs, « Archimède », 2003, p. 6.

LA SCIENCE NATURELLE D'EUGÈNE DELACROIX

Eugène Delacroix, qui a vécu l'essentiel de sa vie à Paris, avoue à George Sand être « né pour l'air, la campagne, les bœufs[1] ». Ce paradoxe a ses raisons. Le campagnard contrarié reste attaché à la capitale parce qu'il sait que c'est là que se font les carrières, et qu'il peut hanter les salons et les lieux de pouvoir afin d'obtenir les commandes de ses « grandes murailles[2] » : les bibliothèques du Sénat et du Palais-Bourbon, la galerie d'Apollon du Louvre, la chapelle des Saints-Anges de l'église Saint-Sulpice et bien d'autres aussi prestigieuses.

Précisons cependant que, même si Delacroix s'en plaint, ces mondanités obligées ne sont pas pour lui déplaire car sa sauvagerie est largement tempérée par son naturel sociable. Charmant compagnon, il aime fréquenter ses semblables et s'entretenir avec eux. La conversation fait même partie des grands plaisirs de sa vie, mais c'est un plaisir dangereux, qui dérobe du temps à son travail et menace son « pauvre larynx[3] » sujet à de fréquentes extinctions de voix. Baudelaire se souvient que Delacroix la redoutait comme « une débauche » et « une dissipation où il risquait de perdre ses forces[4] ».

Au fil des années, il éprouve donc le besoin de se délivrer de la tentation de la causerie et de sa « caserne de Paris[5] », ce « gouffre empesté[6] » où il étouffe. Alors à quarante-six ans, afin d'assouvir son besoin de liberté et de nature, Delacroix loue puis achète une maison de campagne, qui

1 Eugène Delacroix, Lettre à George Sand, 8 septembre 1843, *Correspondance générale*, édition d'André Joubin, Paris, Plon, 1936-1938, II, p. 150. Sauf exceptions signalées, toutes les citations de la correspondance de Delacroix renvoient à cette édition.

2 Eugène Delacroix, Paris, 30 juin 1854, *Journal*, édition de Michèle Hannoosh, Paris, Corti, 2009, p. 789. Les citations tirées du *Journal* de Delacroix renvoient à cette édition.

3 Eugène Delacroix, Lettre à A. Lamey, 28 juillet 1857, *Correspondance générale*, III, p. 400.

4 Charles Baudelaire, *L'œuvre et la vie d'Eugène Delacroix*, *Œuvres complètes*, Pléiade, II, p. 704.

5 Eugène Delacroix, Lettre à J. de Forget, 14 août 1860, *Correspondance générale*, IV, p. 193-194.

6 Eugène Delacroix, Champrosay, 17 avril 1854, *Journal*, p. 753.

existe toujours. Elle est située à trente kilomètres de Paris, plus précisément à Champrosay, un village dépendant aujourd'hui de la commune de Draveil, dans le département de l'Essonne. Si, pour les aimables Goncourt, cette modeste habitation est une « maison de notaire de village dans la débine[7] », pour l'artiste, elle est un petit paradis où il se sent à la fois libre et protégé, tout au « bonheur de n'être jamais dérangé[8] ». Dans sa vie de « loisirs occupés[9] » où alternent les moments de travail et de paresse heureuse, il se laisse captiver par la nature environnante : son jardin de curé, les champs et la forêt de Sénart toute proche.

Principal poste d'observation, Champrosay n'est pas le seul. Delacroix observe également la nature à Paris, au Jardin des Plantes et à celui du Luxembourg ; en Normandie, près de Fécamp, chez ses cousins de Valmont ; à Nohant, chez George Sand ; à Augerville, dans le Loiret, chez son cousin l'avocat Pierre-Antoine Berryer. Le peintre élargit son horizon lorsqu'il va soigner ses fragiles voies respiratoires à Dieppe et dans les villes d'eaux : Eaux-Bonnes et Plombières en France, Ems et Baden en Allemagne. Enfin, en 1832, un heureux concours de circonstances lui permet d'aller beaucoup plus loin, et de visiter le Maroc où il séjourne durant six mois.

À Champrosay ou ailleurs, Delacroix fait de la nature le sujet de nombreuses descriptions, qu'il développe dans sa correspondance et davantage encore dans son *Journal* bigarré mêlant méditations morales et esthétiques, coupures de presse, listes d'adresses, comptes, horaires de chemin de fer et recettes de cuisine. Les descriptions de la nature, qui font partie de cette bigarrure, ont pour objet les paysages, les végétaux et les animaux, dont les insectes, le thème d'aujourd'hui. Leur présence étant limitée dans les écrits de l'artiste, j'ai élargi mon propos en les plaçant dans une perspective plus générale.

À la lecture du *Journal*, on constate que Delacroix observe la nature à partir de points de vue différents : en curieux, en philosophe, en romantique et en peintre, mais jamais en savant, une catégorie d'hommes pour laquelle il éprouve une profonde aversion. Étant donné qu'il définit son regard sur la nature à partir de ce sentiment hostile, c'est par lui que nous allons commencer.

---

7 Edmond et Jules de Goncourt, 8 octobre 1877, *Journal*, édition de Robert Ricatte, Paris, Robert Laffont, « Bouquins », 1989, II, p. 751.

8 Eugène Delacroix, 30 avril 1854, *Journal*, I, p. 761.

9 Eugène Delacroix, Lettre à Joséphine de Forget, 9 octobre 1853, citée dans le *Journal*, I, p. 684.

LA HAINE DES SAVANTS

Delacroix est un esprit curieux qui se nourrit de littérature, d'histoire, de philosophie et de science. Parmi ses lectures figurent en effet des articles scientifiques, qu'il trouve dans *Le Moniteur*, *Le Globe*, la *Revue britannique* et la *Revue des Deux Mondes*. Après les avoir lus, il retient ceux qui l'intéressent ou l'amusent, et les insère dans son *Journal* en les accompagnant d'un commentaire souvent désobligeant. C'est là un des nombreux paradoxes de Delacroix : il aime la science, mais pas ceux qui la font. Il réprouve notamment leur méthode, qui est à l'opposé de la sienne. Delacroix, lui, s'immerge dans la nature pour mieux la connaître. Auprès d'elle, il sent sa curiosité intellectuelle stimulée. À Champrosay, dit-il, « le sens savant s'éveille chez moi plus actif que dans la ville[10] » ; « tout m'intéresse et fait rêver. Je deviendrais un vrai savant si j'étais souvent à la campagne en présence de tous ces problèmes posés nettement et sans l'intermédiaire des livres[11]. »

Delacroix affirme, qu'à l'inverse de lui, les savants observent la nature à distance et de manière indirecte : « Ces imbéciles [les savants] vivent dans leur cabinet, ils le prennent pour le sanctuaire de la nature. Ils se font envoyer des squelettes et des herbes desséchées, au lieu de les voir baignées de rosée[12]. » Delacroix est convaincu que cette démarche les égare car on étudie la nature dans la nature justement, et non dans les livres ou à travers une lunette astronomique. Cet outil leur permet sans doute de mieux voir le ciel avec l'œil, mais pas avec l'esprit : « la lunette n'est pas fabriquée qui leur montre les rapports des choses[13]. »

Dans le registre de l'infiniment petit, Delacroix n'est pas davantage convaincu de l'utilité du microscope, en particulier chez le Genevois Charles Bonnet qui, durant trente-quatre jours, a observé les accouchements successifs d'une puceronne androgyne au point de devenir aveugle. Loin de s'apitoyer sur le sort du naturaliste, Delacroix tourne en dérision son « sujet de méditation » :

10 Eugène Delacroix, Paris, 6 mai 1852, *Journal*, p. 590.

11 Eugène Delacroix, Lettre inédite à Augustin Varcollier, 7 mai 1852, *in Journal*, p. 590.

12 *Ibid.*

13 Eugène Delacroix, Champrosay, 6 mai 1852, *Journal*, p. 1724-1725.

> Était-il bien nécessaire qu'un brave philosophe perdît tant de temps et surtout perdît les yeux, si utiles pour tant de choses, afin de s'assurer que le *péché d'Onan* était véniel pour la race puceronne dans les décrets de la Providence, et qu'il pouvait en résulter un nombre infini de générations d'affreux animaux ? Le philosophe eût fait un emploi plus raisonnable de son temps, s'il eût découvert un moyen de mettre obstacle à une pareille fécondité en détruisant pucerons et puceronnes. Quel chapitre à ajouter à celui qui traiterait de l'inutilité des savants et surtout des pucerons[14] !

L'expérience de Charles Bonnet conforte Delacroix dans sa conviction que, loin de faire progresser la science et de mieux comprendre la nature, le microscope borne au contraire le regard des savants et renforce leurs défauts. D'abord l'inutilité : il n'a pas permis à Bonnet d'œuvrer au « bonheur » et au « plaisir de l'humanité[15] ». Ensuite la vanité : la lunette et le microscope sont des parures qui, telle la robe des médecins de Molière, donnent de l'importance à « ces messieurs », qui « ne trouvent pas la simple observation digne de leur génie ; ils veulent pénétrer plus avant, et font des systèmes du fond de leur bureau qu'ils prennent pour un observatoire[16] ». Et enfin, troisième défaut de « ces messieurs » : la stupidité. Leurs instruments optiques ne les aident pas à percevoir les relations entre les divers éléments de la nature. Au contraire, ils gênent ou même faussent leur vision, et les éloignent du simple bon sens, auquel Delacroix est très attaché.

En effet, sur le chapitre de l'observation de la nature, Delacroix n'est pas un esprit spéculatif. En science, comme en art, il rejette les théories, les systèmes et les écoles qui brident le génie, entravent la réflexion et favorisent les préjugés y compris dans le raisonnement objectif. Il pense que ces cadres intellectuels rigidifient les connaissances et encouragent la passivité intellectuelle ainsi que le manque d'audace des savants qui se soumettent sans discussion à la doxa en vigueur.

Condamnant leur soumission, Delacroix a de la sympathie pour les francs-tireurs, même s'ils se trompent, même s'ils disent des énormités. C'est par exemple le cas de ce savant américain qui, en 1853, affirme que la lune n'influe pas sur les marées. Sa théorie scandalise ses confrères. Delacroix ne l'approuve pas non plus ; il la trouve même « bien hasardée », mais, dit-il,

14 Eugène Delacroix, *op. cit.*, Dieppe, 6 octobre 1855, p. 961.
15 *Ibid.*
16 *Id.*, Champrosay, 6 mai 1852, p. 1724-1725.

> je suis bien aise qu'il vienne de temps en temps quelque homme assez hardi pour rompre en visière à ces docteurs si sûrs de doctrines qu'ils n'ont pas inventées, en étant incapables, et qui jurent, les yeux fermés, sur la parole de leur maître[17].

La haine de Delacroix est particulièrement vive à l'endroit des sciences récentes, dont la phrénologie, qui ne prouve rien d'autre « que le développement excessif de la bosse de la niaiserie chez les savants[18] ». Et ce qui l'irrite au plus haut point, c'est que cette science est prise au sérieux, et que le siècle investit tous les savants d'un pouvoir immense :

> J'ai amassé contre eux des trésors de bile et presque de vengeance. Je déteste cette engeance froide et envahissante : ce sont les plus sots des hommes, et ce qui augmente ma colère c'est qu'ils gouvernent tout. La révolution, athée qu'elle est, a tout mis dans les mains de la prétendue science, et quand ils ont prononcé suivant les quatre règles, le simple bon sens n'a qu'à se taire[19].

Derrière la colère de Delacroix contre la toute-puissance des savants, on devine un écho à son expérience de peintre. De même qu'en science les savants institutionnels imposent leur loi, en art, l'académie et les davidiens imposent la leur. Ils fustigent ceux qui s'en écartent, dont Delacroix qui a toujours été violemment contesté, en dépit des nombreuses commandes officielles dont il a bénéficié. Précisons qu'il n'est entré à l'Institut qu'au terme de sa septième candidature, et n'a été élu que de justesse, grâce aux voix des musiciens.

Dans sa diatribe, Delacroix parle de la révolution « athée » qui « a tout mis dans les mains de la prétendue science ». Sous ce reproche se profile le romantique qui sacralise la nature en la comparant à un « temple » ou à un « sanctuaire[20] ». C'est pourquoi il est heurté par la démarche conquérante des savants qui se saisissent de la nature comme d'un objet d'étude, un objet qu'ils observent froidement et fouillent sans scrupule pour en épuiser les mystères. Delacroix se réjouit que la nature résiste à leur curiosité sacrilège :

---

17 *Id.*, Paris, 10 novembre 1853, p. 705.

18 Eugène Delacroix, Lettre à Jean-Baptiste Pierret, 19 septembre 1840, *Correspondance générale*, II, p. 62.

19 Eugène Delacroix, Lettre inédite à Augustin Varcollier, 7 mai 1852, in *Journal*, p. 590.

20 Le mot « sanctuaire » est cité dans le *Journal* à la date du 6 mai 1852, p. 1724. Quant au mot « temple », il apparaît dans la citation suivante.

> Nous ne connaissons de la science que des antichambres grossières où le commun des savants se coudoie avec les plus habiles. Ceux-ci entrevoient de temps à autre quelques lueurs qui s'échappent pour eux seuls et encore d'une manière confuse, de l'intérieur du temple où s'enferme la nature[21].

Pour sa part, Delacroix se fait toujours scrupule de s'introduire dans ce temple. Quand, simple promeneur, il s'engage au printemps dans la forêt de Sénart, il a l'impression un peu désagréable d'en troubler l'intimité, de faire fuir les oiseaux et de déranger « mille rendez-vous[22] ». Son respect religieux pour le temple de la nature invalide le savoir scientifique : « Ah ! les oiseaux, les chiens, les lapins ! Que ces humbles professeurs de bon sens, tous silencieux, tous soumis aux décrets éternels, sont au-dessus de notre vaine et froide connaissance[23] ! »

La colère de Delacroix contre les savants est motivée par une raison plus personnelle. S'il supporte si mal le prestige de leur « engeance », c'est parce qu'en tant qu'artiste créateur, il se sent supérieur à eux, y compris à ceux qui ne se fourvoient pas dans des recherches qu'il juge inutiles :

> Les savants ne font autre chose, après tout, que trouver dans la nature ce qui y est. La personnalité du savant est absente de son œuvre ; il en est tout autrement de l'artiste. C'est le cachet qu'il imprime à son ouvrage qui en fait une œuvre d'artiste, c'est-à-dire d'inventeur. Le savant découvre les éléments des choses, si on veut, et l'artiste, avec des éléments sans valeur là où ils sont, compose, invente un tout, crée, en un mot[24].

À la différence de l'observation scientifique, celle du peintre est une observation créatrice. En voici un exemple. En août 1854, Delacroix est assis sur la plage de Dieppe et regarde avec acuité les mouvements de la mer et les variations de sa couleur. À son retour à l'hôtel, il rend compte de son observation en ces termes :

> Dans la promenade de ce matin, étudié longuement la mer. Le soleil étant derrière moi, la face des vagues qui se dressait devant moi était jaune, et celle qui regardait le fond réfléchissait le ciel. Des ombres de nuages ont couru sur tout cela et ont produit des effets charmants : dans le fond, à l'endroit où

---

21 Eugène Delacroix, Champrosay, 16 septembre 1849, *Journal*, p. 1680.

22 Eugène Delacroix, *op. cit.*, Champrosay, 6 mai 1852, p. 590. Voir aussi Eugène Delacroix, Champrosay, 6 mai 1852, *op. cit.*, p. 1725.

23 *Id.*, Champrosay, 6 mai 1852, p. 1725.

24 *Id.*, Dieppe, 2 septembre 1854, p. 821.

> la mer était bleue et verte, les ombres paraissaient comme violettes ; un ton violet et doré s'étendait aussi sur les parties plus rapprochées quand l'ombre les couvrait. Les vagues étaient comme d'agate. Dans ces parties ombrées, on retrouvait le même rapport de vagues jaunes, regardant le côté du soleil, et de parties bleues et métalliques le ciel[25].

Dans cette description, l'accumulation des adjectifs de couleur fait écho à la technique picturale de Delacroix, en rupture avec les usages du temps : à la différence de ses confrères, Delacroix ne mélange pas les couleurs sur la palette, car il a observé que si on procède ainsi on aboutit à des teintes ternes et sales. Son but est au contraire de donner à ses toiles un maximum de lumière, de fraîcheur et d'énergie. Pour obtenir cet effet, il juxtapose des petites touches de couleurs pures, anticipant ainsi les impressionnistes, qui le reconnaissent tous comme leur maître.

Delacroix perfectionne sa technique grâce aux travaux du chimiste Chevreul, preuve qu'il ne déteste pas tous les savants. L'idée est de remplacer le mélange pigmentaire par le mélange optique, c'est-à-dire que les couleurs ne se mêlent plus dans la matière, mais dans l'œil du spectateur, qui doit s'éloigner du tableau pour mieux l'apprécier. Cette découverte, née en partie de l'observation de la nature, conforte Delacroix dans son orgueil d'artiste.

À cet orgueil s'ajoute celui du dandy. En tant que tel, Delacroix est un héritier de l'humaniste, de l'honnête homme et du philosophe, c'est-à-dire, pour reprendre la formule de Baudelaire, « un homme de Loisir et d'Éducation générale[26] ». Or, les savants, eux, sont des spécialistes, et la spécialisation favorise l'érudition, une qualité pour laquelle Delacroix n'a pas d'estime, quel que soit le domaine concerné. Il avoue certes se sentir « dévoré de la passion d'apprendre », mais précise-t-il aussitôt : « Non d'apprendre, comme tant de sots, des choses inutiles ; il y a des gens, qui ne seront jamais musiciens, qui s'instruisent à fond du contrepoint[27] ». Pour Delacroix, un tel savoir ne grandit pas celui qui le possède : il ne lui procure qu'une « satisfaction pédante ». Or, si en sortant du collège l'artiste se sentait animé d'un appétit de savoir encyclopédique, il a rapidement changé :

25 *Id.*, Dieppe, 25 août 1854, p. 815.

26 Charles Baudelaire, *Mon cœur mis à nu*, *Œuvres complètes*, Paris, Gallimard, « Bibliothèque de La Pléiade », I, p. 689.

27 *Id.*, Dieppe, 4 octobre 1855, p. 959.

> Aujourd'hui, dit-il, j'en sais trop pour vouloir rien apprendre en dehors de mon cercle ; je suis insatiable des connaissances qui peuvent me faire grand ; je me rappelle, en m'y conformant par une pente toute naturelle, ce que m'écrivait Beyle : *Ne négligez rien de ce qui peut vous faire grand*[28].

L'orgueilleuse maxime de Stendhal, qui revient fréquemment dans son *Journal*, fonde la morale de Delacroix et sa démarche intellectuelle. Parmi les connaissances qui peuvent le faire grand, il place au premier rang celles qu'il puise dans la nature, et qu'il appréhende par tous les sens et pas seulement par la vue. Le chant du rossignol fait ainsi naître en lui des impressions synesthésiques. Au Jardin du Luxembourg, il est charmé de sa monotonie, qui lui rappelle « la vaste mer. On attend toujours encore une vague avant de s'arracher à son spectacle. On ne peut le quitter[29]. » Delacroix oppose avantageusement son impression marine et poétique à l'observation scientifique de Buffon qui, quand il entend un rossignol, se contente de s'extasier « en naturaliste sur la flexibilité du gosier et les notes variées[30] » du chant de l'oiseau.

Sensible à la beauté harmonique de la nature, Delacroix l'est tout autant à ses manifestations violentes.

UN MONDE VIOLENT

C'est un fait bien connu : Delacroix est fasciné par la violence. Son œuvre abonde en scènes de luttes, de crimes et de batailles. Que l'on songe aux *Massacres de Scio*, à la *Mort de Sardanapale* ou à *La Liberté guidant le peuple*, pour ne citer que les pièces les plus célèbres. Delacroix est aussi l'auteur de nombreux combats de fauves, où la violence est intensifiée par la férocité. Il s'agit là d'œuvres d'imagination car le peintre ne voit pas les fauves en action. Pour les représenter, il s'inspire des paisibles lions du Jardin des plantes, qu'il dessine sur place en vue d'un tableau à venir. Il les dessine mais ne les décrit pas, se contentant de les mentionner, en passant, dans son *Journal*.

28 *Id.*, Paris, 4 octobre 1855, p. 960.
29 *Id.*, Champrosay, 7 mai 1824, p. 155-156.
30 *Ibid.*

En revanche, il décrit précisément et même passionnément un combat de chevaux, auquel il a eu la surprise d'assister au Maroc. Ce combat l'impressionne tellement qu'il en fait plusieurs croquis et le transpose dans un tableau exposé aujourd'hui au Musée d'Orsay, *Chevaux arabes se battant dans une écurie.* Il le raconte aussi à trois reprises dans des récits d'ampleur croissante : le premier, très court, rédigé à chaud, figure dans une lettre à ses amis ; le second, un peu plus long, commente le croquis d'un de ses carnets de voyage ; le troisième, plus développé, est écrit dix ans plus tard dans un ouvrage resté inachevé, *Souvenirs d'un voyage dans le Maroc.*

La scène se déroule à Tanger, lors d'une promenade équestre avec le comte de Mornay, que Delacroix accompagne dans sa mission diplomatique. Ils sont escortés par des soldats et guidés par le consul anglais, un familier des lieux. Excellent cavalier, le consul a une prédilection pour les chevaux difficiles. Ce jour-là, il est comblé car sa monture a la réputation d'être « aussi féroce qu'un tigre[31] ». Réputation vite confirmée : dès la sortie de la ville, sans raison apparente, l'animal attaque le cheval de Mornay. Mornay frappe alors l'agresseur à la tête et aux naseaux. Mais ces coups ne sont que « chiquenaudes » pour l'animal qui continue à mordre la nuque de son adversaire. La lutte s'engage. Le consul, suspendu en l'air, s'accroche aux flancs de sa monture, et finit par tomber. Mornay, qui ne veut pas subir le même sort, prend les devants et met pied à terre avec un sang-froid et une adresse qui font l'admiration de Delacroix. Stupéfait, il assiste alors à

> la lutte la plus acharnée, la plus furieuse qu'on puisse imaginer, entre ces deux animaux excités encore par la retraite forcée de leurs cavaliers. Les ruades, les coups de dents mêlés de petits cris féroces, l'accolade qu'ils semblaient se donner, en se ruant des pieds de devant l'un sur l'autre et en marchant debout sur ceux de derrière, comme deux lutteurs qui s'embrassent pour se déchirer, les naseaux en feu, les yeux lançant des éclairs, tout cela formait un spectacle comme les peintres de chevaux les plus emportés par la verve, comme ni Gros, ni Rubens, dans toute la fougue de leur imagination, n'en ont jamais rêvé. Quelquefois leurs crinières mêlées et retombant sur leur tête les cachaient l'un à l'autre, et les faisaient se mordre au hasard avec encore plus de fureur[32].

Delacroix ne perd rien de la lutte qu'il regarde en artiste, et seulement en artiste, en artiste fasciné par la violence animale sans frein de

31 Eugène Delacroix, *Souvenirs d'un voyage dans le Maroc* in *Journal*, p. 290.
32 *Id.*, p. 291.

cette querelle où, dit-il, « les hommes ne pouvaient rien[33] ». Son récit donne l'impression que le spectacle qu'il a sous les yeux n'est pas un sujet de tableau : il *est* un tableau, un tableau vivant plus puissant que ceux de Gros et de Rubens, les deux maîtres qu'il cite et admire.

Même si les insectes ne peuvent lui offrir des scènes aussi saisissantes, Delacroix constate que la férocité n'est pas absente de leur petit monde. Il la voit même là où elle n'est pas à l'œuvre. Ainsi, lors d'une promenade matinale à Augerville il admire une « multitude de petites toiles d'araignée que le brouillard du matin fait découvrir à l'œil en les chargeant d'humidité ». Mais au lieu de regarder ce bel effet pour lui-même, Delacroix y devine ce qui ne se voit pas, c'est-à-dire la chaîne de prédateurs dont ces toiles seront l'origine : « Quelle quantité de mouches ou d'insectes doivent se prendre dans ces filets pour nourrir les tissandières, et quelle multitude de ces dernières offertes à l'appétit des oiseaux, *etc*[34]. ».

Quand la violence des insectes est manifeste, Delacroix se fait un plaisir de l'accentuer. Il le fait à deux reprises dans deux récits de combats d'insectes qui ont des allures de fable. Le premier, que l'on pourrait intituler « La Mouche et l'Araignée », se situe dans la forêt de Sénart. Delacroix ne s'attarde pas sur la description des personnages : l'araignée n'est pas décrite du tout. Quant à la mouche, il se contente de dire qu'elle appartient à « une espèce particulière », et ajoute à la fin qu'elle est « noire, très longue, et des marques rouges sur le corps ». Ce qui lui importe, ce n'est donc pas l'aspect des deux insectes, mais leur combat :

> Je les vis arriver toutes deux, la mouche acharnée sur son dos et lui portant des coups furieux ; après une courte résistance, l'araignée a expiré sous ses atteintes ; la mouche, après l'avoir sucée, s'est mise en devoir de la traîner je ne sais où, et cela avec une vivacité, une furie incroyables. Elle la tirait en arrière, à travers les herbes, les obstacles, etc. – J'ai assisté avec une espèce d'émotion à ce petit duel homérique. J'étais le Jupiter contemplant le combat de cet Achille et de cet Hector. Il y avait au reste, justice distributive dans la victoire de la mouche sur l'araignée ; il y a si longtemps que l'on voit le contraire arriver[35].

Tout en restituant la violence de la lutte qui le captive, Delacroix la met à distance en lui donnant une dimension épique fortement teintée

33 Eugène Delacroix, *Souvenirs d'un voyage dans le Maroc* in *Journal*, p. 291.
34 Eugène Delacroix, Augerville, juillet 1855, *Journal*, p. 1764.
35 *Id.*, Champrosay, 17 mai 1850, p. 510.

d'ironie. L'ironie est présente dans le style de l'épopée appliqué à de très petits animaux. Elle est également présente dans la dénomination de la scène qualifiée de « duel homérique », ainsi que dans la présence de l'observateur, qui se compare à Jupiter contemplant le combat d'Achille et d'Hector. L'ironie apparaît enfin dans la morale qu'il tire de cette petite fable où la « justice distributive » permet à la victime de se venger. Si la tonalité générale est ironique, l'« espèce d'émotion », que Delacroix dit avoir éprouvée, est à l'inverse bien réelle.

Le second récit de combat d'insectes, qui pourrait s'intituler « Le scarabée et les fourmis », se situe à Augerville :

> Dans une allée vers le haut je rencontre le malheureux scarabée luttant contre les fourmis acharnées à sa perte. Je l'ai observé pendant longtemps, culbutant ses ennemies qu'il traînait après lui, retenu par les pattes dont chacune était accrochée par deux ou trois des impitoyables ouvrières. Attaqué par les antennes, couvert quelquefois par elles, il a fini par succomber. L'ayant laissé une première fois, je l'ai trouvé immobile et tout à fait vaincu quand je suis revenu ; je lui ai fait faire encore quelques mouvements, mais enfin la mort était venue. Les fourmis étaient occupées, à ce qu'il m'a paru, à l'entraîner à la fourmilière que, du reste, on ne voyait pas aux environs. Je laissai un moment toute cette tragédie[36].

Après une sieste d'une demi-heure, Delacroix revient sur le champ de bataille, et s'étonne de n'y trouver ni fourmis ni insectes.

Comme dans le récit précédent, le combat est dramatisé mais le ton est différent. Ici, pas d'ironie. Dans cette « tragédie », Delacroix s'apitoie sur « le malheureux scarabée » victime des « impitoyables ouvrières ». Tout en restant très subjectif, son regard se rapproche de celui d'un naturaliste. Delacroix cherche en effet à comprendre comment toute trace du combat a pu disparaître aussi vite. Préoccupé par cette énigme, il en parle à Berryer et ses invités, dont Mme Jaubert, la maîtresse de Musset :

> Berryer me dit au déjeuner que les fourmis déchiquetaient ces sortes de proies et les emportaient par petits morceaux. Dans le cas que je viens de voir, je ne puis comprendre qu'un pareil déménagement ait pu avoir lieu en si peu de temps. – On a beaucoup philosophé à déjeuner sur les fourmis. Mme Jaubert nous mentionne un livre de M. Hubert [*sic*] qui est complet sur leur histoire[37].

---

36 *Id.*, Augerville, 15 juillet 1855, p. 922.

37 *Ibid.* L'ouvrage de Pierre Huber s'intitule *Recherches sur les mœurs des fourmis indigènes*, Paris, Genève, Paschoud, 1810.

Delacroix a-t-il lu l'ouvrage de Pierre Huber ? C'est peu probable car il n'y fait jamais référence. Mais le fait qu'il le cite montre qu'il le prend au sérieux et l'envisage implicitement comme un outil qui pourrait l'éclairer sur le mystère de la disparition rapide du scarabée. C'est une des rares fois où il prend un naturaliste en considération.

Frappé par la violence qui anime le monde animal, Delacroix l'est aussi par son ordre et sa cohérence.

UN MONDE ORDONNÉ

L'intérêt de Delacroix pour les insectes en lutte ne lui fait pas oublier les insectes en paix. Il les observe avec la même attention, mais à sa manière qui n'est pas celle d'un entomologiste. En effet, loin d'approfondir la connaissance d'un monde qui lui est étranger, Delacroix s'emploie, pour reprendre ses termes, à mettre « sa personnalité » dans sa description, à rapprocher l'univers de ces petits animaux de celui des hommes.

On en a pour preuve la page de son *Journal* datée du 17 avril 1846. Ce jour-là, il fait à Champrosay une promenade presque initiatique, qui confirme sa conception de la nature, où la plus grande diversité se combine à la plus solide unité. Attiré par « un insecte à moitié mouche, à moitié papillon », il se baisse pour l'examiner, et observe la terre moussue qui l'environne :

> Mes yeux, fixés sur un espace d'un pied carré [environ 61m^2], me firent remarquer la variété de manifestations de la matière soit minérales, soit végétales, qui composaient ce petit espace : de petits lichens dans un état de mollesse gélatineuse, d'autres desséchés depuis la veille peut-être, des graminés, de petits cailloux de toutes sortes de nature, tout cela traversé par des fourmis affairées, les unes s'entraidant pour traîner un fardeau, les autres s'évitant ou s'arrêtant un instant et comme échangeant une nouvelle importante. Enfin mille détails qui m'échappent à présent me firent penser au fraisier de Bernardin de Saint-Pierre, et à l'immensité de la nature[38].

Précisons de quoi il s'agit. L'auteur de *Paul et Virginie* est aussi celui d'une somme intitulée *Études sur la nature*, incluant son célèbre roman.

38 *Id.*, Champrosay, 17 avril 1846, p. 1669.

Au début de son ouvrage, il évoque l'infinie variété de la nature dont il prend conscience non à la campagne mais à Paris, sur un fraisier poussé par hasard dans un pot de terre placé sur le rebord de sa fenêtre. Intrigué, il voit une quantité de petites mouches tournoyer autour de la plante. Des semaines durant, il les observe en s'attachant à les distinguer les unes des autres. À la différence de celle de Bernardin de Saint-Pierre, la description de Delacroix est subjective : il anthropomorphise les fourmis auxquelles il prête des intentions : elles s'entraident et se donnent des nouvelles importantes. En fait, ce qui l'intéresse ici, c'est moins l'aspect des divers éléments naturels que leur organisation :

> Il me vint dans l'idée en voyant tout ce monde si occupé, celui-ci à sucer le calice d'une fleur, celui-là à rouler un grain de sable, tout cela ayant l'air de vivre, de se développer, de périr même pour une fin ; il me vint dans l'idée, dis-je, que pas un seul de ces êtres n'était inutile à la création, et de là à supposer qu'il y était indispensable et qu'on n'en pouvait retrancher un atome, il n'y avait qu'un pas[39].

Un pas que Delacroix franchit. Il va même plus loin puisque, selon lui, l'ordre parfait de ce petit monde régi par des liens nécessaires et solidaires, existe aussi dans la création artistique.

> En effet, poursuit Delacroix, l'homme étant lui-même un petit monde et ses idées, ses travaux, se produisant dans les mêmes conditions que tout ce qui l'entoure, il est facile de remarquer que plus un ouvrage sorti de ses mains est parfait dans son ensemble, plus les parties en sont nécessaires.
>
> C'est le propre seulement des plus grands artistes de produire dans leurs œuvres la plus grande unité possible, de telle sorte que les détails non seulement n'y nuisent point mais y soient d'une nécessité absolue. C'est un principe absolu[40].

Ce principe absolu, Delacroix le répète souvent : pour qu'une œuvre n'ait pas l'aspect d'un chaos, chaque détail doit y occuper une place et une fonction déterminées. C'est vrai pour la peinture. C'est également vrai pour la littérature. L'artiste note, par exemple, que chez Shakespeare la variété des passions et des événements ne nuit en rien à la structure de ses pièces ni à l'impression d'unité ressentie par le spectateur. Par exemple, dans *Hamlet*, « l'entassement de détails », qui de prime abord

39 *Id.*, p. 1669-1670.
40 *Id.*, Champrosay, 17 avril 1846, p. 1670.

fait songer à « une montagne informe », est en réalité ordonné par « une logique secrète[41] ».

Six mois après ce commentaire, il se rend en cure thermale à Baden où, de la fenêtre de sa chambre, il voit un paysage qui le ramène à Shakespeare : l'image de la « montagne informe » des détails d'*Hamlet* lui revient à la mémoire au moment où il contemple celles, bien réelles, de Baden : vues de loin, elles « forment les lignes les plus simples et les plus majestueuses ; vues de près, elles ne sont plus même des montagnes : ce sont des parties de rochers, des prairies, des arbres en groupes ou séparés[42] ».

Dans la nature comme en art et en littérature, il faut du recul pour percevoir l'unité d'un ouvrage. Recul dans l'espace, on vient de le voir : seul un regard panoramique permet de saisir l'unité d'un paysage et d'un tableau. Recul dans le temps aussi : l'unité des pièces de Shakespeare n'est perceptible qu'après la représentation. Et enfin, recul réflexif : Delacroix déduit de son observation l'unité fonctionnelle et organique du monde des « fourmis affairées ».

Mais il ne s'agit là que d'une étape dans la pensée et la promenade initiatique de Delacroix dont nous parlions plus haut. Après avoir quitté le « pied carré » de ses fourmis qui l'a tant intrigué, il poursuit sa marche et arrive devant une flaque d'eau survolée d'une multitude d'insectes qui s'y promènent en tous sens sans en rider la surface :

> D'autres phénomènes se produisaient dans cette eau ou sur ces bords, mais toujours la même fécondité indescriptible d'existences de toutes sortes.
>
> Cette petite flaque d'eau était un miroir dans lequel se peignaient les nuages, l'azur du ciel et les arbres renversés. Je voyais au-dessous de moi ce qui se passait au-dessus : des oiseaux traverser ce tableau mouvant ; les herbes qui se penchaient sur ses bords s'y peignaient par dessous, et dans les parties de cette eau qui ne réfléchissaient rien à cause de l'ombre, j'entrevoyais confusément dans la vase qui en formait le fond d'autres existences, d'autres végétaux, dont quelques-uns s'élevaient jusqu'à la surface[43].

Telle une synthèse naturelle, cette eau-miroir réunit les éléments épars de la nature dans une unité supérieure beaucoup plus large, une unité qui englobe d'une part les mondes qu'elle reflète – le ciel, les oiseaux,

41 *Id.*, Paris, 25 mars 1855, p. 893.
42 *Id.*, Baden, 25 septembre 1855, p. 894.
43 *Id.*, Champrosay, 17 avril 1846, p. 1670.

les insectes et les herbes –, et d'autre part celui qu'elle contient et laisse deviner – un monde subaquatique inconnu et mystérieux.

Le mystère de la petite flaque d'eau est d'ordre poétique. Mais il en est un autre, d'ordre philosophique, qui occupe Delacroix, c'est celui de la signification de la vie animale et végétale qui est à ses pieds. À Champrosay, il voit, dit-il, « une procession de fourmis que je défie les naturalistes de m'expliquer. Toute la tribu semblait défiler en ordre comme pour émigrer ; un petit nombre de ces ouvrières remontait le courant en sens contraire. Où allaient-elles ? » En se posant la question, Delacroix n'est pas animé de la curiosité enthousiaste qu'il manifestait devant la disparition du scarabée. Ici, la procession des fourmis suscite une mélancolique réflexion sur la finitude de l'homme :

> Nous sommes enfermés pêle-mêle, animaux, hommes, végétaux, dans cette immense boîte qu'on appelle l'univers. Nous avons la prétention de lire dans les astres, de conjecturer sur l'avenir et sur le passé qui sont hors de notre vue, et nous ne pouvons comprendre un mot de ce qui est sous nos yeux ; tous ces êtres sont séparés à jamais, et indéchiffrables les uns pour les autres[44].

On le voit, l'artiste ambitieux devient d'une grande humilité quand il s'envisage comme une simple unité dans l'« immense boîte de l'univers ». À l'instar de Ronsard, il se sent inférieur aux végétaux qui, eux, ont l'avantage de se renouveler chaque année.

> Nous autres pygmées, dit-il, si fiers des avantages que nous nous attribuons sur le reste de la création, nous avons bien un automne et aussi un hiver, mais nous ne voyons pas un autre printemps lui succéder comme les arbres et certains animaux qui changent au moins de peau ou de poil[45].

Cependant, au bout du compte, tous, arbres, animaux et hommes, sont voués à la même solitude et à la même condition de mortels.

Delacroix approfondit ce constat mélancolique devant une mare puante, à moitié desséchée et remplie de débris, qu'il rencontre peu après s'être arrêté devant la flaque d'eau où évoluait une faune foisonnante. Ces deux lieux clos, la flaque d'eau et la mare puante, offrent à ses yeux un diptyque contrasté et symbolique de la destinée de tous les

---

44 *Id.*, Champrosay, 30 avril 1850, p. 503.

45 Eugène Delacroix, Lettre à Auguste Lamey, 19 novembre 1853, *Correspondance générale*, III, p. 179.

êtres organiques. La flaque d'eau, on l'a vu, est animée d'une « fécondité indescriptible d'existences de toutes sortes », fécondité heureuse et lumineuse. Dans la mare desséchée, en revanche, cette fécondité se pervertit en fouillant des corps morts : « il me sembla, dit Delacroix, que l'activité y redoublait encore. Cette infection qui me repoussait semblait au contraire un aimant pour attirer des milliers de créatures. »

Ce monde grouillant, qui se repaît de cadavres, nous fait songer à une charogne baudelairienne. Chez Delacroix, il suscite d'autres images. La première est celle d'un champ de bataille couvert de cadavres d'hommes et d'animaux, dévorés par des espèces innombrables rassemblées « comme des convives à un banquet[46] » dans une atmosphère de fête macabre. La deuxième image est celle d'une usine peuplée d'« ouvriers enrégimentés dans un vaste atelier de transformation et de résurrection[47]. » La troisième est celle des grandes villes qui vivent de débris. L'industrie humaine, dit-il, ne perd rien « des plus vils rebuts de tout ce qui a été à notre usage : des classes entières ne vivent que de ce qui ne paraît plus propre à rien[48]. »

Delacroix rapproche explicitement les miséreux des villes qui se nourrissent des déchets des riches, de la mouche qui tue l'araignée, et des fourmis qui dévorent le scarabée. Les uns et les autres, les insectes et les miséreux, sont destinés, dit-il, « à s'approprier, à transformer ce qui a fait son temps, à devenir les creusets vivants de cette refonte universelle[49]. » En montrant les animaux et les hommes œuvrer à cette sinistre refonte, Delacroix rapproche la nature de la civilisation dans une analogie universelle invisible à nos yeux.

L'analogie peut aussi prendre des formes plus concrètes et presque obsédantes, puisqu'elle domine la représentation que l'artiste se fait de la nature. Des analogies, en effet, il en voit partout : dans la libellule, dont les ailes ressemblent à celles des sauterelles, et les pattes et le corps à ceux des papillons ; dans la branche détachée, qui figure un arbre entier ; dans la plume, qui se compose d'un million de plumes ; dans le silex, qui dessine en réduction « les formes d'immenses rochers[50] ».

---

46 Eugène Delacroix, Champrosay, 17 avril 1846, *Journal*, II, p. 1670.
47 *Ibid.*
48 *Ibid.*
49 *Ibid.*
50 *Id.*, Paris, 5 août 1854, p. 804.

Chez Delacroix, ce rapport analogique de la partie au tout n'existe pas seulement dans les éléments naturels, il est également présent chez l'homme. L'idée n'est pas neuve. La théorie du microcosme est en effet en vogue au XIXe siècle. Dans *La Presse*, Gautier cite Goethe affirmant « que tout artiste doit porter en lui le microcosme, c'est-à-dire un petit monde complet d'où il tire la pensée et la forme de ses œuvres[51]. »

Delacroix développe cette idée qui structure sa pensée esthétique. Il constate en effet que « le talent d'un homme isolé présente, dans la suite de son développement, les phases différentes que présente l'histoire de l'art dans lequel il s'exerce[52]. » Dans les deux cas, les débuts sont marqués par une sorte de timidité et de sécheresse, et la maturité par la largeur et la négligence des détails. Ici, Delacroix pousse loin sa volonté d'ordonner la nature foisonnante dans un réseau serré d'analogies et une totalité parfaitement cohérente, où chaque élément, y compris lui-même, a sa place et sa fonction.

En observant les insectes, le chevaux, les lions, les forêts, les montagnes et la mer, Delacroix est bien devenu, selon son vœu, « un vrai savant », mais savant d'une science très personnelle. Humaniste romantique, il a trouvé dans la nature une source inépuisable d'émotions et de réflexions. Artiste orgueilleux, il en a fait la matrice des lois de sa création, et le guide de sa haute morale.

Marie-Christine NATTA
Université Clermont Auvergne,
CELIS

51 Théophile Gautier, *La Presse*, 4 avril 1839.
52 Eugène Delacroix, Paris, 5 août 1854, *Journal*, p. 803.

« L'INSECTE SE MÊLE ÉTROITEMENT À LA NATURE, LA RECOUVRE, LA TRAVERSE, L'HABITE »

Pierre Gascar entomologiste

LA FAMILIARITÉ AVEC LA NATURE

Plusieurs des œuvres majeures de Pierre Gascar (pseud. de Pierre Fournier) s'intéressent aux plantes. Se détachent ainsi dans son importante production *Le Présage* (1972), consacré aux lichens, et *Le Règne végétal* (1981) dans lequel l'auteur revient par le biais de divers végétaux – fougères, champignons, arbres, nostoc, … –, sur certains épisodes marquants de sa vie. Le règne animal reçoit lui aussi sa part d'intérêt avec des animaux emblématiques comme le circaète Jean-le-blanc, rapace menacé par les « avancées » de la civilisation technique et industrielle, ou encore le renard, supposé nuisible et dès lors exterminé sans pitié dans le monde rural.

Les insectes s'invitent toutefois eux aussi régulièrement dans l'œuvre de cet écrivain longtemps tombé dans l'oubli mais qui retrouve aujourd'hui des lecteurs dans le contexte d'une nouvelle sensibilité écologique. La place qu'ils occupent s'explique initialement par les expériences personnelles que l'auteur a pu faire pendant son enfance campagnarde dans le Lot. *Le Meilleur de la vie* (1964), qui sur le mode romanesque évoque cette période, signale l'omniprésence des insectes dans la vie du garçon :

> Alors que, durant l'été, nous vivions dans la familiarité de tous les insectes : fourmis, sauterelles, scarabées, papillons, libellules, mantes, cigales, grillons, et jusque dans la familiarité de ceux qui étaient les moins attirants : les courtilières, les perce-oreilles, les cloportes, les punaises des bois, il suffisait, en avril, du premier hanneton apparu pour nous jeter dans la frénésie. Lorsque

> nous avions pris un hanneton et que nous l'avions fait voler autour de nous tenu à un fil, nous le placions dans une boîte que nous bourrions de feuilles de lilas. Il y étouffait, ses antennes aux fines palmes blanches immobiles, ses pattes aux griffes de harpon s'écartant sous le poids de son corps[1].

Le texte s'arrête à la recherche effrénée du contact avec les insectes, auxiliaires bien involontaires des jeux des enfants. Il en va de même dans *Les Charmes* (1965), dont le titre exploite l'ambiguïté entre arbres et attraits féminins, et qui porte son regard sur l'adolescence et la découverte de la sensualité. Le roman rappelle qu'en matière de cruauté innocente les jeunes filles ne sont pas en reste. Désireuses d'exercer leurs talents nouvellement acquis de couturières, Gascar note qu'elles ne se déplacent jamais sans leurs ciseaux. À défaut de toile, denrée précieuse et rare dans le monde pauvre de l'entre-deux-guerres, elles s'en prennent à tout ce qui les entoure :

> Pendant nos promenades, elles passaient leur temps à découper en festons le bord des feuilles des arbres, des pétales des fleurs, des ailes des insectes même, quand elles parvenaient à en prendre d'assez gros : libellules ou mantes. Elles regardaient avec envie les ailes aux contours lisses des hirondelles qui glissaient dans le ciel, celles des chauves-souris, le soir, les oreilles des chiens-loups, la crête mal découpée des coqs, voire les fanons des bœufs[2].

Ces lignes, qui renseignent sans doute sur des mœurs campagnardes vis-à-vis desquelles notre sensibilité moderne pourrait trouver à redire, sont importantes d'abord parce qu'elles illustrent l'exceptionnelle familiarité des petits campagnards de l'époque avec le vivant. L'interaction est quotidienne et passe par un contact physique consciemment recherché. Gascar reviendra à cette proximité de chaque instant avec les insectes dans son autobiographie, *L'Ange gardien* (1987). Une page essentielle y retrace les débuts des contacts intimes avec la nature et elle met en scène les insectes :

> Il y avait d'abord les simples procédés d'apprivoisement ou, si l'on préfère, d'humanisation du règne animal et du règne végétal : le plus simple consistant à faire courir sur sa main ou sur sa jambe un insecte reconnu inoffensif, ainsi un coléoptère, en en choisissant un d'assez lourd ayant des pattes un peu crochues, car le jeu était aussi dans ce qu'on éprouvait : à travers ce laborieux trajet sur votre épiderme, la proximité, l'intimité d'une vie[3].

---

1 Pierre Gascar, *Le Meilleur de la vie*, Paris, Gallimard, 1964, p. 209 ; dorénavant *MV*.

2 Pierre Gascar, *Les Charmes*, Paris, Gallimard, 1965, p. 202 ; dorénavant *LCha*.

3 Pierre Gascar, *L'Ange gardien*, Paris, Plon, 1987, p. 159 ; dorénavant *AG*.

Ces jeux se poursuivent du côté végétal tantôt avec un épi hérissé de barbes que le garçon laisse se perdre et se déplacer sous ses vêtements, tantôt avec gousses de la balsamine des bois qu'il fait exploser sous ses doigts. Éprouver au plus près le vivant est pour l'enfant une manière de participer d'un monde qui n'est pas seulement humain, d'abolir la frontière avec des univers qui, sans ces contacts, resteraient étrangers. Ce que Gascar nomme « humanisation » des coléoptères et des graminées constitue de fait tout autant une « animalisation » du petit garçon : prendre connaissance du monde par les sens plutôt que par l'intelligence rapproche les mondes trop souvent étrangers les uns aux autres de l'humain et du non-humain.

L'OBSERVATION EST PREMIÈRE

Ces expériences menées par le jeune Gascar ont développé très tôt chez lui une capacité d'observation exceptionnelle, dont son œuvre ultérieure témoignera abondamment. Dans *Les Bêtes* suivi de *Le Temps des morts* (1953), recueil qui lui vaudra le Prix Goncourt, la qualité de l'observation est déjà manifeste. C'est le cas en particulier dans « Les Chevaux » où l'auteur parvient à saisir de manière simultanée le mouvement d'ensemble des animaux parqués et les infimes détails qui donnent leur réalité à la scène. Tournée déjà vers le concret, l'écriture qui était la sienne à l'époque se chargeait cependant encore d'une certaine irréalité fantastique, propice à faire apparaître l'étrangeté du monde des insectes sur le mode de la métaphore. Un rat, animal auquel est consacré un des autres récits, se trouve ainsi présenté à sa naissance sous la forme d'un « gros insecte porcin et sans yeux[4] ». Lorsqu'on sait que Gascar relève chez certains insectes une « morphologie de la cruauté » (*MV* 89) qui fascine et tétanise à la fois, il est aisé d'imaginer la façon dont l'écriture de l'étrange du premier Gascar peut exploiter les analogies.

Des métamorphoses impliquant des insectes s'inviteront encore ultérieurement, mais sans que s'y attachent les connotations déplaisantes

4 Pierre Gascar, *Les Bêtes* suivi de *Le Temps des morts*, Paris, Gallimard, 1953.

voire maléfiques des débuts de l'œuvre. *Les Charmes* montrera les transformations que l'imaginaire des jeunes garçons fait subir à la réalité naturelle. Voici les apparences successives que prend un arbre dans lequel ils grimpent :

> L'arbre, ses branches, ses feuilles, son écorce, multipliait les analogies, empruntait à toutes les espèces, du reptile au pachyderme, du mollusque à l'insecte, et constituait ainsi un immense répertoire animal. Cependant, depuis quelque temps, l'humain y dominait. Nous étions accoutumés à une imagerie qui montrait des visages dans les arbres. (*LCha* 135)

Le monde n'est pas figé : le végétal se charge de présences qui relèvent aussi du monde animal et de celui des hommes ; la réalité prend forme à travers l'ensemble des associations qu'elle invite à faire résonner.

Des métamorphoses faisant appel à des insectes ont ainsi pu servir à Gascar pour dire tantôt un univers animal étrange parce qu'il se situe à la frontière de l'humain, tantôt pour souligner la richesse créative d'un imaginaire enfantin s'exerçant sur le monde campagnard. Assez vite cependant, Gascar va mettre l'observation prioritairement au service de la connaissance approfondie du monde concret. Dans *Le Fugitif* (1961), roman qu'il tire de ses souvenirs d'évadé de camps de prisonniers en Allemagne, il fige le sol de la forêt sous un éclairage propice à en saisir le détail :

> Sous les arbres poussaient des ronces, de l'armoise, des fougères. Les rayons de soleil tombaient droits entre les branches d'abord dénudées par l'hiver tout à fait fournies, maintenant, et faisant écran, ménageant seulement des trouées d'une clarté un peu trop vive. La moindre feuille, le plus petit insecte y prenaient, un instant, une réalité fulgurante[5].

L'écriture ne sert plus ici à dévoiler une vérité que se cacherait derrière une quelconque apparence ; elle sert au contraire à rendre la réalité perceptible dans l'infinie complexité de son immédiateté. La qualité de l'observation sera désormais première pour Gascar. Dans un essai consacré à Buffon il rappellera d'ailleurs que le naturaliste genevois Charles Bonnet adressait au défenseur de la génération spontanée le reproche suivant : « "On ne saurait prendre M. de Buffon pour guide, en matière d'observation. (...) Son imagination l'emporte et il ne sait pas

5 Pierre Gascar, *Le Fugitif*, Paris, Gallimard, 1961, p. 145 ; dorénavant *LF*.

analyser[6] ». Pour Gascar aussi, la qualité de l'observation est centrale ; en témoignent ces lignes tirées du *Meilleur de la vie* :

> L'envers des larges feuilles encore vertes portait un duvet qui se défaisait des doigts et les imprégnait d'une odeur semblable à celle des la poussière mouillée par les premières gouttes d'une averse. Des plaques d'écorce qui avaient les découpures de continents, des îles sur les cartes, se soulevaient légèrement le long des troncs des platanes, laissant apercevoir l'aubier d'un blanc teinté de vert où coulait, plus que ne courait, une traînée d'insectes minuscules. (*MV* 10)

Ce paragraphe n'est pas sans rappeler le travail sur la description déployé par les Nouveaux Romanciers à la même époque. La façon d'exploiter les similitudes entre la forme de l'écorce et celles des cartes se rapproche de procédés qu'un Claude Simon en particulier mettra en œuvre de manière plus systématique.

Dès l'enfance, Gascar a été un observateur attentif ; et les insectes se sont présentés d'autant plus logiquement que ces animaux sont omniprésents et faciles à approcher. Revenant sur cette exploration, il fera ainsi la liste de ces femelles des insectes qui provoquaient « un peu de dégoût » en raison des modifications que leurs corps subissent :

> ces mouches à l'abdomen gonflé qui se signalaient par la lenteur de leur vol et leur vrombissement plus accentué, dans les après-midi d'avant l'orage ; ces fourmis pleines dont les anneaux du corps se distendaient à l'extrême et qui laissaient une trace sur la terre ; ces papillons qui, grossissant et perdant toute forme, semblaient, en dépit de leurs ailes, retourner à l'état de larve. (*MV* 102)

L'observation renseigne certes sur la psychologie du jeune garçon dans le cadre de sa découverte de la sexualité, mais sa précision illustre aussi l'intérêt que Gascar porte, pour leur valeur intrinsèque, aux transformations morphologiques des insectes. L'auteur se montre de même attentif à l'ensemble de l'environnement dans lequel les insectes évoluent :

> Un lavoir situé en amont mêlait par instants des traînées d'eau savonneuse au courant qui, de place en place, déposait de la vase au fond du lit. Des aselles, sortes de cloportes aquatiques, et des insectes dépourvus de pattes, ne possédant que deux antennes, entrecroisaient inlassablement leur chemin dans l'eau, qui à cet endroit-là mouillait, sur la rive, des plantes semblables à celles qu'on trouve dans les terrains vagues : plantain, séneçon, fausse rhubarbe.

6 Pierre Gascar, *Buffon*, Paris, Gallimard, 1983, p. 115 ; dorénavant *B*.

> Une odeur fade montait du ruisseau dont la surface reflétait un soleil plus blanc et d'un éclat plus blessant que celui du ciel. (*MV* 24)

Il ne s'agit pas ici pour l'auteur d'évoquer à strictement parler un biotope au sens où la biologie l'entendrait, mais d'un travail sur l'écriture qui débouche sur la vision totale d'un lieu. Sous le signe de l'eau, élément central de son œuvre, Gascar fait voir les modes de coexistences complexes qui s'établissent entre les différentes formes du vivant. Le végétal et l'animal interagissent ainsi d'ailleurs que l'humain, dont la participation est rappelée à travers l'activité – polluante – des lavandières. Directement ou par association, l'écriture convie les différents sens.

Les jeux de lumière ne sont pas oubliés et reçoivent même une attention particulière. Souvent, comme dans *Le Fugitif* déjà cité, c'est un rayon de soleil qui vient éclairer une scène à la manière d'un puissant projecteur et permet ainsi de faire surgir le détail :

> Par une déchirure du ciel, un rayon de soleil, aussi détaché, aussi précis que le faisceau d'un phare, brillait soudain au milieu des prés. (...) Des poissons venaient happer des insectes encore alourdis par l'humidité de la nuit et faisaient courir des rides concentriques sur l'eau jusqu'à nous, jusqu'à la rive d'en face. (*LCha* 275)

C'est l'éclairage qui, permettant d'observer les poissons, pointe la présence d'insectes. Que l'on ne s'imagine pas pour autant que la volonté de faire voir un lieu à travers la multitude des formes de vie qui s'y développent s'inscrit dans la perspective d'une écriture naïvement réaliste et préoccupée de rendre « fidèlement » le réel. Au fil du temps, Gascar – baroque à ses débuts – travaille à une expression toujours plus épurée, mais le travail sur la langue reste permanent. Le passage suivant des *Sources* (1975), qui s'inscrit dans la période la plus intéressante de l'auteur qui commencé à la fin des années 60, détaille dans la durée le devenir d'un arbre mort. Les insectes jouent évidemment un rôle important dans ce processus :

> L'arbre abattu livre le vaste entrelacs de ses branches corrodées par les pluies, les neiges reçues de plein fouet et les vents ; les oiseaux et les insectes ont taraudé leur écorce que des mousses et des lichens chevelus recouvrent par endroits. Elles sont aussi rongées et surchargées d'apports madréporiques que la coque d'un vieux bateau. En pénétrant dans la ramure de l'arbre abattu, on se trouve, sans avoir quitté le sol, porté au niveau où, entre la lumière du ciel

> et l'ombre du sous-bois, se poursuit une vie aussi diverse, aussi nombreuse que celle des profondeurs marines, au milieu de la gesticulation des algues et de celle, figée, des coraux[7].

La terre et l'air, les deux éléments que l'arbre relie, se trouvent ici pour ainsi dire transmutés en eau à l'occasion des analogies que Gascar établit entre les milieux terrestres et sous-marins. Les univers se répondent dans une scène où la ligne de flottaison d'un navire fonctionne comme axe de symétrie. Aux lichens des bois font écho les algues des profondeurs qui servent de toile de fond à la vie animale terrestre avec ses oiseaux et ses insectes. Crustacés et poissons s'invitent alors dans la vignette sans qu'il soit nécessaire de les nommer : l'économie des moyens caractérise désormais le style de Gascar.

LE VIVANT INTERAGIT

Gascar, toujours attentif aux différents éléments, continuera d'exploiter jusqu'à la fin de son œuvre les possibilités qu'offrent les rapprochements des univers de la terre et de l'eau. Dans *Pour le dire avec des fleurs* (1988) il se montre jardinant à Baume-les-Messieurs, où il a passé une partie importante de sa vie :

> Je travaillais à reculons, tirant de temps en temps vers moi, à l'aide d'un râteau, les herbes que je venais de couper à la racine et qui formaient un rouleau terreux, sans cesse grossissant, comme les algues et les petits animaux marins dans celui d'une vague, herbes et insectes, ces derniers affolés : les éléments indigènes les plus plébéiens du jardin[8].

Rappelons qu'avant de se faire jardinier à l'âge mûr, le jeune Gascar avait connu le travail des champs dans sa jeunesse, lorsqu'il louait ses bras à un oncle paysan. Cette double expérience amène ici l'image juste, où à travers à travers l'usage du qualificatif « plébéien » s'exprime non seulement une certaine sympathie pour les insectes, mais aussi pour le petit peuple des campagnes.

---

7 Pierre Gascar, *Les Sources*, Paris, Gallimard, 1975, p. 61 ; dorénavant *LS*.

8 Pierre Gascar, *Pour le dire avec des fleurs*, Paris, Gallimard, 1988, p. 97 ; dorénavant *PDAF*.

Le passage est important par ailleurs parce qu'il invite à considérer une double caractéristique des insectes. L'incroyable foisonnement des espèces d'abord, à laquelle s'ajoute la multitude d'individus que chaque espèce compte. Gascar sait que la diversité est moins grande du côté des végétaux que des insectes et il souligne ainsi que dans le règne animal le « pullulement d'insectes multiformes » (*PDAF* 54) est sans équivalent. L'absence d'identité personnelle ensuite, que Gascar généralise au-delà même du monde des insectes sociaux avec lesquels « la vie animale perd son caractère individuel[9] ». Cette réalité se trouve rappelée très fréquemment dans l'œuvre, ainsi encore dans *L'Homme et l'Animal* (1974) : « Affranchi de la notion du temps, de la notion de l'individualité et de la notion du caractère extérieur des réalités naturelles, que l'espèce à laquelle il appartient recouvre ou pénètre complètement, l'insecte est pure existence[10] ». Dans son essai synthétique, Gascar résume ainsi la situation de l'insecte :

> Chez eux la personne, c'est l'espèce, même si elle est disséminée. Le scarabée, presque toujours isolé, n'a pas un comportement plus individualisé que l'ouvrière d'une fourmilière. Cette conformité absolue dans la façon d'être et d'agir de tous les membres constituant l'espèce ne s'observe que chez les insectes. Elle assure le pouvoir d'adhérence et de pénétration du grand organisme qu'ils forment. L'insecte se mêle étroitement à la nature, la recouvre, la traverse, l'habite. Qu'on s'imagine les cellules de notre corps se promenant un peu partout, investissant la réalité ! Aussi l'insecte est-il clos ; il n'est pas, comme nous, ouvert à l'extérieur, tourné vers un monde à affronter et à conquérir. Il en est l'intimité. (*HA* 119, 120)

L'auteur, qui dispose de solides connaissances scientifiques développées tout au long de sa vie, choisit ici de ne pas faire de différence entre les insectes qui vivent en groupe et ceux dont l'existence est plus solitaire. Ils lui apparaissent dans les deux cas comme un grand corps dispersé, qui « est ». Formulée ici dans le cadre d'une étude d'histoire naturelle, cette conception de l'insecte se devine déjà dans la manière dont Gascar aborde ces animaux dans son œuvre, antérieure aussi à la publication de *L'Homme et l'animal*.

Le pullulement et l'identicité qui caractérisent les insectes sont des propriétés qui permettent de faire surgir l'image d'insectes dessinant

9 Pierre Gascar, *La Friche*, Paris, Gallimard, 1993, p. 85 ; dorénavant *LF*.
10 Pierre Gascar, *L'Homme et l'Animal*, Paris, Albin Michel, 1974, p. 219, 220 ; dorénavant *HA*.

un réseau impliquant l'ensemble du monde naturel. *Soleils* (1960), un recueil de récits centrés sur le Sud, considéré du Midi de la France à l'Éthiopie, offre un exemple éclairant de la manière dont Gascar construit des scènes totales :

> On distinguait, de loin, ces taches plus pâles, à flanc de montagne, crayeux au milieu de la végétation sombre mêlant des chênes-verts et des pins et subissant aux endroits où affleurait la pierre, avec des lentisques, des ronces, des plantes inconnues veinées de sang, et des buissons de mille espèces qui gardaient un peu de nuit à leur pied, en plein midi, quand ne survient plus que les crissements patients d'un insecte[11].

Les mondes du minéral, du végétal et de l'animal sont montrés de manière imbriquée ; l'insecte, invisible, mais omniprésent par ses crissements, assure la part dynamique de la scène. Gascar se montre toujours très soucieux de ne pas isoler les différents acteurs du vivant. Dans un passage des *Charmes* où l'imaginaire du jeune garçon qui rêve d'exploration embraye sur la vision d'une barque échouée dans la campagne, l'auteur exploite une nouvelle fois les analogies entre la terre et l'eau :

> Elle traversait une Amazonie, affrontait des saisons que la rivière ne pourrait jamais connaître. Avec les insectes, les mollusques, la mousse et le lichen qui s'accrochaient à ses flancs, elle trouvait, au lieu de l'eau douce, une vie semblable à celle des mers, sentait sa coque pressée par la pulsion des graines et s'ouvrait lentement à leur germination. (*LCha* 101)

Les insectes s'invitent ici encore, sur l'arrière-plan d'une végétation qui tantôt penche du côté de la mer et des grands fleuves, tantôt vers la campagne du Sud-Ouest où vit l'adolescent. Lorsque dans *Les Sources* Gascar revient sur la récolte de fossiles pour laquelle il s'est passionnée quand il vivait dans le Jura, l'empreinte laissée par le vivant dans le minéral lui permet de montrer une interpénétration des règnes encore plus totale. Il rapporte sa découverte non seulement d'ammonites mais encore de coquilles Saint-Jacques fossilisées :

> Dans cet endroit où tout ce qui m'entoure, la végétation qui coiffe la falaise et reprend au pied de la pente, les oiseaux de l'été aux cris brefs, les insectes qui courent au milieu des pierres, multiplie les images de naissance et

11 Pierre Gascar, *Soleils*, Paris, Gallimard, 1960, p. 59 ; dorénavant *S*.

> d'épanouissement, je suis porté à voir dans la pierre figurée plus une esquisse, une émergence timide, une promesse, qu'un retrait ou un effacement. (*LS* 161, 162)

Dans ces lignes qui font une place à l'ensemble des règnes, et à la manière dont ils s'imbriquent, les insectes dessinent un réseau sur les pierres. Gascar montre l'interaction du vivant en rappelant simultanément les différents éléments : l'air, la terre et même l'eau, par le truchement des coquillages minéralisés. La force de la vie qui se dégage de l'endroit l'amène à considérer le fossile non pas comme un renvoi vers un passé révolu mais comme le signe d'une renaissance prochaine.

L'on note ici à la prédilection, ancienne, de Gascar pour les signes annonciateurs. Sur un ton moins confiant que dans *Les Sources* mais sans jamais verser dans le catastrophisme, il disciplinera sa tendance au symbole en faisant, dans *Le Présage*, de la disparition des liches le signe très concret de la détérioration de l'environnement, et dont l'homme est responsable. Au fil des années, des connaissances empruntées au savoir scientifique viendront irriguer une écriture qui initialement s'exerçait sur le mode de l'analogie.

Ainsi, il note dans *Le Règne du vivant* (1975) : « la cuticule du champignon a la même composition chimique que la chitine, le tégument de l'insecte. Cette matière, tendre et ferme à la fois, offre la même élasticité que celle qu'on ressent sous le doigt, quand on l'appuie sur une muqueuse : une élasticité fœtale, en un mot[12] ». Parce qu'ils partagent des composants chimiques essentiels, le champignon et l'insecte sont rapprochés. Mais l'écriture s'autorise à aller plus loin que ne le permettent les données de la science : en qualifiant la texture de fœtale, c'est avec les mammifères, hommes inclus, que Gascar invite à établir un lien fort. La volonté de souligner la continuité du vivant se vérifie encore dans le passage suivant où l'auteur aborde le développement parallèle d'insectes pollinisateurs et d'orchidées qui jouent du mimétisme pour attirer les insectes. *Pour le dire avec des fleurs* (1988) observe qu'au terme de l'évolution l'insecte n'est plus trompé par la promesse d'accouplement :

> En fait, la fleur est passée insensiblement du leurre au signal, à l'idéogramme, du hiéroglyphe, du signe imagé à la lettre, évolution à laquelle a répondu,

12 Pierre Gascar, *Le Règne végétal*, Paris, Gallimard, 1981, p. 51 ; dorénavant *RV*.

> parallèle, celle de l'insecte, obéissant désormais à un réflexe déclenché non par l'image du congénère, qui n'éveillait que le plus primitif des instincts, l'instinct sexuel, mais par une corolle colorée ; nous sommes déjà en présence, avec cet insecte, d'un conditionnement d'une association d'idées inconsciente[13].

Le commentaire met l'accent sur ce que nous partageons avec les autres règnes et met ainsi en question le statut d'exception que l'homme est souvent enclin à s'attribuer. Gascar choisit de mettre en avant la communauté du vivant.

LA VIE UNANIME

L'attention constante pour les interactions qui se déroulent au sein de la nature, que nous suivons ici en privilégiant l'univers des insectes, s'inscrit chez Gascar dans une perspective plus large qu'il a qualifiée d'« unanimisme ». Cette pensée, présente dès *Les Bêtes*, implique un sentiment d'appartenance à une communauté qui englobe l'ensemble du vivant et même l'inanimé. Gascar va lui donner de l'ampleur dans *Les Charmes* et *Les Chimères* avant de l'expliciter dans *Les Sources*[14], sous l'influence de la « mystique matérialiste » de son ami Roger Caillois. Penser l'unanimisme, c'est pour Gascar s'efforcer de recréer une forme d'harmonie entre le monde et l'homme à une époque où « nos principaux biens naturels acquièrent un surcroît de présence, d'existence, soit parce qu'ils sont menacés de disparaître, soit, au contraire, parce qu'ils semblent devoir être sauvés » (*LS*, prière d'insérer). Cette pensée, qui va de pair avec une esthétique, insiste sur le fait qu'il n'est de vérité que dans la matière. L'unanimisme, pensée en amont, contribuera à accélérer de manière notable la prise de conscience écologique de Gascar dans les années 70.

Rappelons qu'à l'époque de sa jeunesse campagnarde, immergé dans un environnement rural où la nature ne présentait aucun caractère de

13 Pierre Gascar, *Pour le dire avec des fleurs*, Paris, Gallimard, 1988, p. 150 ; dorénavant *PDAF*.

14 Pour le détail de cette pensée, on se reportera au troisième chapitre de : Pierre Schoentjes, *Écrire la nature, imaginer l'écologie. Pour Pierre Gascar*, Genève, Droz, 2021.

menace, il avait semblé à Gascar disposer d'un accès direct au monde. Le passage cité plus haut et qui dans une vision totalisante d'un coin de campagne saisi sous un rayon de soleil faisait surgir quelques poissons gobant des insectes, se clôture ainsi : « Nous avions la clef d'un monde unanime dont rien, nous semblait-il, ne pourrait désormais nous séparer. Monde secret, derrière les apparences » (*LCha* 277). La maturité venant, cette complicité spontanée avec le monde disparaîtra et c'est par le travail de l'écriture que Gascar va s'efforcer de retrouver l'accès privilégié au monde dont il disposait naguère. Les nombreuses pages citées qui s'arrêtent aux interactions à l'œuvre dans la nature – pages qu'il serait possible de multiplier dès lors que l'on considérerait le vivant au-delà du monde des insectes – illustrent les efforts entrepris par Gascar pour donner forme à cet unanimisme à travers l'écriture. *Les Sources* explicite cette conception de la vie, fraternelle aussi au-delà de l'homme :

> Nous rentrons dans un monde unanime où l'insecte cogite, où l'herbe soupire, où l'arbre écoute, où le rocher lui-même recèle un esprit ; un monde où, à chacune de nos découvertes, apparaît un peu plus d'unité, un peu plus de fraternité. Il faut bien voir que c'est la mort que nous sommes en train de nier. On ne meurt pas, sur une terre où rien n'est inerte ni insensible, en profondeur. La mort devient peu à peu, ici-bas, sans exemples. (*LS* 68, 69)

L'insecte se voit doté de capacités de réflexion, l'herbe d'une sensibilité… pour autant, l'unanimisme ne réside en rien dans un sentiment vaguement fusionnel, qui anticiperait sur les conceptions aussi totalisantes que suspectes de la spiritualité *New Age*. Gascar, on l'a vu aussi à travers ses pages d'entomologiste, est résolument matérialiste et c'est avec le monde concret qu'il s'efforce d'instaurer une familiarité. La lecture et l'écriture y contribuent, mais aussi des activités modestes, comme le jardinage : « l'impression d'unité que j'éprouvais dans le jardin n'avait pas seulement pour cause cette liaison étroite entre mes sens. Elle résultait aussi des rapprochements qui s'opéraient entre les règnes, les espèces, notamment entre les végétaux et les insectes » (*LS* 97).

L'écriture des sens, à laquelle Gascar est resté fidèle tout au long de son œuvre malgré les importantes évolutions que son style a subies, constitue l'apport le plus précieux de l'écrivain à la recherche de cette unanimité avec le monde naturel. C'est par son biais que le lecteur est invité à entrer dans ce monde partagé avec les fossiles, les insectes, les lichens, ou les Jean-le-Blanc. Dans un passage particulièrement significatif datant d'un de ses derniers livres, Gascar se montre en écrivain répétant le travail de l'insecte :

> Dans chaque ligne que j'écris, je peux voir, progressant obstinément, le chemin de l'insecte taraudeur, du xylocope, dans le tronc de l'arbre vivant ; que dis-je voir ? Je peux l'entendre : le crissement de la plume sur le papier est sans doute très proche de celui de la tarière de l'abeille dite xylocope ou « perce-bois ». (*PDAF* 117)

L'écriture retrouve jusqu'au bruit de l'insecte. Pareille assimilation ne peut s'exprimer que chez un auteur particulièrement sensible à la réalité naturelle, jusque dans ce qu'elle a de plus discrète : le travail de l'invisible abeille charpentière. Cette attention minutieuse explique pourquoi Gascar comptera parmi les premiers à embrasser la cause écologique, dans le cadre d'une prise de conscience qui émerge au lendemain de la publication des *Limites de la croissance* (1972), le rapport du Club de Rome.

L'ÉCOLOGIE COMME CAUSE LITTÉRAIRE

Gascar mérite d'être reconnu comme le véritable pionnier de l'écologie dans le monde littéraire. Longtemps il a d'ailleurs été seul à occuper cette place tant les écrivains se sont désintéressés de la problématique. Dans *L'Homme et l'animal* déjà, il avait pointé que l'évolution du vivant ne s'est pas arrêtée définitivement et que l'homme pourrait bien se trouver un jour dépassé dans sa « supériorité » par d'autres formes de vivant :

> [L]a vie, sous quelque forme que ce soit, ne peut pas consister, de façon durable, en un équilibre, un état de stabilité, et se traduit toujours par un progrès ou une régression. L'aventure de la terre n'est pas à son terme. Elle semble devoir être désormais représentée non plus par de grands phénomènes géologiques, mais par l'évolution et l'action de certaines des formes de vie qui se sont développées sur la surface du globe. Ainsi, dans quelque lointain avenir, le règne des insectes serait aussi « naturel » que l'est aujourd'hui et le sera longtemps encore celui de l'homme, même s'il s'accompagne de ce que nous tenons pour de monstrueux attentats. (*HA* 224)

Pour bien comprendre ce paragraphe, il convient de le replacer sur l'arrière-plan de la guerre froide et de la menace d'anéantissement nucléaire qui préoccupait les esprits de l'époque. Entre les lignes se dessine la menace d'un hiver nucléaire, auquel l'on estimait que les insectes seraient les plus aptes à survivre. Le règne de l'homme, suggère Gascar, n'est peut-être pas aussi durable que nous l'imagineons.

Plus Gascar se familiarise avec le vivant, sur le terrain comme dans les livres, plus s'exprime dans son œuvre le souci pour la protection de l'environnement, dans une perspective qui ne considère d'ailleurs pas uniquement l'intérêt de l'homme. Ayant fait la connaissance d'un photographe qui s'est attaché à fixer l'image des plantes qui sont sur le point de disparaître, Gascar embraye sur le projet dans le but qui est aussi celui de l'artiste, à savoir « rendre le public conscient des atteintes que subissait de plus en plus, dans notre pays, le règne végétal » (*PDAF* 39).

Il envisagera donc aussi l'intérêt des insectes lorsqu'il commente la raréfaction de l'*aceras anthopophora*, une orchidée communément nommée l'*Homme pendu*. Il note que ce végétal « sans utilité matérielle pour l'homme ou les animaux, quelques insectes mis à part » (*PDAF* 38) mériterait de ne pas aller rejoindre les végétaux disparus qui n'ont laissé de trace que dans le « schiste du carbonifère » (*ibid.*). Envisager le rôle que cette plante joue pour les insectes, catégorie d'animaux peu considérée s'il en est, c'est exiger le droit à la vie des espèces vivantes même les plus modestes, et en dehors de tout bénéfice que l'homme pourrait tirer de leur existence.

Pour autant, Gascar n'est pas hostile à ce que des considérations utilitaires soient prises en compte. Il prend l'intérêt de l'homme en considération lorsqu'il détaille les conséquences désastreuses causées par le recours à un insecte dans le cadre d'un combat biologique censé protéger la culture des pavots, essentiels pour la production d'opiacés à usage médical. Dans un contexte qui fait résonner aussi la problématique des « semences améliorées », Gascar rappelle que l'utilisation

> qu'on avait faite quelquefois de l'*aulax papaveris*, pour détruire les cultures clandestines de pavot, avait concouru à la raréfaction des variétés les plus primitives de cette plante et ne pouvait que continuer à y contribuer, car cet insecte, une fois lâché, s'était empressé de se reproduire, faisant de l'arme occasionnelle qu'il avait un instant représentée un fléau permanent. (*RV* 122)

La mise en garde contre des pratiques que Gascar montre comme s'apparentant à celles d'apprentis sorciers est manifeste. Si Gascar ne les condamne pas radicalement sur base d'une éthique écologique, c'est parce qu'il a toujours gardé le souci d'améliorer la condition d'hommes défavorisés ou souffrants, qu'il s'agisse de paysans afghans pauvres ou de malades n'importe où au monde.

L'auteur se montre par contre beaucoup plus sévère lorsque c'est l'appât du gain, qu'il observe chez certains paysans du Jura, qui motive le recours à la destruction irresponsable du vivant. Il n'a pas de mots assez sévères pour l'agriculteur qui « promène, à travers ses champs, son pouvoir purificateur et, seule, la pensée de l'argent qu'il lui coûte l'empêche de l'exercer avec une pleine sérénité » (*PDAF* 95). Dans ce contexte le sort des insectes, représentants parmi les plus modestes du règne animal, retient son attention. S'il ne se réjouit pas du suicide d'un paysan qui a empoisonné son troupeau entier après avoir déversé sur son champ herbicides et autres produits – « appelés pesticides qui éliminent les petits rongeurs, les taupes, certains vers et insectes fouisseurs, bref, une notable partie de la création » (*ibid.*) –, il n'est pas loin d'estimer qu'une sorte de justice immanente est à l'œuvre.

Au terme de cette lecture du Gascar entomologiste l'on retiendra que si le monde des insectes n'occupe pas dans l'œuvre une place aussi prépondérante que le règne végétal, ces animaux participent toutefois de manière importante à l'interrogation sur un monde naturel menacé. Intiment liés à l'expérience première de la nature pendant l'enfance, les insectes continueront à habiter l'imaginaire de l'auteur. Tantôt considérés dans leur diversité et leur omniprésence de collectivité, tantôt vus dans la fragilité de leur individualité, Gascar les montre comme participant à tisser le réseau du vivant. Ils jouent, pour embrayer ici sur le qualificatif de « plébéien » que Gascar leur accole, le rôle du petit peuple de la nature. Et pour qui se souvient de l'engagement social de Gascar, qui remonte au Front populaire, l'équivalence établie avec le prolétariat vaut lettre de noblesse.

L'idéal unanimiste que Gascar poursuit à travers son écriture le conduit à ne jamais négliger le rôle des créatures mêmes les plus modestes. Bien avant que la lutte contre les pesticides devienne une cause capable de mobiliser le grand public, et que des écrivains fassent – tardivement – résonner la problématique de la disparition massive des insectes, Pierre Gascar s'est montré soucieux de leur sort. Au-delà de cette préoccupation, les textes exigeants qu'il signait il y a cinquante ans déjà nous permettent de penser, aujourd'hui, notre rapport à la nature.

Pierre SCHOENTJES
Université de Gand

INDEX

RÉSUMÉS

Alain MONTANDON et Yvan DANIEL, « Présentation »

L'observation des insectes est depuis les temps les plus anciens une activité pleine d'enseignements, où le désir d'accaparement et la curiosité se mêlent à des frustrations. Observer dépend des instruments d'observation, mais il faut savoir quoi observer, pourquoi, dans quel but. Cet ouvrage, à partir des pratiques, méthodes et écrits entomologiques, d'un point de vue littéraire mais aussi épistémologique, examine ce qu'observer et décrire veulent dire à partir de différentes perspectives.

Alain MONTANDON, « Observer et décrire »

L'article étudie la nature et les différentes pratiques de l'observation, tant en entomologie qu'en littérature. L'observation, dépendante du langage, amène à des descriptions aussi bien des insectes que de la société humaine à l'exemple de Balzac, de Zola, de Proust et de Robbe-Grillet. Deux types d'observation, celle du flâneur qui interprète les signes et celle du voyeur dans *La Jalousie*, sont également opposés, entre subjectivité et objectivité.

Nathalie VUILLEMIN, « Comment partager une observation ? Conflits d'interprétation de la vision microscopique au XVIIIe siècle »

Apprendre à voir au microscope, au XVIIIe siècle, est en grande partie une affaire de langage : c'est en effet en décryptant, en décrivant, en discutant de la possibilité de s'accorder sur une observation mise en mots, que l'on oriente l'œil, que l'on apprend à chercher, et progressivement à comprendre ce que l'on voit. On examine ici ce lien entre voir et savoir sur le plan historique et théorique, puis sur un débat entre J. Ellis et Linné.

Caroline DAUPHIN, « La *Micrographia* de Robert Hooke. Une révolution scientifique… et poétique ? »

La *Micrographia* (1665) est le premier livre anglais à présenter des illustrations d'insectes observés au microscope. Visuel et visionnaire, cet ouvrage de Robert Hooke frappe l'imagination : fourmis et puces se dévoilent sous un jour nouveau. Or, si les gravures sont effectivement marquantes, le texte qui les accompagne joue également un rôle non moins important par sa puissance d'évocation, sa précision et sa poétique de l'enthousiasme qui recréent la scène d'observation.

Yvan DANIEL, « Quelques réflexions sur l'erreur d'observation »

À partir d'une réflexion générale sur l'erreur d'observation, l'article s'interroge sur le rôle et le statut de ce type d'erreur, dans le texte scientifique, littéraire, et dans les textes fondés sur des interactions entre ces deux catégories, en s'attachant plus particulièrement aux descriptions et représentations erronées de l'insecte. Il cherche à expliquer leurs causes, qui sont souvent de l'ordre de la croyance, en réservant pour finir une place à part à la fiction littéraire.

Lucien DERAINNE, « Observation et sympathie. De l'entomologie du XVIIIe siècle à *L'Insecte* de Michelet »

La figure de l'observateur-entomologiste renvoie aujourd'hui à deux imaginaires opposés : l'objectivité d'un côté ; la sympathie de l'autre. Pour expliquer cette incohérence, cet article effectue un détour par l'histoire de l'empirisme. De 1750 à 1850, les traités méthodologiques sur l'observation demandent à l'observateur d'entrer en sympathie avec l'objet qu'il observe. Cette injonction disparaît après 1850 mais elle persiste dans la culture, comme en témoigne *L'Insecte* de Jules Michelet.

Philippe ANTOINE, « Une question d'échelle »

Les variations autour de la taille de l'insecte alimentent des écrits qui pensent les conditions de l'observation et la relativité des échelles de grandeur. Un saut qualitatif se produit : on quitte l'arithmétique et la géométrie pour laisser libre cours à l'imagination qui s'attachera aux relations plus qu'à l'identité du phénomène. Ainsi est représentée une pluralité de mondes interdépendants suscitant des spéculations déconnectées de protocoles expérimentaux rationnels.

Bruno CORBARA, « Observation et description de l'insecte social et des sociétés d'insectes. De l'importance de l'individu »

L'article traite de la façon dont les scientifiques observent et décrivent un insecte (social ou non) et une société d'insectes, prise comme un tout ou comme la résultante des comportements de ses membres. À travers quelques exemples de travaux portant sur la division du travail social ou sur la prise de décision collective réalisés entre autres chez l'abeille mellifère, est montrée l'importance du marquage individuel pour la compréhension du fonctionnement des sociétés d'insectes.

Christiane MONTANDON-BINET, « Décrire la démarche d'observation d'un entomologiste. Enjeux méthodologiques »

La démarche du sujet observant est visée ici grâce à deux types d'entretiens : compréhensifs et des entretiens d'explicitation. Cette méthode psycho-phénoménologique permet de comprendre combien observation et description sont tributaires de mots de la langue et des savoirs antérieurs, qui orientent le regard et qui parfois empêchent de voir. Cette corrélation entre observation et description est d'autant plus prégnante lorsqu'il s'agit d'une co-observation.

Frédéric CALAS, « Stylèmes saillants de l'écriture de Jean-Henri Fabre »

L'article étudie des stylèmes saillants de l'œuvre de Fabre. L'originalité de son œuvre réside dans l'association d'une démarche personnelle et autobiographique et d'une entreprise scientifique d'observation des insectes dans leur milieu. Grâce à des procédés stylistiques précis, il crée une narration vivante à l'image même du vivant qu'il décrit. Le souffle de l'écriture et l'enthousiasme de la démarche se retrouvent dans un rythme jouant des tensions entre laconisme et prolixité.

Marie BOUCHET, « Nabokov et ses papillons »

Nabokov était un grand écrivain plurilingue, mais aussi un lépidoptériste de renom. Entomologiste autodidacte, il se forma aux techniques de recherche entomologique dans les grands musées d'histoire naturelle américains dans les années 1940 et se spécialisa dans les Bleus/Lycénides. En art comme en science, sa pratique et son écriture révèlent son obsession pour le détail, dans la tentative de trouver des mots les plus en adéquation possible avec le monde riche et complexe qui est le nôtre.

Laurie-Anne LAGET, « L'observation dans les aphorismes littéraires. Le cas de Ramón Gómez de la Serna et de ses *Brouhahas* entomologiques »

Cet article analyse le fonctionnement de l'observation et de la description dans la forme littéraire de l'aphorisme contemporain au travers des *Greguerías* [*Brouhahas*] du madrilène Ramón Gómez de la Serna, recueil de fragments ludiques et poétique peuplé d'insectes. Il s'attache à montrer que la description-« révélation » ramonienne vise à aiguiser notre perception du réel pour aller vers plus de sens.

Sylvain LEDDA, « Les travailleurs de la mort. Notes sur les insectes nécrophores au XIXe siècle »

Au cours du XIXe siècle, l'insecte nécrophore fait l'objet d'études scientifiques, de traités d'observations érudits. Il s'agit d'une part d'étudier la manière dont on décrit l'activité singulière de ces insectes, d'autre part, de questionner sa présence dans la littérature. Grâce aux avancées de la science, les tabous qui entourent les insectes nécrophores disparaissent progressivement, mais la métaphore et l'anthropomorphisme restent la règle pour décrire leur ouvrage.

Christiane CONNAN-PINTADO, « L'entomologie à hauteur d'enfant. Figures, médiations, enjeux »

En se penchant sur les insectes, la littérature de jeunesse adopte le point de vue enfantin et conjugue documentaire et fiction pour approcher cet univers étrange. Du personnage historique à son avatar fictif, la figure de l'entomologiste sera un homme, une femme, un enfant, voire un animal. Sous la double contrainte du *docere* et *placere*, le propos recourt volontiers à l'anthropomorphisation. Quand l'image soutient ou supplée la description, elle ouvre le champ à l'interprétation artistique.

Marie-Christine NATTA, « La science naturelle d'Eugène Delacroix »

Eugène Delacroix entretient un lien puissant avec la nature, qui nourrit son inspiration et structure sa pensée esthétique. Il l'observe en curieux, en romantique, en philosophe mélancolique et en peintre mais jamais en savant. Le regard subjectif, qu'il porte sur les insectes, est marqué par sa fascination pour la violence et son admiration pour la parfaite cohérence de ce petit monde, où la plus grande diversité se combine à la plus grande unité.

Pierre SCHOENTJES, « "L'insecte se mêle étroitement à la nature, la recouvre, la traverse, l'habite". Pierre Gascar entomologiste »

Revenant ici sur l'œuvre de Pierre Gascar, l'article interroge la place que cet observateur exceptionnel, premier écologiste de la littérature française, fait aux insectes. Considérés dans leur diversité et leur omniprésence de collectivité, ou vus dans la fragilité de leur individualité, Gascar les montre comme participant à tisser le réseau du vivant. Ils occupent la fonction de petit peuple de la nature, rôle qui permet aussi à Gascar de faire résonner les questions de justice sociale.

TABLE DES MATIÈRES

DANS LA MÊME COLLECTION

1. *Lettres de noblesse I. L'imaginaire nobiliaire dans la littérature française du* XIXe *siècle*, sous la direction de David MARTENS, 2016
2. *Lettres de noblesse II. L'imaginaire nobiliaire dans la littérature française du* XXe *siècle*, sous la direction de David MARTENS, 2016
3. *Jean Malaquais entre deux mondes*, sous la direction de Geneviève NAKACH et Julien ROUMETTE, 2017
4. *La Fureur et la Grâce. Lectures de Malcolm Lowry*, sous la direction de Josiane PACCAUD-HUGUET, 2017
5. *Femmes d'à côté. Filles, sœurs, épouses d'hommes célèbres*, sous la direction de Sylvie CAMET, 2018
6. *Voyage et Intimité*, sous la direction de Philippe ANTOINE et Vanezia PÂRLEA, 2018
7. *Le Jeu de rôle sur table, un laboratoire de l'imaginaire*, sous la direction de Danièle ANDRÉ et Alban QUADRAT, 2019
8. *La Réception de René Char hors de France*, sous la direction de Danièle LECLERC, 2020
9. *Samuel Beckett et la culture française*, sous la direction de Yann MÉVEL, 2019
10. *Les Écritures paradoxales de la passion. Pour Bernard Alazet*, sous la direction de Mireille CALLE-GRUBER, Jonathan DEGENÈVE et Midori OGAWA, 2020
11. *Prophètes et voix prophétiques dans l'œuvre de Jean Giono*, sous la direction de Danièle HENKY et Dominique RANAIVOSON, 2021
12. *Traduction et Transmédialité (*XIXe-XXIe *siècles)*, sous la direction de Gaëlle LOISEL et Fanny PLATELLE, 2021
13. *Culture Godot.* En attendant Godot *de Samuel Beckett et ses inscriptions culturelles*, sous la direction de Marjorie COLIN et Yannick HOFFERT, 2022

Achevé d'imprimer par Corlet,
Condé-en-Normandie (Calvados),
en Juillet 2022
N° d'impression : 176816 - dépôt légal : Juillet 2022
Imprimé en France